Comiendo con Doña Lita

Comiendo con Doña Lita

111 recetas caribeñas

**Amelia Rodríguez y
Germán Piniella**

EDITORIAL ARTE Y LITERATURA

Edición y corrección: Dania Pérez Rubio
Diseño interior y cubierta: Francisco Masvidal
Ilustraciones y viñetas interiores: Tagles Heredia Lemus
Realización: Lino Alejandro Barrios Hernández

© Germán Piniella y Amelia Rodríguez, 2010
© Sobre la presente edición:
  Editorial Arte y Literatura, 2010

ISBN: 978-959-03-0424-8

EDITORIAL ARTE Y LITERATURA
Instituto Cubano del Libro
Obispo no. 302, esq. a Aguiar, Habana Vieja
CP 10100, Ciudad de La Habana, Cuba
e-mail: publicaciones@icl.cult.cu

INTRODUCCIÓN

La mayoría de las recetas que conforman este libro han aparecido en la columna «Comiendo con Doña Lita», de la revista bilingüe en Internet *Progreso Semanal/ Weekly*, que comenzó a editarse en Miami a partir de crearse la publicación en noviembre de 2001. El semanario publica colaboraciones de periodistas estadounidenses, cubanos y latinoamericanos sobre temas de política, economía y cultura. El objetivo es brindar a la comunidad de habla hispana e inglesa del Sur de la Florida una fuente alternativa de información y de opinión acerca de las relaciones Estados Unidos-Cuba, ajena a la censura de los extremistas de derecha. Pero también existe en la población del área un importante y creciente segmento de inmigrantes caribeños, anglo y franco-parlantes, una de las razones para que se publique en la revista la columna «Comiendo con Doña Lita».

Aunque muchas de las recetas son de la cocina cubana, la columna publica también platos de la cocina caribeña (en el libro, más o menos la mitad), fundamentalmente de las islas, así como de algunos países del continente emparentados con nosotros por cultura y ascendencia. Tan emparentados estamos en la cocina que los lectores reconocerán más de un plato cuya paternidad pueden reclamar para sí varios países, a veces con el cambio de una palabra, de un par de letras y quizás hasta con el mismo nombre.

La autora de la columna es Lita Ruiz, seudónimo literario/gastronómico de una pareja que formamos el escritor y periodista Germán Piniella y su esposa, la psicóloga e investigadora de alimentación Amelia Rodríguez, *Lita Ruiz*. Surgió por necesidades editoriales, ya que, por una parte, Amelia Rodríguez publica también artículos de su especialidad en Psicología y, por otra, Piniella tiene su propio perfil ajeno al mundo culinario. Así nació entonces el personaje de Doña Lita, una amable dietista de edad madura, heredera de tradiciones, cuyos *hobbies* son la creación y recreación de platos, coleccionar libros de cocina y compartir con familiares y amigos la cultura del Caribe. Algo parecido a una abuela o a una tía que algunos tienen —o tuvieron— y que muy probablemente muchos quisieran tener.

El libro no tiene pretenciones de alta cocina (aunque tampoco es un prontuario para aprendices), sino de buen comer y de cultura en su sentido más amplio, con instrucciones fáciles de seguir para quien sepa manejar técnicas imprescindibles y tenga un amplio espectro de curiosidad culinaria. Se trata de comer bien en casa, no dejar sólo para el restaurante la comida elaborada, y de disfrutar haciéndola de la misma manera que la disfrutarán los demás al comerla, tanto familiares como amigos. Pero es, sobre todo, el vínculo cultural de nuestro comer mestizo —cubano y caribeño— con las herencias que le dieron vida.

Cada receta tiene una historia, ya sea del origen del plato, de su ingrediente principal, de la importancia que tiene para la cultura cotidiana o de su vínculo con un recuerdo, familiar o de otro tipo. En los textos se encontrarán la nostalgia por la cocina de una abuela o una madre; la figura mítica de un tío; de cómo el esposo de Doña Lita comió una Langosta Mariposa que preparó el gran chef Gilberto Smith para Michel Legrand (y por supuesto, la receta); los secretos de cómo hacer el chatino perfecto y mucho más.

No es un libro total. No se ha pretendido agotar ni siquiera una zona de la cocina caribeña. Si se quiere es tan sólo una colección de recetas que se han publicado durante semanas porque cada una tiene un trasfondo con un significado especial para los autores. Ése ha sido el hilo conductor.

Pero, sobre todo es un libro de amor que ha sido posible gracias a lo aprendido en familia y con amistades. Eso, creemos, se ve en muchas de las historias. Sin amigos y sin la familia no hubiera sido posible este recetario. Sin los tíos que no fueron famosos ni importantes, pero sí bondadosos y queridos, sin la amorosa enseñanza de nuestras madres y abuelas, no existiría. Por eso, lo dedicamos a ellos.

AMELIA RODRÍGUEZ

GERMÁN PINIELLA

Sopas y potajes

Sopa nicaragüense de cangrejo y camarón

La sopa debe haber sido uno de los primeros platos que el hombre inventó después de descubrir el fuego. Y una vez que creó la primera comenzó a hacerlas de todo tipo y para toda ocasión, hasta que a través de decenas de milenios llegó a haber, al menos, una sopa que representa a cada cocina nacional. Las hay para ahuyentar el frío, como el poderoso *borscht* ruso; a medio camino entre un líquido y un sólido, como el *gulash* húngaro (*gulyásleves*, dicen en Hungría); nutritivo plato único, como el *minestrone* italiano; fría para el caluroso verano, como el *gazpacho* español o la *vichyssoise* francesa. Las hay nutritivas y apabullantes que lo ponen a uno a dormir después de un buen plato, como la *fabada* asturiana o el caldo gallego.

También las hay ligeras, servidas a medio menú, como una que tomó mi marido en un banquete oficial chino de quince platos. Era un caldo transparente, sin apenas sabor, cuya función —según dijeron los anfitriones— era aclarar el paladar entre un plato muy picante y otro que apenas contenía especias. La sopa llegó a la mesa servida en grandes fuentes y, como toque ornamental, sobre la sopa flotaban islas de merengue —sin azúcar, por supuesto—. Su nombre: «Sopa como Copo de Nieve». Y otro ejemplo chino que supe de trasmano. El gran cuentista cubano Onelio Jorge Cardoso, amigo de mi marido, le contó que en una comida en su honor, en China, sirvieron con mucho orgullo una sopa de calabaza. La sopa llegó a la mesa en una gran fuente casi redonda, y la colocaron justo frente al escritor para que él la admirara. El recipiente, de un verde delicado casi transparente, estaba tallado con escenas campesinas. Imagínense su sorpresa cuando le dijeron que la fuente no era de jade, sino una simple calabaza verde que había tallado el propio cocinero. Según la tradición de su provincia natal la había vaciado —utilizó la masa como base para la sopa— y mientras se hacía talló la cáscara con un cuchillo de cocina.

La receta que comparto con ustedes en esta ocasión no es de una lejana y exótica tierra, sino de más cerca, de nuestro Caribe. Quizás no sea tan conocida internacionalmente como algunas de las que mencioné, ya que muchos miran sólo a Europa cuando tratan de pronunciar con labios torcidos y atropellando el idioma las palabras mágicas de *haute cuisine,* pero les aseguro que es deliciosa. ¡Y tan fácil de hacer!

½ kg (1 lb.) de masa de cangrejo
250 g (½ lb.) de camarones pequeños
4 cucharadas de mantequilla
1 cebolla mediana blanca bien picada
1 pimiento verde bien picado
1 pimiento rojo bien picado
4 dientes de ajo machacados
2 tazas de caldo de pescado
2 tazas de crema ligera o mitad y mitad (mitad de leche y mitad de crema entera o leche evaporada)
1 taza de crema entera
Sal y pimienta negra recién molida
¼ taza de perejil

Limpie cuidadosamente la carne de cangrejo, quitándole cualquier resto de caparazón o cartílago. Quite el caparazón y las venas a los camarones.

En un cazo grueso derrita la mantequilla a fuego medio. Añada el ajo y los ajíes junto con la sal y pimienta al gusto. Añada la cebolla y sofría hasta que esté traslúcida. Añada la masa de cangrejo y los camarones y sofría hasta que cambien de color a un rosado uniforme.

Añada el caldo, las cremas y deje cocinar a fuego lento hasta que espese, revolviendo de vez en cuando.

Retire del fuego y déjala refrescar unos minutos. Revuelva ocasionalmente para que no forme nata. Rectifique el punto de sal y pimienta.

Sírvala en tazones de sopa y adorne con el perejil picado. Acompañe con galletas.
Da para seis comensales.

Ajiaco cubano

No se sabe bien por qué en climas cálidos, como el caribeño, se mantiene la tradición de otros pueblos más invernales de contar entre sus platos típicos el sopón (herederos del cocido español, el *pot-au-feu* francés y muchos más). Puede ser que los colonizadores mantuvieran por nostalgia esta costumbre de consumir sopones y potajes, sin importarles el calor.

Lo cierto es que la tradición está bien generalizada en casi todos los países del área. Debido a que es relativamente fácil de hacer y no muy caro, ha quedado como plato para cuando hay muchos comensales, relacionado con fiestas y también como abrigo interior para nuestro suave invierno.

Los nombres en la zona varían poco: sancocho panameño, sancocho puertorriqueño, sancocho y ajiaco colombiano, puchero criollo (Venezuela), sancocho dominicano y el que incluimos aquí, el ajiaco cubano. Los ingredientes también tienen variaciones de acuerdo a las tradiciones de cada pueblo —e incluso en el mismo país hay más de una receta según la región, como es el caso de Cuba, donde existe el ajiaco montuno, el de Camagüey, el bayamés y el habanero—, pero en esencia son los mismos: varias hortalizas (o viandas, como decimos por acá) y tubérculos, así como distintas carnes. Y esta esencia, así como la similitud de la receta entre los países —como tantas cosas en nuestra región— está dada por la mezcla de culturas. El sabio cubano Don Fernando Ortiz (1891-1969) decía que nuestra nacionalidad es un ajiaco, refiriéndose a las múltiples razas y etnias que la conformaron.

Es curioso que en Cuba se llame sancocho a una mezcla que se hace con los sobrantes y que se destina a la alimentación porcina. El nombre tiene connotaciones peyorativas heredadas de España, donde sancocho es —según la Academia— «alimento a medio cocer». En cambio, ninguno de los diccionarios que conozco explica la etimología de la palabra ajiaco. No obstante, puchero, sancocho, ajiaco (el mismo plato con diferentes collares) es algo digno del más exigente *gourmand*.

½ kg (1 lb.) de costillas de cerdo
375 g (¾ lb.) de pierna de cerdo
125 g (¼ lb.) de tasajo
250 g (½ lb.) de boniato
250 g (½ lb.) de yuca
250 g (½ lb.) de malanga
250 g (½ lb.) de calabaza
1 plátano verde
1 plátano pintón
2 mazorcas de maíz
8 tomates
1 cebolla grande
1 pimiento verde grande
4 dientes de ajo
1 cucharada de sal
1 cucharadita de pimienta
Jugo de una lima

La noche anterior ponga el tasajo en agua fresca que lo cubra y déjelo desalar toda la noche. Al día siguiente bote el agua y corte el tasajo en trozos de aproximadamente 2 cm (1 pulgada).

En una cazuela de 10 litros de capacidad ponga las carnes con agua abundante. Coloque la cazuela al fuego vivo y cuando rompa el hervor tápela y cocínela alrededor de una hora a fuego mediano, hasta que las carnes se ablanden. Añada agua si se evapora mucho.

Mientras se cocinan las carnes pele y lave todas las viandas. Corte la yuca en trozos de 5 cm (2 pulgadas). Corte la malanga y la papa en trozos de 2 cm (1 pulgada) de lado. Corte la calabaza en trozos más grandes que las otras viandas. Corte los plátanos en rodajas de 2 cm de ancho (1 pulgada). Corte las mazorcas de maíz en cuatro partes.

Corte finamente los tomates, el pimiento y la cebolla. Machaque el ajo en el mortero.

Cuando la carne esté blanda, añada a la olla el maíz, la yuca, la papa y la malanga. Deje hervir 20 minutos y añada la calabaza y los plátanos. Rectifique el nivel del agua, ya que las viandas deben quedar bien cubiertas. Agregue sal y pimienta. Añada el ajo y el picado de tomate, pimiento y cebolla.

Tape la olla y suba el fuego. Cuando hierva de nuevo baje el fuego a lento y déjelo cocinar 30 minutos más hasta que todas las viandas estén muy blandas.

Sírvalo como plato único.

Da para seis comensales.

Hervido de gallina

Esta receta es típica de Venezuela y es bastante más que una simple sopa de pollo. A pesar de su nombre, nada más lejos de la sopita que me daban cuando yo era niña y estaba enferma, sino que es lo que en mi tierra llamamos un «sopón». Y cuando estamos en invierno (o lo que pasa por invierno en el Caribe), en que hay algunos días fríos, se impone hacer un «sopón».

Hay muchos tipos de sopones y todos, como dice mi marido, sirven no sólo para calentarse uno cuando baja la temperatura, sino que también (y quizás sea ese su mayor mérito) es maravilloso colofón a una noche de fiesta.

Según él, en la época prehistórica en que era joven y salía de fiesta con amigos, al terminar de beber y bailar en la casa donde se celebraba el cumpleaños o se inventaba cualquier otro pretexto festivo, servían el sopón restaurador que despejaba cabezas y hacía desaparecer vapores embriagantes.

Ahora bien, aunque parezca igual y esté emparentado con el sancocho y el ajiaco (ver receta), el sopón es un plato más sencillo, de una sola carne (puede ser cualquiera) y espesada con varios vegetales. No llega a ser tan pesado como sus parientes mencionados, ni tan ligero como un caldo o consomé de inicio del menú. Y al contrario del sancocho o del ajiaco, que por ser un plato consistente (hay quien lo sirve como plato único) invita luego al reposo y la soñolencia, este sopón tiene la virtud de —según el dicho popular—, «levantar a un muerto».
Estoy segura que mis lectores de otros países conocen más de un sopón de su tierra.

1 gallina de 2 a 2 ½ kg (aproximadamente 4 a 5 libras)
12 tazas de agua
4 mazorcas de maíz tierno
250 g (½ lb.) de apio cortado en cubos (aproximadamente de 2,5 x 2,5 cm)
½ kg (1 lb.) de calabaza cortada al mismo tamaño

250 g (½ lb.) de malanga cortada al mismo tamaño
250 g (½ lb.) de ñame cortada al mismo tamaño
250 g (½ lb.) de zanahorias cortada al mismo tamaño
½ kg (1 lb.) de yuca cortada en ruedas (aproximadamente de 2,5 cm)
1 cebolla blanca grande cortada por la mitad
1 ramito de cebollinos
2 cabezas de ajo
1 pimiento rojo
3 pimientos verdes
1 rama de hierbabuena
1 ramito de cilantro
1 ramito de perejil
2 cucharadas de aceite de maíz
Sal y pimienta al gusto

Trocee la gallina en octavos. Sazone con sal. Limpie los pimientos y córtelos finamente. Corte los cebollinos y machaque 1 cabeza de ajo en el mortero. Limpie las mazorcas y córtelas en rodajas de dos dedos de grueso.

En cazuela grande de 5 litros ponga la gallina con el agua, el cebollino picado, media cebolla, el pimiento rojo, un pimiento verde, el ajo machacado y las rodajas de maíz. Ponga a fuego vivo hasta que hierva y baje el fuego a lento. Deje cocinar tapado hasta que la gallina y el maíz se ablanden (aproximadamente 1 hora).

Retire la espuma con la espumadera de vez en cuando para aclarar el caldo.

Cuando la gallina esté blanda agregue el apio, la malanga, la yuca, el ñame y las zanahorias. Cocine a fuego mediano hasta que se ablanden los vegetales, luego agregue la calabaza y cocine de nuevo hasta que se ablande. Rectifique el punto de sal y añada la pimienta.

Mientras se ablanda la calabaza prepare un sofrito. En sartén mediana eche el aceite con la otra mitad de la cebolla cortada finamente, el resto del ajo machacado y el resto del pimiento verde. Ponga a fuego mediano y cocine unos tres minutos, hasta que la cebolla esté translúcida. Añada el cilantro y la hierbabuena y deje marchitar un momento al fuego.

Cuando la calabaza esté blanda en la cazuela, añada el sofrito y deje cinco minutos más al fuego revolviendo bien.

Corte finamente el perejil. Apague el fuego y sirva el hervido en platos hondos. Adorne con el perejil picado.

Sirva acompañado de arepas de maíz.

Da para ocho comensales.

Guiso de maíz

Dicen los historiadores que toda gran civilización está ligada al surgimiento de un cereal. Así la civilización babilónica, la primera de occidente, está relacionada con el trigo cultivado en las llanuras entre el Tigris y el Eufrates. En Asia, el arroz fue la piedra angular de la civilización china y de otras culturas asiáticas. En América el maíz, alimento de dioses y de hombres, sirvió de base para las grandes culturas que existieron en lo que actualmente son México, Centroamérica y parte de América del Sur.

Las primeras migraciones a nuestra zona caribeña, provenientes de la cuenca amazónica y del norte venezolano, trajeron el maíz sagrado como parte fundamental de su cultura. Fue en nuestras islas donde los europeos vieron por vez primera el maíz y fue desde nuestras islas de donde salieron las primeras semillas a Europa.

Claro, dice mi marido que se puede desconocer esto, como seguramente lo hacía su abuela, y hacer platos de maíz que ni los dioses que dieron el mágico grano a los primeros hombres pudieron soñar.

De todas maneras, me gusta la idea de tener un nexo tan sagrado como ese con los pueblos que crearon las pirámides mayas, los que tuvieron el concepto matemático del cero antes que los europeos, los que construyeron las pirámides del Sol y de la Luna, Cuzco, Machu Picchu y Palenque, y a un nivel más modesto en el Caribe, a aquellos a los que la codicia y la crueldad no les permitió dejar más legado que la huella lejana en la mezcla de razas, los sonoros nombres geográficos, como Cuba, y algún que otro plato. Y además el maíz.

Esta receta que comparto con ustedes es, como muchas otras, un legado de familia. No sé hasta donde se remonta, pero según contaba mi abuela materna, su madre española la hacía mezclando ingredientes que había encontrado aquí con los que llegaron de España. Otra demostración de que cuando las culturas se encuentran de esta manera, el resultado no puede ser otro que un acto de amor.

12 mazorcas de maíz tierno
½ kg (1 lb.) de lomo magro de cerdo
125 g (¼ lb.) de tocineta ahumada
125 g (¼ lb.) de jamón
1 chorizo (enlatado en manteca)
250 g (½ lb.) de papas
250 g (½ lb.) de calabaza
1 cebolla grande
1 pimiento verde
4 dientes de ajo machacados
½ cucharadita de orégano molido
½ cucharadita de laurel molido
2 tazas de puré de tomate
½ taza de vino blanco seco
2 tazas de agua
2 cucharadas de la manteca del chorizo
2 cucharadas de aceite neutro
1 cucharada de azúcar
Sal al gusto

Desgrane las mazorcas del maíz y lave los granos en agua fresca. Escúrralos y póngalos en remojo en las dos tazas de agua. Pele las papas y la calabaza y córtelas en dados pequeños. Corte finamente la cebolla y el pimiento. Corte la carne, el jamón y la tocineta en dados pequeños y el chorizo en rodajas.
　En la olla de presión eche la manteca del chorizo y las dos cucharadas de aceite. Ponga la olla a fuego vivo y sofría la carne con el jamón, la tocineta y el chorizo hasta que la tocineta suelte la grasa. Añada el ajo machacado, la cebolla, el pimiento, orégano y laurel, y sofría unos tres minutos.
　Añada el maíz con el agua del remojo, los dados de papa y calabaza, el puré de tomate y el vino.
　Revuelva bien y eche la sal y el azúcar. Sea parco con la sal, pues el chorizo y el jamón añaden sal al guiso.
　Tape la olla y déjela a fuego vivo hasta que coja presión, entonces baje el fuego a lento y cocínela 20 minutos.
　Apague el fuego y deje refrescar hasta que pierda el vapor. Destape la olla y verifique que el maíz esté blando.
　Sírvalo acompañado de pan o tostadas.
　Da para seis comensales.

Quimbombó con bolas de plátano

El quimbombó es uno de los cultivos traídos de África que se naturalizó en América. Posiblemente al principio lo hayan cultivado para su consumo los propios esclavos, a quienes los amos dejaban pequeñas parcelas para que sembraran sus propios alimentos. No es de extrañar que los esclavos fueran más baratos que los animales de granja. A éstos había que alimentarlos.

Junto con la planta se naturalizó en Cuba su nombre, originalmente *occhinggombo*, al parecer proveniente del bantú, la lengua de una de las etnias esclavizadas y traídas a nuestro país. Otras islas del Caribe colonizadas por España, como Puerto Rico y La Española (Haití y República Dominicana) también consumen el quimbombó, aunque en Dominicana le llaman «molondrón» (ver receta de «Cerdo con molondrones»).

El Caribe que nos une por lo que heredamos de África también extiende su parentesco a la Luisiana en Estados Unidos, donde las ricas cocinas criolla y *cajun* comparten herencias con nosotros por lo que dejaron allí las culturas francesas, españolas y africanas. Fíjense si no, que uno de los platos insignias de la cocina *cajun* es el llamado «gumbo», hecho a partir del quimbombó. Nótese también la similitud de los términos. Aunque en Estados Unidos el vegetal es conocido como *okra*, otro término proveniente del África Occidental, el nombre del plato revela el parentesco cultural con nosotros.

Por eso no me canso de repetir que lo que puede haber comenzado como una humilde comida de esclavos, como muchas otras costumbres alimenticias de los pueblos, al cabo del tiempo puede pasar a enriquecer la mesa de todos, incluyendo la de los amantes de la *haute cuisine*.

1 kg (2 lbs.) de quimbombó bien fresco
250 g (½ lb.) de lomo magro de cerdo
2 plátanos machos pintones
125 g (¼ lb.) de jamón cocido
2 cucharadas de aceite vegetal
1 cebolla grande
1 pimiento verde
4 dientes de ajo
Jugo de una lima
1 taza de puré de tomate
½ taza de vino blanco seco
1 taza de agua
1 cucharadita de cayena
½ cucharadita de orégano en flor
½ cucharadita de comino molido
Sal al gusto

Lave el quimbombó y séquelo bien antes de cortarlo. Quíteles el tallo y córtelos en trozos de poco más de 1 cm (aproximadamente ½ pulgada). Ponga los trozos en un recipiente de cristal y rocíelos con el jugo de lima.
Corte finamente la cebolla y el pimiento. Machaque el ajo y sofríalo ligeramente en el aceite. Añada la cebolla y el pimiento y sofría hasta que cambien de color. Retire el sofrito del fuego y reserve.
Corte la carne de cerdo y el jamón en dados del mismo tamaño del quimbombó.
En la olla de presión, eche el sofrito anterior y añada la carne y el jamón. Eche el tomate, el vino, las especias y sal al gusto. Añada el agua, tape la olla y cocine a presión durante 15 minutos.
Mientras se cocina la carne, corte los plátanos en rodajas de 2 ½ cm (1 pulgada) de ancho y hiérvalos en agua suficiente para cubrirlos hasta que estén blandos.
Ponga las rodajas de plátano aparte a refrescar. Cuando ya no estén calientes, pélelas y aplástelas con un tenedor para hacer un puré grueso. Déjelas refrescar bien. Forme bolas de 2 ½ cm (1 pulgada) de diámetro aproximadamente. Reserve.
Cuando las carnes estén listas, añada en la misma olla el quimbombó con el jugo de lima y las bolas de plátano. Revuelva bien y cocine a fuego lento destapado hasta que el quimbombó se ablande y quede un guiso espeso.
Da para cuatro comensales.

Frijoles negros al Aljibe

Los estudiosos no se han puesto de acuerdo acerca de la edad que tiene el cultivo del frijol (o habichuela, como se le conoce también en nuestra región), pero han llegado al consenso de que se originó en lo que hoy es el sudoeste de México y Centroamérica, entre cinco y siete mil años atrás. En asentamientos de esa época se han encontrado pruebas de su uso como alimento.

Desde entonces el frijol se extendió por todo el mundo, pero específicamente el frijol negro es importante alimento en Latinoamérica y el Caribe. Desde hace unos años se consume mucho en el sur de Estados Unidos —especialmente la Florida y el Sudoeste—, en parte debido al aumento de la inmigración desde países latinoamericanos. Claro, también los «nativos» en Estados Unidos han aprendido a apreciarlo, ya que el frijol negro ha logrado hacer el «cruce» cultural, al igual que algunos cantantes del pop latino.

La importancia del frijol en la dieta latinoamericana y caribeña no es casual. Fue una de las primeras plantas silvestres en ser domesticadas por el hombre, mucho antes de que éste comenzara a criar animales. Los frijoles son plantas leguminosas, y debido a que éstas absorben el nitrógeno del aire son una gran fuente de proteína, más que ninguna otra planta alimenticia.

Tienen un alto contenido de fibra soluble —que ayuda a controlar el nivel de colesterol—, pocas calorías y grasa, y son una excelente fuente de almidones, vitaminas del complejo B, hierro, fósforo, potasio y zinc.

Sin embargo, a pesar de tantas virtudes su proteína es incompleta porque no contiene los nueve aminoácidos. En las áreas donde se originó, como en México y Centroamérica, la sabiduría popular mezcló el frijol con el maíz y de esta forma completó los aminoácidos faltantes. En el Caribe, el arroz se usa como complemento.

Cualquiera de los dos cereales logra la combinación necesaria para que el organismo asimile la rica proteína del frijol.

Pero además de estas maravillas alimentarias el frijol es muy dúctil, ya que sirve para hacer sopas (o potajes, como llamamos a las sopas espesas de frijoles), en ensaladas, refritos o en platos combinados con arroz.

Como parte de nuestra herencia española, muchos platos de nuestra cocina integran las especias y hierbas a un plato por medio del sofrito, o sea, la unión de cebolla, ajo, ají, etcétera, en una mezcla que se sofríe o saltea en un poco de grasa antes de agregársele a los demás ingredientes. De esa manera se hacen tradicionalmente también los frijoles negros.

Sin embargo, una vez aprendí con mi abuela —no sólo la de mi marido cocinaba maravillosamente— a hacerlos de la forma que comparto aquí con ustedes. Ella llamaba esta manera de prepararlos «al aljibe», y se convirtió en mi favorita. Nunca supe por qué la llamaba así (probablemente ella tampoco lo sabía), con esa sonora palabra que pasó del árabe al español, y que en nuestros países se usa indistintamente para significar cisterna o pozo.

Al cocinar los frijoles «al aljibe», las especias se unen crudas a los frijoles, no como sofrito, y mientras la olla canta en el fuego van entregando lentamente sus aromas y sus sabores hasta terminar en esa maravilla de maravillas: los frijoles negros al aljibe.

½ kg (1 lb.) de frijoles negros
1 pimiento verde grande
1 cebolla blanca mediana
8 dientes de ajo
1 hoja de laurel
1 cucharadita de orégano en flor
2 cucharadas de azúcar refino
¼ taza de vino blanco seco
2 cucharadas de vinagre
½ taza de aceite de oliva
Sal al gusto

Escoja y lave bien los frijoles. Póngalos en remojo en abundante agua al menos por doce horas.

Bote el agua y póngalos en olla de presión con dos dedos de agua fresca por encima del nivel del grano. Agregue la cebolla pelada entera, la hoja de laurel y el pimiento limpio partido en dos. Cocínelos a presión por lo menos 45 minutos y revise si están bien blandos. Si todavía están duros tape la olla de nuevo y cocínelos por 15 ó 20 minutos más.

Cuando estén blandos, retire la hoja de laurel, el ají y la cebolla de la olla. En el mortero machaque los dientes de ajo pelados, junto con el orégano y un poco de sal. Añada el vinagre y el vino en el mortero, revuelva todo bien y agréguelo a la olla.

Aparte, retire la piel del pimiento, machaque el pimiento con la cebolla, y vuelva a echarlos en la olla.

Añada el azúcar, la sal y ¼ taza de aceite de oliva. Revuelva bien y ponga la olla destapada a fuego lento hasta que espesen bien.

Cuando los frijoles estén bien cuajados retire la olla del fuego y añada el otro ¼ de taza de aceite de oliva.

Déjelos reposar lo menos una hora antes de servirlos. Este paso es para «dormir los frijoles», es decir, para que espesen aún más, para que queden «dormidos».

Sírvalos en plato de sopa como primer plato, o con arroz blanco como guarnición.

Da para cuatro comensales de entrante o varias más de guarnición.

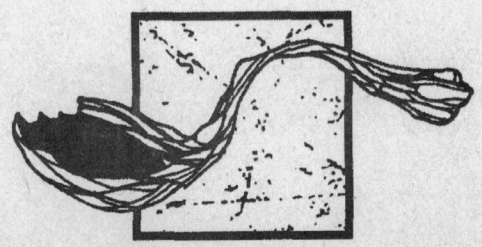

Arroces

Arroz blanco

(Para Carlos Luis)

En varias ocasiones he escrito que en la mesa de nuestra región, especialmente los países de habla española, no se concibe comer sin arroz. La mayoría lo considera un sencillo plato acompañante que puede hacerse fácilmente, y muchas personas que lo sirven como componente exótico de alguna receta que leyeron en una revista no creen que vale la pena dedicarle mucho tiempo: prefieren utilizar arroz casi instantáneo, del que viene empaquetado y sólo se le echa agua y sal (hay recetas que así lo recomiendan). Sin embargo, este arroz que comparto con ustedes y aprendí de mi madre no es nada elaborado y se prepara a la manera tradicional (con el «sencillo» secreto del ajo y el jugo de limón).

Puede parecer que como sólo se sirve para acompañar un plato principal no tiene mucha importancia. Pero en nuestras tierras ese comentario sería recibido como un pecado de lesa cocina, porque el arroz blanco —y así se le dice, no simplemente arroz, sino con su apellido, como nombre de alto linaje— es parte consustancial de muchas recetas, algo integral e indispensable de un plato junto con los demás ingredientes. Y esto lo afirman voces muy autorizadas en evocar bellezas, como el poeta cubano Nicolás Guillén, quien en un rapto de nostalgia gastronómica no se limitó en sus versos a cantarle a un plato, sino que elaboró todo un menú, bien típico de Cuba, y que le hace la boca agua a cualquiera, lo haya probado o no.

> *(...) blanco arroz y oscuro picadillo,*
> *orondos huevos fritos con tomate,*
> *el solemne aguacate*
> *y el rubicundo plátano amarillo (...)*

(Ver receta de «Picadillo a la Habanera».)

Tengo otros aficionados al arroz blanco. Mi marido y yo disfrutamos mucho a un amigo a quien le encanta éste que cocino. Se llama Carlos Luis y hace tan buena música con su guitarra como la amistad que cultiva. Un día, hace años, vino a comer a casa por primera vez y le hice precisamente el menú de Guillén. Quedó encantado y elogiaba aquella mesa sencilla como se habla de una hermosa canción. Pero mi sorpresa fue mayor cuando pidió más, pero sólo más arroz.

Desde entonces cada vez que Carlos Luis elogia mi cocina, habla de mi arroz blanco. Y siempre que viene a casa pide, como primer plato, que yo le sirva un poco de arroz como éste que comparto con ustedes.

2 tazas de arroz
2 dientes de ajo
2 cucharadas de sal
1 cucharadita de jugo de limón
4 cucharadas de aceite de girasol
3 tazas de agua

Lave el arroz hasta que el agua salga limpia. Pele el ajo y aplástelo con el cuchillo para abrirlo, pero sin desmenuzarlo.
En la cazuela de arroz eche dos tazas de agua con la sal y el ajo. Ponga la cazuela a fuego vivo hasta que el agua hierva a borbotones. Añada el arroz, el aceite y el jugo de limón.
Tape la cazuela y deje que hierva de nuevo. Cuando esté hirviendo baje el fuego a muy lento y cocine 15 minutos. Al cabo de este tiempo retire del fuego, destape la cazuela y revuelva el arroz con un tenedor de cocina. Añada la otra taza de agua y tape la cazuela de nuevo. Déjelo reposar 15 minutos más. Destape y revuelva nuevamente. Ya está listo para servir.
Sírvalo de guarnición con carne de res, de cerdo, de carnero, pescado, aves, huevos, vegetales (en asados, estofados, fricasé, enchilados, fritos...) o como lo recomienda Nicolás Guillén («blanco arroz, oscuro picadillo...») o al estilo de Carlos Luis, solo, como primer plato.
Da para cuatro comensales.

Moros y Cristianos

(Para Protacio y su esposa)

Un lector, Protacio, me ha escrito en varias oportunidades en su nombre y en el de su esposa. Por lo que dice en sus mensajes, es evidente que conoce y disfruta de la cocina cubana. En uno de sus *e mails* me hacía una pregunta que, aunque le respondí directamente, no había tenido oportunidad de tratar en la columna. Protacio preguntaba acerca de la diferencia entre Moros y Cristianos, por un lado, y el Congrí.

Tanto uno como el otro son platos que cocinan conjuntamente el arroz y los frijoles. Ambos existen en varios países caribeños con distintos nombres y muchas similitudes. En Cuba, la diferencia fundamental, aparte de sutilezas propias de cada forma de hacerlos, es que los Moros y Cristianos se hacen con frijoles negros y el Congrí con frijoles rojos (colorados, decimos por acá). En República Dominicana llaman Moros a todos los platos que mezclan el arroz y los frijoles. En Puerto Rico dicen Arroz con Habichuelas, en Nicaragua Gallo Pinto al arroz con frijoles rojos.

El nombre de Moros y Cristianos es una referencia, como es evidente, al color de cada uno de los principales componentes, ya que en España desde hace cientos de años llamaban equivocadamente «moros» a los pueblos de piel más oscura venidos de África, principalmente a los árabes. Bueno, así es la tradición, formada de verdades, medias verdades y errores.

En cambio, Congrí es una cubanización del nombre del plato que trajeron los haitianos que llegaron a la región oriental de Cuba a principios del siglo XIX. Para ellos se llamaba Congó Riz. *Congó* es la palabra creole para el frijol rojo, y *riz* es arroz en francés y creole. Los cubanos aceptaron el nuevo plato, le agregaron lo suyo y lo convirtieron en Congrí.

Mientras los Moros y Cristianos son más populares en el occidente de Cuba, la zona oriental prefiere el Congrí. Sin embargo, ya el término Moros y Cristianos empieza a caer en desuso y cada vez más personas utilizan Congrí para referirse a ambos. Yo me niego. Ceder a esta pereza lingüística sería no sólo una pérdida del lenguaje sino también de identidad. Moros y Cristianos, que mezcla maravillosamente dos ingredientes fundamentales de nuestra cocina, es también un símbolo de la hermosa mezcla de razas y culturas de nuestra región. El gran poeta de Cuba Nicolás Guillén, y quien fue como nadie una voz de la cultura mestiza, dijo en una oportunidad: «Algún día habrá que olvidarse de "blanco" y de "negro" y decir "color cubano"». También algún día habrá que decir «color caribeño», un paso más hasta llegar definitivamente al «color ser humano», que es el único posible y se lleva en el corazón.

250 g (½ lb.) de frijoles negros
1 pimiento verde
2 cebollas blancas grandes
6 dientes de ajo
1 cucharadita de orégano molido
1 hoja de laurel
½ cucharadita de pimienta negra molida
125 g (¼ lb.) de barrigada de cerdo
1 taza de aceite de oliva
1 libra de arroz blanco de grano largo
2 cucharadas de sal
6 tazas de agua aproximadamente
½ taza de vino blanco seco
2 cucharadas de vinagre

Ponga los frijoles en remojo la noche antes con agua suficiente para que queden aproximadamente dos dedos de líquido por encima de los frijoles.

Al otro día ponga en olla de presión los frijoles con el agua y rectifique el nivel de líquido. Añada una cebolla entera pelada, la hoja de laurel y la mitad del pimiento. Cocine aproximadamente durante 20 minutos. Al transcurrir este tiempo abra la olla y revise si los frijoles están blandos, pero enteros. No deje que se desbaraten.

Cuele los frijoles y reserve el líquido y los frijoles por separado. Deseche la hoja de laurel, la cebolla y el medio pimiento.

Corte la barrigada sin piel en cuadritos pequeños (aproximadamente de ½ cm). Corte finamente la otra cebolla. Machaque los dientes de ajo en el mortero con el orégano, la pimienta y un poquito de sal. Cuando estén bien machacados, añada el vinagre y el vino y revuélvalo bien.

Lave el arroz y escúrralo bien.

En una cazuela plana de doble fondo eche la taza de aceite de oliva y añada los trocitos de barrigada. Póngala a fuego medio y sofría revolviendo hasta que la barrigada suelte la grasa y se doren los chicharrones.

Añada la otra cebolla picada finamente y sofría dos minutos. Añada el arroz y sofríalo hasta que empiece a tomar color.

Mida el líquido de los frijoles y complete las 6 tazas con agua. Añádalo al arroz en la olla y eche además la mezcla del mortero y el resto de la sal.

Eche la otra mitad del pimiento en la olla y añada 1 taza de los frijoles ablandados. El resto de los frijoles los puede usar para otro plato, como frijoles refritos.

Revuelva todo bien, ponga la llama a fuego vivo, tape la olla y espere a que empiece a hervir nuevamente.

Cuando hierva el líquido, baje la llama a fuego lento y deje tapada la olla unos 10 minutos para que el arroz se abra. Revuelva, tape otra vez y déjelo unos 10 minutos más, hasta que esté casi seco. Apague el fuego y déjelo reposar unos 15 minutos. Revuélvalo con un tenedor antes de servirlo.

Es excelente como acompañante de carnes asadas.

Da para cuatro comensales.

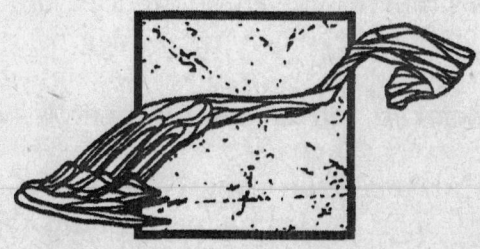

Congrí de fiesta

Las distintas oleadas de inmigrantes asiáticos al Caribe trajeron la costumbre de comer arroz, y el cereal se convirtió en parte distintiva de nuestra cocina regional, en unos países más que en otros. Cuba, adonde comenzaron a llegar los chinos a fines del siglo XIX para sustituir la mano de obra esclava al eliminarse la trata desde África, llegó a tener tal concentración de naturales de China que el vecindario de La Habana en donde se agrupaban se convirtió con el tiempo en el segundo barrio chino fuera de Asia, sólo superado por el famoso Chinatown de San Francisco, Estados Unidos.

Por otra parte, desde hacía muchos años se importaba arroz en Cuba como base de la alimentación de los esclavos. No es de extrañar entonces que el cubano, tan propenso a asimilar costumbres que se avienen con su carácter, se haya convertido en ávido comedor de arroz.

Pero a pesar de que el cubano es amante del arroz, así, simplemente hervido o cocinado al vapor con un poco de aceite o manteca, y que sirve de acompañante ideal para carnes, pescados, aves y cuanta cosa se le ocurra a uno, hay muchos que juran por la deliciosa combinación que forma el arroz con los frijoles, ya sean cocinados juntos o separados. Una de las distintas maneras de cocinarlos juntos es el Congrí.

El Congrí no se debe confundir con lo que en Cuba llamamos «Moros y Cristianos», plato parecido, pero con frijoles negros, ni con otros platos similares que en República Dominicana llaman «Moros» en general, ya sean con frijoles negros, rojos u otras legumbres. Como diría el trovador Silvio Rodríguez en una de sus inolvidables canciones: «no es lo mismo, pero es igual».

Ahora bien, en Cuba existe un Congrí de a diario —lo que pudiéramos llamar un Congrí corriente— para acompañar el plato principal, y que es una manera de no repetir el arroz de casi cada comida. Esta receta que comparto hoy con ustedes va más allá y se hace en ocasiones especiales. Parte del humilde Congrí que a veces comían los esclavos como único alimento, pero que el tiempo y la imaginación de nuestro pueblo han elevado a categoría de plato principal.

½ kg (1 lb.) de chuletas de cerdo (4 chuletas)
150 g (4 onzas) de tocineta o bacón
1 taza de frijoles colorados
4 tazas de arroz de grano largo
4 tazas de agua
1 hoja de laurel
1 pimiento verde
1 cebolla mediana
2 dientes de ajo
½ cucharadita de orégano molido
¼ cucharadita de comino molido
¼ cdta pimienta negra molida
1 cucharada de vinagre
2 cucharadas de vino blanco seco
Sal al gusto

Ablande los frijoles en olla de presión con el agua, la mitad del pimiento y la hoja de laurel.

Corte la tocineta en trocitos pequeños y fríala hasta que suelte la grasa. Saque los chicharrones escúrralos bien y reserve.

Fría las chuletas a fuego vivo en la grasa de la tocineta hasta dorarlas. Reserve.

Pique finamente la cebolla, el ajo y la otra mitad del pimiento.

Cuando los frijoles estén blandos escúrralos en un colador y reserve el caldo. Retire la hoja de laurel.

En una cazuela plana de doble fondo eche la grasa donde frió las chuletas. Añada la cebolla, el ajo y el pimiento picados, y sofría a fuego mediano hasta que la cebolla esté translúcida. Añada las chuletas.

Lave el arroz, añádalo a la cazuela y sofríalo un poco. Añada las especias, vinagre y vino. Mida el caldo de los frijoles y agregue agua hasta completar 4 tazas. Añádalo a la cazuela junto con los frijoles. Sazone con sal.

Tape la cazuela y cocine a fuego vivo hasta que empiece a hervir. Reduzca el fuego a muy lento y cocine 20 minutos o hasta que el arroz se abra bien.

Apague el fuego y desgrane el arroz revolviendo con un tenedor. Tápelo y déjelo reposar 10 minutos.

Sírvalo en fuente redonda, rodeado de las chuletas, y vierta por encima los chicharrones de tocineta.

Da para cuatro comensales.

Arroz con coco

El arroz, cuyo cultivo y consumo fue introducido en nuestra área por las potencias coloniales, adquiere mayor importancia en las distintas cocinas nacionales caribeñas como resultado de la inmigración asiática en el siglo XIX, especialmente la proveniente de China y la India.

Hoy en día es plato omnipresente en nuestra mesa, a tal punto que son muchos los caribeños, independientemente de sus orígenes étnicos, que no conciben una comida si falta el arroz en el menú. Y si bien adquiere papel protagónico cuando se le combina con otros ingredientes, como es en el caso de las distintas paellas, asopaos, arroz con pollo, con pescado, con carne de cerdo, con vegetales y muchas otras combinaciones, hay otras recetas, como ésta de hoy, de aparente sencillez por sus componentes y forma de hacer, que sirve de acompañante de otros platos y justifica el afán caribeño porque no falte el arroz en la mesa.

Si hasta ahora para usted el coco es sólo una parte de la imagen turística del Caribe, con sus playas incomparables bordeadas de cocoteros, o una manera ideal de aplacar la sed con su agua, comience a descubrir los muchos usos que tiene en fabulosas combinaciones de nuestra cocina.

Por cierto, una deliciosa manera de beber el agua de coco es con mucho hielo picado, unas gotas de jugo de lima, una sugerencia de azúcar y ron blanco. Dice mi marido que sabe mejor servido en el propio coco. ¡Salud!

2 tazas de arroz de grano largo
4 cucharadas de aceite neutro
1 taza de leche de coco
1 taza de agua
2 dientes de ajo machacados
1 cebolla blanca mediana

1 ramito de perejil fresco
1 taza de coco rallado
Sal al gusto

Para hacer la leche de coco, ralle una nuez de coco y hiérvala en 1 ¼ taza de agua hasta que el coco se cocine y suelte la leche (de 3 a 5 minutos). Déjala refrescar y cuélela en un paño fino exprimiendo bien. Reserve el residuo.
Lave el arroz. Corte finamente la cebolla y machaque el ajo.
En una cazuela de fondo plano eche el aceite y póngala a fuego vivo. Sofría la cebolla y el ajo un minuto y agregue el arroz con el agua, la leche de coco y la sal. Tape la cazuela y cuando empiece a hervir baje el fuego a muy lento y deje cocinar hasta que el arroz se abra bien (10 a 15 minutos).
Cuando esté listo revuélvalo con un tenedor, apague el fuego y déjelo reposar tapado 10 minutos.
Sirva el arroz en una fuente con el residuo de coco rallado espolvoreado por encima y adórnelo con el perejil picado.
Ideal como acompañante de estofados o asados en cazuela.
Da para cuatro comensales.

Arroz achispado

Tengo en mi recetario varios platos dedicados o inspirados por familiares y amigos cercanos. El de hoy es una especie de homenaje a mi tío Alfonso, el solterón de la familia. Hombre apacible, de buen carácter, Tío Alfonso nunca olvidaba un cumpleaños, un aniversario de bodas, una fecha señalada para alguien de la familia. Si uno tenía dudas, bastaba una llamada al tío para saber cuando era el cumpleaños de uno de los muchos primos y primas o del esposo de cualquiera de las tías. Y cuando uno llegaba a la fiesta, allí estaba él con su regalo modesto, pero original, hecho por él mismo y muy bien envuelto, porque tenía manos de oro, pero poco dinero.

Tío Alfonso nunca se casó. Vaya a usted a saber por qué. De lo que sí estoy segura es que no era por falta de sensibilidad o por no querer comprometerse, porque siempre estaba preocupado por los demás y nunca vi que no estuviera presente cuando hacía falta. Quizás no quería perder su independencia, porque cada vez que en una fiesta familiar alguna de las mujeres de la familia llamaba al esposo, Tío Alfonso reía con sorna y decía a nadie en particular: «La voz de su amo, y sin música».

Dije que Tío Alfonso era apacible. Lo demostraba también en las fiestas de familia sentándose en un sillón cómodo a conversar con alguien, o simplemente a ver el ir y venir de los demás. Se tomaba sus tragos de ron y cuando alguien le preguntaba cómo estaba, respondía; «Aquí, sin meterme con nadie».

Lo normal era que todos olvidáramos que Tío Alfonso estaba allí. Hasta que pasado un rato, por encima de la música que se estuviera oyendo o de la conversación de los demás, se escuchaba la voz rasposa de tenor de barrio de Tío Alfonso, y levemente desentonada, que de pronto rompía a cantar:

> *Quiéreme mucho,*
> *Dulce amor mío,*

> *Que amante siempre*
> *Te adoraré...*

Y así hasta el final de la inolvidable canción de Gonzalo Roig, conocida por todos los cubanos, hasta por los sordos para la música. Era la señal de que Tío Alfonso estaba a punto de sobrepasar el límite de su cuota de ron (en Cuba decimos «achispado»), pero de ahí no pasaba. Seguía sentado sonriente, dando sorbos a su vaso, hasta que unos quince o veinte minutos después se escuchaba nuevamente:

> *Quiéreme mucho,*
> *Dulce amor mío,*
> *Que amante siempre*
> *Te adoraré...*

Finalmente, a la tercera o cuarta vez de oír la canción, todos terminábamos por cantarla con el Tío Alfonso, que era precisamente lo que él buscaba. Y cuando se oían las últimas notas el tío se levantaba, miraba a su alrededor, soplaba unos cuantos besos a todos y se dirigía a pasos lentos y exageradamente cuidadosos a unos de los dormitorios de la casa, donde ya estaba preparada la cama para que el Tío Alfonso, como decía mi abuela, «descansara de los rigores de la fiesta».

Así que un día, cuando ya no estaba entre nosotros, se me ocurrió dedicarle esta receta. Él quizás no estaría de acuerdo, porque en la cocción el alcohol se evapora a los cincuenta grados y lo que queda del ron en el plato es su aroma y otros componentes. Los que no beben alcohol y prueben la receta pueden estar seguros de que no experimentarán el impulso incontenible del Tío Alfonso por cantar «Quiéreme mucho». Y además, después podrán conducir sin peligro.

½ kg (1 lb.) de filetes de parguete (pargo joven), rabirrubia u otro pescado de carne blanca.
Jugo de una lima ácida
1 cucharadita de sal
½ cucharadita de orégano molido

½ cucharadita de pimienta negra molida
1 hoja de laurel
2 clavos de olor
4 tazas de agua
2 tazas de arroz tipo Valencia (grano corto y redondo)
¼ taza de puré de tomate
4 dientes de ajo
4 cucharadas de aceite de oliva
4 cucharadas de ron añejo 3 años
1 pimiento verde
1 cebolla blanca grande
1 cucharada de sal
½ cucharadita de azafrán
1 lata de 13 g (6 oz.) de pimientos morrones
½ taza de guisantes

    Primero prepare el caldo de pescado. Ponga en una olla honda los filetes de pescado con la sal, el jugo de lima, la pimienta, el orégano, el laurel, los clavos de olor y las 4 tazas de agua. Ponga a fuego vivo y hierva durante cinco minutos. Déjelo refrescar.
    Cuele el caldo y reserve por separado el caldo y el pescado. Retire los clavos y la hoja de laurel.
    Lave el arroz y póngalo en remojo en 1 taza de caldo. Agregue agua al caldo restante hasta completar 3 tazas y reserve.
    Corte la cebolla y el pimiento bien fino para sofrito. En cazuela plana de doble fondo eche el aceite y póngala a fuego vivo. Sofría el ajo machacado hasta que tome color. Añada la cebolla y el pimiento y sofría a fuego mediano hasta que la cebolla se vuelva translúcida, pero sin dorarse. Añada el arroz con el caldo del remojo, el resto del caldo y el pescado. Eche el puré de tomate, la sal, el azafrán y el ron y revuelva bien. Cuando empiece a hervir tape la cazuela y baje el fuego a muy lento. Cocine por 15 minutos sin moverlo. Apague el fuego y revuelva con un tenedor de cocina. Tápelo de nuevo y déjelo reposar 10 minutos antes de servirlo. El arroz quedará asopado.
    Vierta el arroz en fuente grande y adorne con tiras de pimiento morrón y guisantes.
Sírvalo con plátanos maduros fritos y ensalada de aguacate.
Da para cuatro comensales.

Timbal de arroz con pollo

(Adaptado de la receta original de María de la Soledad)

Aunque en sentido general la palabra «timbal» nos hace pensar en ciertos tipos de tambores, uno de ellos conocido también por el nombre de «paila» y que se usa en las orquestas salseras, en nuestra cocina se refiere a una especie de pastel cuya estructura externa puede estar hecha de cualquier cosa menos harina. En la cocina italiana también existe algo parecido, llamado *timballo*, con deliciosas variantes, y los ingleses tienen el famoso *shepherd's pie* (pastel del pastor), que aunque lo llaman «pastel», al igual que algunos «tambores» españoles, conforman la concha con puré de papas. Eso sí, todas esas recetas —cubanas, españolas, inglesas, italianas y de otros países— hornean su tambor, pastel, *timballo* o como se le llame. El plato de hoy no es excepción.

Ya desde hace tiempo conocía variantes de esta receta y las tenía en cartera para publicarlas en mi columna. Pero recientemente mi marido y yo fuimos invitados a celebrar el cumpleaños del esposo de María de la Soledad, autora de la columna de «Arte y Cultura» de nuestra revista, tan experta en esas cuestiones como en servir delicias en las celebraciones que se hacen en su casa. Y allí probamos el Timbal de Arroz con Pollo. Incluso mi marido, que es parco en celebrar las recetas de otros porque dice que no se comparan con las mías (no sé si es totalmente honesto o si es una manera de garantizar que yo siga cocinándole), habló maravillas del plato de María de la Soledad. Y a pesar de que había otras delicias preparadas por ella, se concentró en el Timbal y se sirvió un segundo plato.

Hablando de timbal, ¿no les parece curioso que como dije al principio, haya tantos términos mencionados aquí —timbal, paila, salsa—, relacionados con la cocina y la música? Un músico amigo nuestro, Alberto Faya, publicó hace algún tiempo un libro con un CD conformado por canciones de la música cubana que tenían que ver con nuestra cocina, *Échale salsita*. Música y recetas. ¡Qué maravilla!

1 pollo de 1 ½ a 2 kg (3 a 4 lbs.)
1 cebolla blanca grande
1 pimiento verde grande
2 dientes de ajo
1 taza de puré de tomate
½ taza de vino blanco seco
1 taza de aceite neutro
½ taza de aceitunas rellenas con pimiento
3 tazas de arroz de grano largo
1 cucharadita de pimentón dulce
1 hoja de laurel
1 cucharadita de orégano
½ cucharadita de cayena
½ cucharadita de albahaca molida
½ cucharadita de azafrán
1 litro de agua
Sal al gusto
1 taza de mayonesa
2 tazas de queso parmesano (para gratinar)
1 lata mediana de pimientos morrones

Primero prepare el caldo. Retire la piel del pollo y córtelo en cuartos. Póngalo en la olla de presión y eche el litro de agua. Añada la hoja de laurel, la mitad de la cebolla picada finamente, la mitad del pimiento limpio, ½ cucharadita de orégano y la sal al gusto. Tenga en cuenta que el arroz se cocinará en este caldo, por lo que debe quedar algo subido de sal. Ponga la olla a fuego vivo y cuando tenga la presión suficiente, baje el fuego a lento y cocine por 20 minutos. Apague la olla y déjela refrescar.

Cuando ya esté fresca la olla retire el pollo y reserve el caldo.

En cazuela plana de doble fondo eche ½ taza de aceite y sofría los dientes de ajo machacados. Añada el arroz lavado, pimentón, azafrán y tres tazas del caldo de pollo colado. Rectifique el punto de sal y ponga la cazuela tapada a fuego vivo hasta que rompa el hervor. Baje el fuego a lento y cocine tapado por 20 minutos hasta que el arroz se abra bien. Apague la olla y déjelo reposar hasta que refresque.

Mientras se cocina el arroz deshuese el pollo.

En una sartén grande ponga a calentar a fuego vivo el aceite restante. Añada la media cebolla y el medio pimiento picados finamente, cayena, albahaca, el resto del orégano, puré de tomate y vino seco. Cocine revolviendo dos minutos y añada el pollo deshuesado, las aceitunas y el caldo restante. Baje a fuego medio y cocine unos 10 minutos hasta que la salsa reduzca un poco. Retírelo del fuego y déjelo refrescar.

Engrase ligeramente un molde cuadrado para hornear de aproximadamente 38 cm de largo por 25 de ancho y 5 de alto (15 pulgs. x 10 x 2) con un poco de aceite vegetal. Ponga una camada de arroz (aproximadamente la tercera parte) a cubrir el fondo del molde. Ponga a continuación la camada del pollo a cubrir toda la superficie. Cubra el pollo con otra camada de arroz y cubra esta camada con mayonesa. Cubra con el resto del arroz y eche por encima el queso rallado grueso. Ponga el molde en horno caliente a gratinar (aproximadamente 10 minutos).

Cuando esté gratinado adorne con tiras de pimiento morrón y lleve en el mismo molde a la mesa. Acompáñelo de ensalada verde y frituras de malanga. (Para las frituras, ver «Fritangas de Fin de Año».)

Da para ocho o diez comensales.

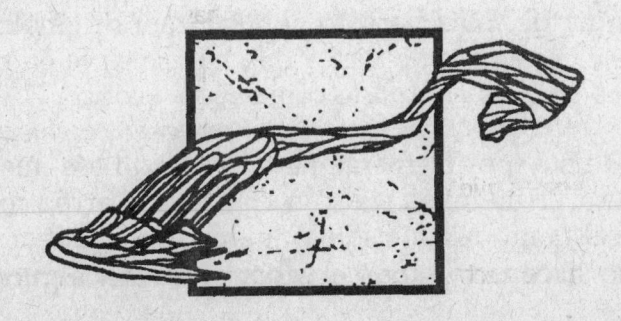

Arroz especial

No me canso de escribir (y espero que ustedes no se cansen de leer) acerca de la importancia que tiene el arroz en la cocina de unos cuantos países del Caribe. No sólo se trata de platos como la paella, el arroz con pollo, con pescado, mariscos u otras carnes, o el delicioso Congrí y el celestial Moros y Cristianos —algunos publicados en este libro—, sino el acompañante ideal de muchos platos de nuestra cocina, el sencillo y humilde arroz blanco, hervido con un poco de sal, algo de aceite y nada más. (Yo agrego también otras cosas, como pueden ver en esa receta.) Incluso hay cubanos que piensan que no han comido propiamente si les falta ese arroz, no importa qué otro maravilloso plato se les haya presentado.

En propiedad, en Cuba es una costumbre urbana y a muchos campesinos le es ajena, ya que prefieren acompañar la carne o el pollo (en el campo se come poco pescado) con tubérculos y vegetales de raíz, como yuca, boniato o malanga, además de frijoles. Pero si emigran a la ciudad, no tardan en asumir la costumbre urbana, sólo que no abandonan la suya, y terminan por sumar el arroz a los tubérculos, con lo cual a veces se consumen demasiados carbohidratos.

De todas maneras, la costumbre de comer arroz, reforzada por la inmigración asiática a nuestra región, ha dejado una huella profunda en nuestras distintas cocinas. Si en ocasiones ha sido una forma de estirar un ingrediente más caro como la carne, al igual que en otras cocinas con el tiempo el plato ha adquirido otro valor. Compárese con el éxito de la humilde *polenta* italiana, la simple harina de maíz hervida con sal, que originalmente fue comida de campesinos pobres, y que hoy se sirve en restaurantes italianos en todo el mundo como plato exótico.

La receta de hoy posiblemente haya recorrido ese mismo camino, aunque si en su inicio era sólo un plato de arroz con algo de carne, con el tiempo se fue sofisticando para terminar en lo que es hoy. Eso sí, conserva todo el sabor original y algunos adicionales que yo agregué y que mi marido dice que la mejoran. Pero hay quien dice que sus opiniones están prejuiciadas en mi favor.

2 tazas de arroz de grano largo
1 cebolla grande blanca
1 pimiento verde
4 dientes de ajo
1 taza de puré de tomate
½ taza de vino blanco seco
2 cucharadas de vinagre
1 cucharadita de pimentón
½ cucharadita de cayena
1 cucharada de hojas de albahaca fresca
½ cucharadita de orégano molido
½ cucharadita de laurel molido
1 lata de maíz dulce
1 taza de guisantes
1 taza de aceitunas rellenas con pimiento
1 pimiento morrón
4 costillas ahumadas de cerdo
2 tiras de bacon canadiense
½ taza de aceite neutro
4 tazas de caldo de pollo o agua
1 taza de mayonesa
Sal al gusto

Machaque el ajo en el mortero con una pizca de sal y las especias secas. Añada el vinagre y el vino seco. Corte finamente la albahaca, la cebolla y el pimiento. Deshuese las costillas de cerdo y corte la carne en dados pequeños. Corte el bacon en tiritas transversales.

En cazuela plana de doble fondo eche el aceite y el bacon y póngalo a fuego vivo hasta que el bacon rinda la grasa. Añada la cebolla y el pimiento y sofría hasta que la cebolla esté translúcida. Añada la albahaca, la mezcla del mortero y la lata de maíz. Eche el puré de tomate y revuelva bien la mezcla. Añada el arroz, la carne de las costillas y el caldo o agua y eche la sal, use poca sal ya que el bacon y las costillas añaden sal.

Cocine a fuego vivo hasta que rompa el hervor. Baje el fuego a lento y cocine tapado hasta que el arroz se abra bien y se seque (aproximadamente 15 minutos). Revuelva el arroz con un tenedor de cocina y déjelo refrescar destapado hasta que seque bien.

Engrase un molde de pudín y acomode el arroz presionando bien en el molde. Ponga el molde sobre un paño húmedo y tápelo. Cuando esté a temperatura ambiente desmolde el arroz en una fuente y cúbralo con la mayonesa. Adorne con las aceitunas, los guisantes y el pimiento morrón cortado en tiritas.

Sírvalo con ensalada verde.
Da para cuatro comensales.

Arroz con pollo a la chorrera

En toda nuestra zona se cocinan arroces que sobrepasan la categoría de simple cereal acompañante para convertirse en plato principal. Tan extendido, habitual y sabroso, hemos aprendido a prepararlo de tantas maneras y con tantas variaciones que un recetario de arroces seguramente tendría más de un tomo. Herencia de las tradiciones europea y china, lo comemos blanco o de distintos colores, seco y desgranado, o casi como sopa —en los «asopaos» de Santo Domingo y Puerto Rico—, y a la «chorrera» en Cuba. Todos son exquisitos y todos merecen el mayor respeto, desde un buen arroz blanco hervido que se sirve como acompañante, hasta este arroz con pollo a la chorrera.

Esta receta es heredera de las paellas españolas, pero al pasar al Caribe cambiaron algunos ingredientes, adquirió su toque regional y en vez de quedar el arroz desgranado se hace con mucho caldo —de ahí el apellido de «a la chorrera». Originalmente fue plato de domingo o de fiestas. (Hay una receta de origen similar en Santo Domingo que se llama «arroz de fiesta».)

Cuenta mi marido que su mítica abuela cocinaba para las reuniones familiares el mejor arroz con pollo del mundo. Él ha tratado de sacar del recuerdo todos los ingredientes y yo he tratado de repetir el resultado. Claro, son recuerdos de niño, dice él, y puede faltar alguno. Después de mucho experimentar y de probar distintas variantes, llegué a esta receta. Dice él que se parece mucho, que es muy sabrosa, pero que no es igual.

Un día comprendió lo que faltaba, un algo irrepetible e irrecuperable. Era el sabor de la nostalgia, el sentido de la pérdida de la abuela. Falta esa figura inolvidable llegando a casa de mi marido —donde la familia había acordado reunirse—, repartiendo besos y amor. Traía sus cazuelas y cucharones y hasta su delantal almidonado, y entraba a la cocina como una reina, lo cambiaba todo de lugar, enviaba por un arroz distinto al que había en la casa, y comenzaba su conspiración personal hasta obtener aquella maravilla.

Dice mi marido que si no fuera por ese último ingrediente, mi arroz con pollo a la chorrera sabría igual al de su abuela. Realmente no me pongo celosa; sé que es verdad, especialmente porque mi receta tiene tanto amor como la otra, aunque claro está, de distinto tipo.

1 pollo de 1 ½ a 2 kg (3 a 4 lbs.) cortado en piezas
½ cucharadita de sal
4 cucharadas de vino blanco seco
2 cucharadas de vinagre
5 dientes de ajo machacados
1 cucharadita de orégano
2 tazas de arroz crudo tipo Valencia
4 cucharadas de aceite neutro
1 cebolla roja mediana picada
1 ají verde mediano picado en dos
4 cucharadas de pasta de tomate
3 cubitos de caldo de pollo
6 tazas de agua
1 cucharadita bijol, azafrán o pimentón dulce para acentuar el color
1 lata o botella de cerveza
1 lata de 8 onzas de guisantes verdes o *petit-pois*
2 pimientos morrones

Lave el arroz en agua fresca y escúrralo bien.
Prepare el caldo de pollo con el agua y los cubitos de caldo.
En una cacerola grande caliente el aceite a fuego vivo y dore las piezas de pollo por todos lados.
Añada ajo, cebolla, orégano, vinagre, vino seco, pasta de tomate y una taza de caldo.
Reduzca el calor a medio, tápelo y cocínelo por 30 minutos hasta que el pollo se ablande.
Agregue el arroz y el resto del caldo y cocine destapado a fuego vivo hasta que empiece a hervir. Baje a fuego lento y tápelo. Déjelo cocinar hasta que el arroz se abra y esté todavía caldoso. Agregue la cerveza y cocine 5 minutos más hasta que el arroz esté bien blando. Apague el fuego y déjelo reposar por 10 minutos. Adórnelo con tiras de pimiento morrón y los *petit-pois*. Debe quedar bien chorreado.
Da para ocho comensales.

Asopao de pollo

De los países caribeños, República Dominicana quizás sea el lugar donde se preparan más recetas diferentes de arroz. Además del arroz blanco para acompañar cualquier plato principal, la cocina dominicana tiene distintos «Moros» (parecidos al Congrí y al Moro con Cristianos de Cuba), «locrios» y «asopaos». Según el encantador libro *La cocina dominicana*, de María Rodríguez de Carías, «el Locrio consiste en arroz cocinado con pollo, carne de res, pescado, salchichas o mariscos y algunas veces con leche de coco. El resultado obtenido es un arroz graneado y sabroso. El moro consiste en arroz cocinado con legumbres, vegetales o granos, y también a veces con leche de coco. El producto logrado es un arroz suelto, similar al locrio. El asopao es arroz con pollo, carne de res, pescado o mariscos, al cual se le puede agregar cerveza. Tiene una consistencia espesa y debe ser servido en un plato para sopa».

Similar a los arroces «a la chorrera» que se hacen en Cuba, el asopao tiene más caldo o cerveza. Éste, aunque dominicano, está también emparentado con el asopao puertorriqueño.

1 kg (2 lbs. de pollo)
250 g (½ lb.) de jamón
2 tazas de arroz
3 tazas de agua
6 dientes de ajo
Jugo de dos limas
½ cucharadita de orégano molido
1 pimiento verde
1 cebolla blanca grande
1 taza de puré de tomate
4 cucharadas de vino blanco
4 cucharadas de aceite neutro
1 lata de guisantes verdes
1 lata de pimientos morrones
1 lata de espárragos
1 cerveza clara no muy ligera
Sal y pimienta al gusto

Limpie el pollo el día anterior, córtelo en octavos. En el mortero machaque 4 dientes de ajo con sal, pimienta y orégano. Añada el jugo de lima. Vierta esta marinada sobre los trozos de pollo y refrigere hasta el día siguiente.

Al otro día lave bien el arroz y déjelo reposar remojado mientras prepara el sofrito y cocina el pollo.

Para preparar el sofrito limpie y machaque en el mortero los 2 dientes restantes del ajo. Corte finamente la cebolla y el pimiento verde. Corte el jamón en dados. En una cazuela grande de fondo plano caliente el aceite a fuego vivo y sofría el jamón hasta dorarlo. Añada el ajo, la cebolla y el pimiento y sofría un minuto más. Escurra el pollo de la marinada y sofríalo hasta que se dore un poco. Baje el fuego a medio y añada el puré de tomate, el vino blanco y el resto de la marinada. Tápelo y déjelo cocinar 10 minutos hasta que el pollo esté blando.

Añada el arroz, el agua y el líquido de los pimientos morrones. Corte la mitad de los espárragos en trocitos y añádalos con la mitad de los guisantes. Revuelva bien, suba el fuego a vivo y cuando empiece a hervir baje el fuego a muy lento. Tape la olla y cocine durante 20 minutos. Al cabo de este tiempo añada la cerveza y revuelva con un tenedor de cocina. Tape nuevamente la olla y déjela cocinar 10 minutos más hasta que el arroz doble su tamaño. Retire la olla y deje reposar tapado 10 minutos más antes de servir. Debe quedar muy caldoso.

Sirva de inmediato en plato hondo y adorne los platos con los pimientos, el resto de los espárragos y los guisantes.

Acompañe con ensalada verde y plátanos maduros fritos.

Da para seis comensales.

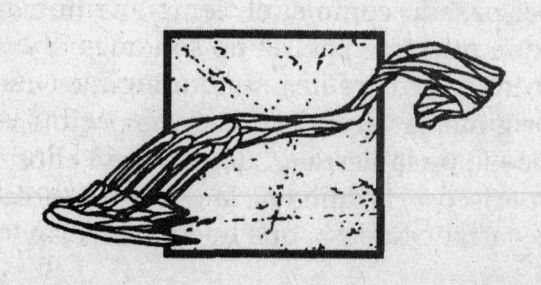

Paella marinera

Mi amiga por vía electrónica Mari Teri Vichot me escribió hace un tiempo después de probar el Arroz con Pollo a la Chorrera. Entre otras cosas que aprecio me decía: «Gracias por esta receta, y cuando pueda si tiene una de la Paella se lo agradecería, pues ya he cogido valor para hacerla después de que año tras año mi arroz con pollo dejaba mucho que desear».

Como me encanta complacer peticiones, le dedico a mi amiga Mari Teri una paella que espero le guste e incorpore a su recetario.

La paella, por supuesto, la heredamos de España, concretamente de la zona de Valencia, de donde es oriunda. El nombre proviene del valenciano, lengua de la región, y se refiere originalmente no al plato, sino al recipiente en que se cocina, que luego pasó a llamarse «paellera», supongo que para evitar confusiones. Debido al viaje hacia acá, a través del Atlántico, el necesario cambio de uno que otro ingrediente —por ausencia de algunos originales o ¡qué caray!, porque se desbocó nuestra imaginación tropical— y las influencias de otras culturas coincidentes en el Caribe, la paella nuestra es diferente, aunque emparentada. Y si en Cuba decimos paella, República Dominicana y Puerto Rico tienen su delicioso *asopao,* que aunque no iguales son como hermanas que salieron distintas entre sí y a los padres, pero con bastante parecido familiar.

Pero no hay que preocuparse mucho por esas diferencias. Un purista, de esos que creen que para ser fiel a la tradición hay que plantarse en el pasado como si el tiempo se hubiera detenido, podría decir que nuestras paellas no son tales. Y bueno, en Valencia también las hay diferentes, aunque algunos tradicionalistas dicen que la original, la verdadera, la única posible, es la de pollo y conejo, o «paella de la tierra». Luego, según ellos, vinieron las otras (la «de mariscos», la «mixta», la «de legumbres»), producto de influencias «afrancesadas», que es como decían antes por allá a casi todo lo que no les gustaba. Pero ¿se imaginan ustedes que a los gallegos, que tienen maravillosos mariscos y pescados, les digan que se limiten a poner sólo pollo y conejo a la paella, porque así lo demanda la tradición?

Quizás al llegar un conservador extremista a Galicia con esas exigencias haya provocado lo que en Cuba se llama «trompetilla» —término que no aparece en el Diccionario de la Muy Ilustre Real Academia de la Lengua Española— y que según Argelio Santiesteban, en su delicioso libro *El habla cubana popular de hoy*, describe como «Sonido estridente que remeda al de la trompeta. Se produce al soplar dentro del puño. Manifiesta burla o rechazo».

Además de esas diferencias de ingredientes las hay también de procedimiento. Mientras nosotros la hacemos «a la chorrera», en España la cocinan de otra manera. En su diccionario oficial la Academia la define así: paella. Del valenciano *paella*.

    1. [f.] Plato de arroz seco, con carne, pescado, mariscos, legumbres, etcétera, que se usa mucho en la región valenciana.

    2. [f.] Sartén en que se hace, paellera.

Y otra cosa de la tradición inalterable es que la paella verdadera debe cocinarse en la paellera, una gran sartén de hierro sin mango, con el borde completamente vertical y muy bajo, y dos grandes asas. Sin embargo, un maravilloso libro de cocina que tengo en mi colección, editado en 1908 en La Coruña, España (*La cocina práctica*, de Manuel M. Puga y Parga, alias «Picadillo»), incluye una receta de paella para celebrar la coronación del Rey Alfonso XIII y dice:

> Llámasele a la tal comúnmente *paella*, nombre de antiguo origen, y también se le suele designar con el de *arroz a la valenciana*, y tiene la rara virtud de admitir los tres reinos de la naturaleza, los productos más variados del mar, de la tierra y de los aires, sin que riñan de verse juntos, cual acontece con extraordinaria frecuencia con los hombres.

Más adelante, antes de dar la receta, explica el tipo de recipiente:

«Ponga, pues, el que quiera de tan sabroso plato disfrutar, la necesaria atención y, en primer término, una cazuela de buen tamaño y de barro (...)»

Y así la hacemos nosotros por estos mares caribeños, en una olla de barro, ancha y poco profunda, que luego se lleva a la mesa como fuente de servir. Dice mi marido que cuando la abuela la hacía en su casa esperaba a que todos estuvieran sentados a la mesa, ya impacientes por los aromas que venían de la cocina. En ese momento llevaba ella misma la gran cazuela de barro humeante y la plantaba en medio de la mesa acompañada por un coro de «¡¡Aaaaahhh!!» de los comensales: hijos e hijas, yernos y nueras, y nietos. Y había un tío, experto en libaciones, que levantaba su copa en ese momento, con sonrisa soñolienta y la mirada ya algo perdida, en un brindis silencioso por la paella de abuela.

Así que aquí tienen —lectores y Mari Teri—, la receta de paella —ésta, «marinera»—, como decimos por acá a muchos platos con varios ingredientes del mar. Tiene mucho de la tradición que, por supuesto, hay que respetar porque es la base que nos sustenta, pero puede que tenga también algo de lo que aprendí esta mañana. Después de todo, la esencia de hoy es la tradición del futuro.

2 tazas de arroz valencia
2 filetes de pargo
2 colas medianas de langosta
2 calamares medianos
½ kg (1 lb.) de camarones enteros
250 g (½ lb.) de almejas
4 cangrejos moros
1 taza de puré de tomate
1 pimiento verde
1 cebolla grande
1 taza de aceite de oliva
1 taza de vino blanco seco
½ taza de vinagre de vino
2 cucharadas de sal
4 dientes de ajo

1 cucharadita de pimentón dulce
1 cucharadita de bijol
½ cucharadita de cayena
1 cucharadita de orégano molido
½ cucharadita de albahaca molida
½ cucharadita de laurel molido
6 tazas de caldo de mariscos
1 taza de guisantes verdes *(petit-pois)*
1 lata de pimientos morrones cortados en tiras

    Para ahorrar trabajo puede utilizar algunos de los ingredientes ya procesados, como los calamares y las almejas, pero yo prefiero usar siempre los mariscos más frescos, pues pierden sabor en el proceso industrial.
    Ponga a hervir las colas de langosta hasta que cambien de color. Escúrralas y reserve el caldo. Extraiga la masa de langosta y córtela en rodajas de aproximadamente 2 cm (1 pulgada).
    Eche los camarones en agua hirviendo y cocínelos tapados a fuego lento por 3 minutos. Escúrralos, límpielos y reserve el caldo.
    Hierva los cangrejos y las almejas en recipientes separados. Escúrralos y déjelos refrescar. Deseche el agua de ambos recipientes. Deje las muelas de cangrejo enteras y deseche el resto. Deseche también las almejas cuyas conchas no se hayan abierto.
    Limpie los calamares y córtelos en tiras finas. Cocínelos en olla de presión, agua y sal al gusto por 10 minutos. Escúrralos y déjelos refrescar.
    Corte los filetes de pargo en trozos de aproximadamente 2 cm (1 pulgada).
    Pele los dientes de ajo y macháquelos en el mortero. Añada las especias y el vinagre en el mortero y revuelva bien.
    Corte la cebolla y el pimiento en trocitos pequeños.
    Lave el arroz y reserve.
    En una sartén eche 4 cucharadas de aceite y sofría a fuego vivo el pimiento y la cebolla durante tres minutos. Retire del fuego y añada el ajo con las especias y el vinagre. Agregue el pargo y cocine a fuego lento hasta que esté opaco.
    Cuando el pescado esté listo se pasa a una olla de barro junto con el líquido restante y se añade el puré de tomate, el arroz, la sal, el caldo de los mariscos pasado por el colador fino, el resto del aceite, el bijol, y el pimentón. Ponga la olla a fuego vivo.
    Eche el resto de los mariscos en la olla, revuelva y tápela hasta que empiece a hervir. Baje el fuego a lento, revuelva y tape otra vez, dejando cocinar hasta que el arroz se abra bien, pero sin secarse.
    Añada el vino blanco, revuelva y tape otra vez. Retire la olla del fuego y póngala a reposar por 10 minutos sobre un paño húmedo, para que el arroz no haga costra en el fondo.
    Saque las muelas de cangrejo y parta las conchas. Sirva la paella en la misma olla adornada con los pimientos morrones, los *petit-pois* y las muelas de cangrejo.
    Da para ocho comensales.

Arroz del primo

(Adaptada de Jorge González Ranero)

Dice mi marido que todo el que cocina con amor, aún cuando sea aficionado y no un chef famoso, tiene un gran plato en su repertorio —al igual que todo verdadero poeta—, aunque no pase a la inmortalidad, ha escrito o escribirá algún verso inolvidable. No es que quiera comparar cocina con poesía, pero hay platos que elevan el espíritu además del paladar. Y el que comparto hoy es uno de ellos.

Primero lo conocí por referencia, pues una amiga me alababa la manera de cocinar de un primo suyo, fotógrafo de profesión, que de vez en cuando la visitaba y cocinaba un arroz maravilloso, para la familia. Un día, para que viéramos la certeza de los elogios que ella hacía del primo, nos invitó a su casa. Lo conoceríamos a él y probaríamos su famoso arroz.

Y no es de extrañar que el plato insignia de este fotógrafo-cocinero fuera de arroz. Como he escrito en otra parte, si se hiciera un libro de cocina caribeña sólo de arroz, posiblemente tendría más de un tomo. Esos platos pueden ser variaciones de alguno heredado de los países colonizadores, como la paella valenciana que en nuestras tierras se ha metamorfoseado en recetas nuevas, a veces con el mismo nombre, o nuevos platos de arroz, surgidos de la imaginación criolla y producto de las muchas mezclas culturales sintetizadas en nuestra región.

Hay innumerables variantes, muchas de ellas nunca recogidas en recetarios debido a que cambian con cada cocinero o cocinera familiar, fruto de la inspiración del momento o de la necesidad y cuyo nombre da alguna indicación, pero no una pista segura. Dice mi marido que en estos nombres pudiera seguirse la pista al carácter de la cultura de nuestras tierras, y también a la economía familiar de algún momento determinado: «Arroz con todo», «Arroz con mucho», «Arroz con poco» y «Arroz con nada». Si el primero es ecléctico, con una mezcla total de distintos orígenes, el último es minimalista, con la presencia sólo del arroz y apenas un aroma y un sabor.

Este que aprendimos con el primo de nuestra amiga pudiera clasificarse entre los arroces con todo, ya que sobrepasa a la paella, tanto clásica como a sus variantes caribeñas (criolla, locrio, asopao), e incluso tiene la virtud de ofrecer variaciones sobre el tema. Todo el que se decida a probar la receta puede agregar o suprimir y terminará haciendo su propio arroz con todo (también puede bautizarlo con su nombre). Y como éste tiene sus particularidades, decidí nombrarlo como Arroz del Primo. Creo que por su profesión de fotógrafo él ha podido traducir a su arroz el conocimiento de luces y sombras. A partir de muchos ingredientes, pero muy bien balanceados, ha obtenido misterios y profundidades, sabores acentuados o fugaces, aromas sutiles o penetrantes, y también ha logrado texturas que se entremezclan para convertirse en un todo, pero que se vislumbran como la trama y la urdimbre de un tejido particularmente hermoso.

Estoy segura de que cuando lo prueben pensarán, como yo, que esta receta de Jorge González fue más allá de los elogios que le hacía mi amiga.

3 tazas de arroz de grano corto
4 dientes de ajo
1 cebolla blanca grande
1 pimiento pintón grande
1 lata con pimientos morrones
1 lata con puré de tomate
⅓ taza de vino blanco
4 cucharadas de vinagre
1 cucharadita de comino
½ cucharadita de orégano
2 cucharada de pimentón dulce
1 cucharadita de pimienta negra molida
4 cucharaditas de sal
⅓ cucharadita de azafrán
1 hoja de laurel

1 lata de guisantes tiernos
120 g de bacon cortado en tiras de 3 ½ cm.
500 g de masa de cerdo, sazonadas con sal y fritas hasta que ablanden
500 g de jamón, cortada en tiras o cuadritos.
500 g de costilla o lomo ahumado, cortado en pedazos de 3 ½ cm (1 ½ pulgada).
250 g de tocino cortado en pedazos pequeños
6/8 de pollo (muslo, encuentro y/o cuartos de pechuga, sazonados con sal y dorados en grasa caliente hasta que salga el jugo claro).
1 chorizo cortado en ruedas

Puede hacerse una variante con la mitad de las carnes y la mitad de los siguientes productos, o se eliminan las carnes anteriores y se agregan completos los mariscos.
3 colas de langosta mediana, crudas y cortadas en pedazos de 3 ½ cm, sin el carapacho.
500 g de camarones limpios y crudos.
500 g de pescado de carne firme (peto, aguja, emperador, serrucho, etcétera) cortados en pedazos de más menos 3 ½ cm, crudo también y sazonados con sal y limón.
6 muelas grandes de cangrejo crudas, a las cuales se les da un golpe para romper el carapacho.
400 g de almejas cocinadas en agua hirviendo hasta que ablanden.

En una cazuela grande a fuego vivo ponga 9 tazas de agua con los menudos del pollo y los huesos de jamón para hacer el caldo. Cuando hierva tape la cazuela y deje hervir 25-30 minutos. Si va a agregar los mariscos, use además para este caldo los carapachos de langosta y las patas de cangrejo. Las almejas se lavan bien y se hierven hasta que se ablanden, puede usar también el caldo.

Machaque bien el ajo y corte la cebolla bien fina, así como el pimiento. Los pimientos morrones se cortan en tiras de 1 cm, para adornar.

En sartén grande a fuego vivo saltee con aceite la langosta y los camarones (1 ó 2 minutos, hasta que cambien de color).

En una cazuela grande con capacidad para 8 litros vierta aceite y sofría el bacon a fuego vivo hasta que rinda la grasa. Añada ajo, cebolla y pimiento y sofría 1 minuto. Agregue el puré de tomate y deje hervir. Cuando hierva añada el caldo (9 tazas) y sazone con comino, laurel, orégano, pimienta, pimentón y azafrán. Eche la sal y deje al fuego hasta que hierva de nuevo.

Mientras, mida el arroz, lávelo y resérvelo húmedo.

Cuando el caldo hierva añada el pollo y la carne de cerdo; tape la cazuela y cocine aproximadamente 5 minutos, luego agregue las carnes una a una en el siguiente orden: jamón, costilla o lomo, tocineta y chorizo. Deje que el caldo hierva de nuevo entre una carne y otra.

Si va a utilizar los mariscos, a continuación se agrega la langosta, camarón, cangrejo y almejas.

Agregue el vino blanco y el vinagre. Deje cocinar tapado otros 5 minutos, luego rectifique el punto de sal. (El caldo debe quedar algo subido de sal, para que coja el punto al incorporarle el arroz.)

A continuación agregue el pescado. Revuelva muy poco, sólo para distribuirlo bien en la cazuela. Después de 1 minuto se le incorpora el arroz, lavado al menos 1 hora antes. Revuelva ligeramente y tape la olla. Baje el fuego a moderadamente alto y cocine hasta que el grano esté abierto y blando (aproximadamente 10 minutos). Después meta la espumadera por la orilla de la cazuela hasta el fondo y levante el arroz suavemente por varias partes, para que baje el caldo, pero no revuelva el arroz en ningún momento.

Reduzca el fuego a muy lento, repita la operación con la espumadera. Deseche la hoja de laurel y adorne con los guisantes tiernos y las tiras de pimiento. Tape la cazuela y déjela al fuego otros 5 minutos. Retire del fuego y sirva acabado de hacer en la misma cazuela.

Da para ocho comensales.

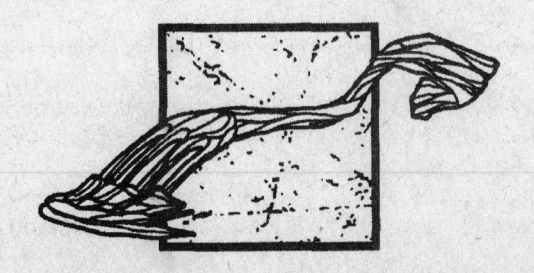

Vegetales

Menestra de verduras

Me escribe María Vall, una lectora de Barcelona, y me pregunta si conozco los beneficios que aportan las verduras cocinadas en wok.

Pues sí, por suerte conozco los beneficios del wok, o sartén chino, no sólo para las verduras —o vegetales, como decimos por acá—, sino también para carnes rojas y blancas y casi todo lo que se cocina. Una amiga mía descendiente de chinos, que fue quien me descubrió el wok, jura por sus antepasados que ella lo ha usado hasta para hornear un pastel. Es realmente un utensilio muy versátil.

Hace muchos años, cuando comenzaba a interesarme por esta afición mía de cocinar, conocí a un viejo cocinero chino que había emigrado a Cuba desde muy joven. Recuerdo que refiriéndose a los utensilios citaba un antiguo proverbio aprendido de su padre: «Para hacer buen trabajo, primero afilar herramientas». Y el wok es una herramienta maravillosa, una sartén de paredes delgadas, con una forma que concentra el calor, de manera que los alimentos se cocinan rápidamente con poca grasa.

Generalmente está hecho de hierro, acero al carbono, cobre o aluminio. Aunque los hay de distintos tamaños, hasta de 80 cm (32 pulgadas) de diámetro, los que se usan en la casa tiene entre 30 y 36 cm (unas 12 a 14 pulgadas).

El wok, de amplios bordes y fondo plano o redondo, se ha puesto de moda en la cocina occidental. Es ideal para saltear sin miedo a derramar alimentos, pero además se puede usar con muy buen resultado para cocinar platos en salsa o freír en profundidad.

Para los vegetales es muy ventajoso, porque al calentarse muy rápidamente se ahorra tiempo en la cocina y se llega a un grado óptimo de cocción. Lo más importante es que así mantienen los vegetales mayor valor nutritivo y todo su sabor. Además, tienen un aspecto muy apetitoso, porque casi no pierden color en el proceso.

Y precisamente esta receta que comparto es un plato de verduras. ¡Y es una receta caribeña! En efecto, porque aunque la menestra de vegetales es fundamentalmente de nuestra herencia española tiene también influencia china, y no sólo porque se cocina en el wok.

En nuestras tierras hay dos diferencias fundamentales de lo que heredamos de España. En primer lugar los vegetales que intervienen en este plato, ya que algunos utilizados en Europa no se cosechan habitualmente (o no gustan) por acá. En segundo lugar, el tiempo de cocción, que por la herencia china —incluyendo el uso del wok— es mucho menor. También es característico que en vez de darle el punto de picante con pimentón, se lo damos con cayena, que es más común por acá, o con cualquier otro ají picante de la región.

La herencia china no sólo está en el instrumento. Hay mucho de esa cultura en las nuestras, pues desde el siglo XIX, por cuya época se inicia la creación de la mayoría de las nacionalidades del Caribe, comienzan a llegar acá trabajadores chinos, los famosos «culíes», que fueron traídos para sustituir a los esclavos africanos. Sus descendientes se integraron a nuestros países, contribuyeron de manera sustancial a nuestras culturas con su dedicado trabajo y su sabiduría, y dejaron sus huellas físicas en los hermosos y mezclados rostros caribeños. Y en nuestra cocina.

1 pimiento verde
1 pimiento rojo
1 cebolla blanca grande
1 calabacín
4 hojas de acelga grandes
4 hojas de col china
1 mazo pequeño de habichuelas verdes tiernas
2 zanahorias grandes

1 ramito de apio fresco
1 ramito de perejil fresco
4 cebollinos
1 taza de «frijolitos chinos» (brotes de frijol de soya)
½ cucharadita de cayena
4 cucharadas de aceite de oliva
4 cucharadas de salsa de soya *(shoyu)*
Sal al gusto

   Pele y quite las semillas en los casos necesarios y lave bien todos los vegetales. Córtelos en tiras finas de no más de 3 cm (poco más de 1 pulgada) de largo.
   Caliente el aceite en el wok y eche primero el calabacín, las habichuelas y la zanahoria. Cocínelos revolviendo hasta que los vegetales cambien de color.
   Agregue la cebolla, los pimientos y la col china. Siga revolviendo hasta que la cebolla se vuelva translúcida.
   Añada las hojas de acelga, apio y perejil, los cebollinos, las dos cucharadas de salsa *shoyu* y la cayena. En este punto revuelva bien y tape el wok por 3 minutos para que se conserve el jugo de los vegetales.
   Destape y añada los brotes de frijol y cocine revolviendo un minuto más.
   Los vegetales deben quedar cocinados, pero crujientes, con texturas diferentes y su color casi intacto.
   Rectifique el punto de sal y sírvalos calientes.
   Da para cuatro comensales como acompañante.
   Si quiere servirlo como un plato principal vegetariano, añada al final una taza de maní tostado y pelado. El maní aporta importantes nutrientes y una textura especial.

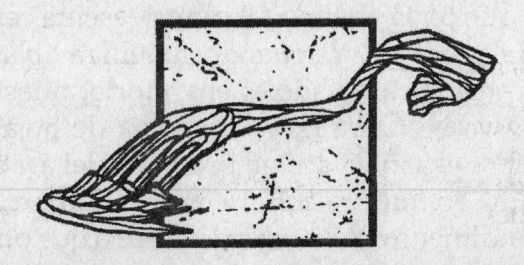

Acelga rellena

Con la llegada de los europeos al Caribe, las principales raíces que formaron nuestra base cultural fueron la española, la inglesa, la francesa, la holandesa —en menor medida— y las africanas. Las cuatro primeras fueron las potencias colonizadoras del área y las africanas suministraron los esclavos traídos a estas tierras. Salvo en la parte continental del Caribe, la cultura aborigen apenas dejó huellas, pues los habitantes originales de las islas caribeñas fueron exterminados en los primeros años de colonización.

Entre las varias culturas que posteriormente ayudaron a formar nuestras nacionalidades o influyeron en su desarrollo están la árabe, a consecuencia de la emigración a partir del siglo XX, y la china, cuyos primeros inmigrantes vinieron a finales del siglo XIX a sustituir a los esclavos como mano de obra barata. Ambos dejaron su huella en nuestra cocina por medio de platos e ingredientes. Aquellas recetas originales fueron transformadas y algunos ingredientes fueron sustituidos por otros para lograr en nuestras mesas el mismo mestizaje que se logró en nuestros pueblos.

Lo que comparto con ustedes esta semana es un ejemplo de ello. Recuerdo que mi abuela decía que había aprendido a hacer la receta con una amiga y vecina libanesa, sólo que ella usaba para el relleno carne de cordero y trigo partido, y las hojas eran de vid. También las especias diferían. Con el tiempo mi abuela fue transformando el plato, adecuándolo a nuestros hábitos y a los ingredientes que tenía a mano (el omnipresente cerdo, por ejemplo, en vez del cordero). Ya cuando su amiga libanesa le enseñó cómo hacerlo había cambiado el envoltorio, puesto que por no cultivarse la uva en Cuba no se disponía de hojas de vid. (Por cierto la palabra española acelga proviene del árabe *al-silqa.*) La influencia china en nuestra cultura aportó el arroz, la salsa de soya y algún condimento. Yo también hice una que otra adaptación.

Lo curioso es que años después mi abuela descubrió que otras personas, sabe Dios por cual vía y desde qué origen, habían llegado al mismo resultado, al menos en lo básico. La herencia cultural había hecho una transformación similar.

8 hojas de acelgas grandes
2 tallos de apio
1 taza de lomo de cerdo molido
2 tazas de arroz blanco cocinado
1 cebolla blanca grande
4 tomates de cocina
1 taza de aceitunas rellenas con pimiento
1 pimiento verde grande
1 ramito de perejil fresco
2 dientes de ajo machacados
½ cucharadita de orégano en polvo
½ cucharadita de cayena
1 taza de vino seco
2 cucharadas de aceite de oliva
1 taza de puré de tomate
Sal al gusto

Para la salsa

4 cucharadas de salsa de soya
2 cucharadas de azúcar
1 cucharada de vinagre
1 cucharadita de pimienta negra recién molida

    Escalde las hojas de acelga y déjelas refrescar en tabla plana, para que no se ricen. Corte la cebolla, el pimiento, los tomates y el apio en dados pequeños. Corte finamente el perejil. Corte las aceitunas en rodajas. Corte los tallos de las hojas de acelga en trozos pequeños.
    En un wok ponga el aceite con el ajo machacado a fuego vivo. Cuando el ajo se dore retírelo y deséchelo. Añada los vegetales picados y la carne al wok. Agregue sal al gusto y revuelva bien sobre fuego alto para que el tomate suelte el jugo y la carne se cocine.
    Añada el arroz y cocine a fuego lento 5 minutos revolviendo de vez en cuando. Añada el puré de tomate, vino seco, pimienta y orégano. Cocine revolviendo hasta que quede un picadillo bien seco.
    Rectifique el punto de sal y deje refrescar el picadillo. Cuando esté fresco mezcle el perejil picado y divida el picadillo en 4 porciones iguales. Superponga dos hojas de acelga de manera que se traslapen, para que pueda envolver con ellas cada parte

del picadillo. Coloque el picadillo en el centro de la hoja y envuelva en forma de rollo. Doble los extremos.

Ponga los cuatro rollos sobre una parrilla y cocínelos al vapor por 10 minutos.

Prepare la salsa en crudo, mezclando bien todos los ingredientes.

Pase los rollos de acelga a una fuente de servir y eche la salsa encima.

Da para cuatro comensales.

Papas rellenas con huevo y acelga

Mi afición por la cocina la heredé de mi madre, quien a su vez aprendió con mi abuela materna. Así obtuve las varias libretas que primero Abuela y después Mamá fueron llenando con recetas traídas de España, otras aprendidas en Cuba y algunas más ideadas por ellas. Yo continué la tradición, pero gracias a la computadora ya las tengo guardadas en soporte más duradero, aunque aún atesoro aquellos cuadernos escritos con la letra grande y miope de mi abuela, y la escritura nerviosa y apurada de mi madre.

Sin embargo, la receta de hoy me viene por otra abuela, la paterna, porque era uno de los platos preferidos de Papá. Su madre, nacida en Islas Canarias como él, se la hacía desde que él era niño. Yo aprendí no sólo por complacerlo, sino porque descubrí que era deliciosa.

Mi padre era un voraz comedor de papas, o patatas, como prefieren decir los españoles, aunque el primero sea su nombre original. Quizás pocos sepan que las Islas Canarias fueron la puerta de entrada de la papa a Europa, ya que llegó allí en 1560 procedente de Perú, donde los incas la cultivaban desde seis mil años antes. No fue hasta diez años más tarde que llegó a Sevilla. De allí se extendió rápidamente y en menos de cien años la papa se cultivaba en muchas regiones de Europa, pasó a la India en 1610, en 1700 a China y sesenta años más tarde a Japón. Sin embargo, con la importancia que tiene la papa en la alimentación de los norteamericanos, ésta no se introdujo en Norteamérica hasta que llegó de rebote desde Europa, traída por los inmigrantes escoceses e irlandeses a comienzos del siglo XVIII.

No obstante su actual popularidad, durante casi dos siglos después de su llegada a Europa se consideraba que su consumo sólo era adecuado para animales y campesinos. Aún así la papa despertaba sospechas por su asociación con otros miembros de la familia de las belladonas, muchas de las cuales contienen atropina, sustancia que la creencia popular asociaba al poder de las brujas para volar. Quizás por eso el clero escocés prohibió en un tiempo su cultivo, alegando además que los humanos no debían consumirla porque no era mencionada en la Biblia.

Por suerte para nosotros triunfó la racionalidad sobre la superstición, algo que lamentablemente no siempre sucede. De lo contrario no hubiera podido compartir con ustedes esta receta que entre nosotros, y sin que tenga que ver con brujas reales o falsas, dan ganas de volar.

1 mazo pequeño de acelgas
6 huevos
6 papas rosadas grandes
1 cebolla blanca grande
1 pimiento verde grande
¼ taza de aceite de oliva
1 taza de puré de tomate
½ taza de vino blanco seco
2 cucharadas de vinagre
½ cucharadita de orégano molido
½ cucharadita de albahaca molida
½ cucharadita de pimentón dulce
½ cucharadita de cayena
Sal al gusto

Pele las papas y saque la masa con una cucharilla para dejar un cuenco que se llenará después. Reserve los cuencos en agua con sal.
Corte la masa que sacó de las papas en trozos más o menos uniformes y fríalos en aceite caliente hasta dorarlos. Escurra en papel absorbente.
Lave la acelga y cocínela al vapor hasta que esté tierna. Déjela refrescar y córtela en pedacitos.
En una sartén grande caliente dos cucharadas del aceite de oliva para hacer un revoltillo. Bata 5 huevos con sal al gusto y eche la acelga y las papas fritas en el huevo batido. Cocine este revoltillo en la sartén caliente hasta que cuaje, pero que no se seque.
Escurra los cuencos de papa y rellénelos con el revoltillo de papas y acelgas.
En una cazuela honda y grande sobre fuego vivo eche el aceite de oliva restante. Cuando el aceite esté caliente añada la cebolla y el pimiento picados bien finos. Sofría hasta que la cebolla esté translúcida. Añada las especias, el puré de tomate, el vinagre y el vino y revuelva bien un minuto hasta que se mezclen. Baje el fuego a muy lento y coloque los cuencos de papa rellenos en esa salsa. Bata el huevo

restante y pinte la superficie superior del relleno de los cuencos. Añada un poco de agua hasta que la salsa esté a media altura de las papas.

Tape la cazuela y cocine a fuego muy lento, hasta que los cuencos de papa estén cocinados (unos 40 minutos).

Destape la cazuela y suba el fuego para reducir la salsa si fuera necesario.

Da para seis comensales.

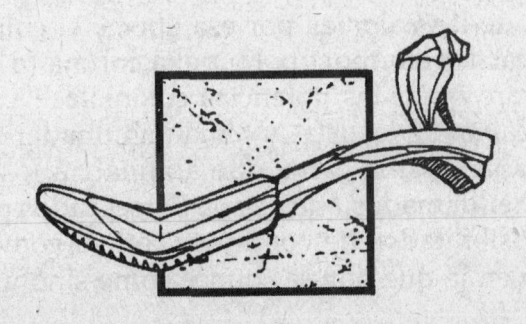

Plátano relleno con tasajo

A veces los que se consideran grandes platos de cocinas muy prestigiosas han tenido un origen poco aristocrático. Es natural, pues que lo que se haya mantenido y/o desarrollado a través del tiempo, mejorándose y transformándose generación tras generación durante cientos de años, haya llegado a ser parte integral de una o varias culturas. ¿Quién come hoy día las lenguas de flamenco servidas en los banquetes de la antigua Roma? Sin embargo, una costumbre más terrenal y menos snob nos ha dejado un legado imperecedero.

La necesidad de conservar los alimentos en época de abundancia para cuando no hubiera o se hiciera difícil conseguirlos, en los tiempos en que no existía la refrigeración, provocó crear técnicas de secado y salado. Lo curioso es que cuando los colonizadores europeos llegaron a África y a América encontraron que las técnicas usadas por los aborígenes de esos lugares para conservar carnes o pescados, no se diferenciaban esencialmente de las creadas por los pueblos nórdicos.

Pero en el Caribe hubo una diferencia. La costumbre de secar las carnes ahumándolas dio origen a una palabra temible: bucanero. El término proviene de la lengua de los *arawak, araguacos* o *arahuacos* los más extendidos en las islas del Caribe al llegar los europeos. Según algunos autores, usaban *bucán* para denominar el lugar donde se ahumaba la carne. Otros dicen que era precisamente el nombre de la carne ahumada.

En la mayoría de las colonias por esa época, el comercio extra insular de las carnes era monopolio de la corona (o de las coronas, porque eran varias las potencias coloniales). Las personas que desembarcaban en las islas y tenían ahumaderos clandestinos o comerciaban con la carne que ahumaban los residentes, comenzaron a ser llamados *bucaneros*. Perseguidos por las autoridades e imposibilitados de continuar con su comercio ilegal, se convirtieron en lo que hoy se conoce como sinónimo de piratas, pero mantuvieron el nombre. Algo parecido a los señores que muchos años más tarde, durante los años de la Prohibición en Estados Unidos, venían al Caribe a buscar ron y llevarlo de contrabando. Sólo que aquí fue a la inversa: no se convirtieron en «piratas», sino que lo eran de antes.

La receta que sigue tiene su origen en un alimento de similar conservación, el tasajo, que originalmente era carne salada y secada al sol. Hoy el proceso industrial moderno es mucho más eficaz y el resultado es de mayor calidad. En un principio, cuando comenzó la colonización de nuestras islas, era casi la única carne que se consumía. Después, mientras más se diferenciaba la gente por su poder adquisitivo, los más ricos comieron más carne fresca y los más pobres la carne salada —cuando comían.

Por ser un alimento barato, el tasajo —hervido y mezclado con tubérculos— se convirtió en la dieta básica del esclavo. Era, además, muy conveniente para el amo, porque podía entregar a sus «piezas», como los llamaban, una cantidad de tasajo cada cierto tiempo que los propios esclavos cocinaban junto con los tubérculos que cultivaban en su escaso tiempo libre.

Sin darse cuenta, los esclavistas estaban facilitando las bases de parte de la cocina regional. Los esclavos nacidos en África comenzaron a cocinar de la manera tradicional que habían traído de su madre patria; los nacidos en nuestras tierras comenzaron a transformar esa tradición, agregando ingredientes encontrados aquí; los nietos y biznietos, también esclavos o ya liberados, adoptaron formas de los antiguos amos y de los criollos blancos. Así también se forma una nacionalidad.

Hoy el tasajo, preparado de muchas formas, es parte de la cocina de nuestros países caribeños. Lo que comenzó siendo alimento de supervivencia y luego casi pienso barato de esclavos pasó a integrarse en nuestra cultura. Algo parecido a lo que sucedió con el humilde queso y el aceite de oliva en otras regiones, alimento de pastores pobres, que hoy tiene innumerables variedades y son apreciados en las mesas más exigentes.

6 plátanos pintones
½ kg (1 lb.) de tasajo
1 taza de puré de tomate
1 ají verde picado fino
1 cebolla grande picada fina
2 cucharadas de aceite
2 cucharadas de vinagre
4 cucharadas de vino blanco seco
2 dientes de ajo machacado
½ taza de harina de trigo
Aceite neutro para freír
Sal al gusto

Ponga el tasajo en una cazuela honda con agua suficiente para cubrirlo. Déjelo de un día para otro para desalarlo bien. Al día siguiente bote esa agua y hiérvalo en agua fresca hasta que esté tierno. Escurra la carne, déjela refrescar. Con los dedos deshilache las hebras y córtelas en trozos de 2 ½ cm. Rectifique el punto de sal.

En una cacerola plana ponga a calentar las dos cucharadas de aceite. Añada el ajo, cebolla y ají, y saltee hasta que la cebolla esté translúcida. Añada el puré de tomate, vinagre y vino seco. Eche las hebras de carne y cocínela destapada a fuego mediano, hasta que la salsa se seque bien. Retírela del fuego y reserve.

Lave los plátanos y córtelos en trozos de dos dedos aproximadamente. Sin pelarlos, póngalos a hervir en abundante agua con un poco de sal. Cuando se ablanden, escúrralos bien y quíteles la piel. Haga un puré con los plátanos hervidos y déjelo refrescar.

Ponga harina de trigo en una fuente llana. Con las manos enharinadas, vaya tomando porciones de puré de plátano y forme bolas de unos 6 cm de diámetro. Presione en el centro de cada bola para hacer un espacio donde colocar una cucharada del tasajo. Ciérrelas bien y ruédelas en la harina para que se cubran bien.

Si lo prefiere, puede moler el tasajo después de cocinado para que quede como picadillo y utilizarlo así para el relleno.

Fría las bolas en aceite muy caliente, volteándolas para dorarlas por todos lados. Escúrralas en papel absorbente.

Si le sobró relleno, sírvalo aparte.

Da aproximadamente para cuatro comensales, en dependencia del tamaño de las bolas y del apetito de los comensales.

Yuca rellena

Desde Brasil, país que tiene mucho de caribeño aunque no esté en nuestra geografía, me escribió un lector pidiéndome la receta de este plato que probó en Venezuela y que en su país, a pesar de que se consume mucho la yuca —en especial el *pão de queijo*, una especie de pan hecho de almidón de yuca, queso y huevo y que mi marido dice que es delicioso—, no la comen de esta manera. Y claro está, porque hay muchas maneras de servir la yuca (*Manihot esculenta*), un tubérculo originario de América que se extendió por todo el mundo y se ha convertido en importante fuente de alimento para los países en vías de desarrollo. Tanto es así que Alfred Dixon, un investigador del Instituto Internacional de Agricultura Tropical (IITA) en Ibadán, Nigeria, dice que «la yuca significa para los agricultores africanos lo que el arroz es para los agricultores asiáticos y el trigo y la papa para los agricultores europeos».

Y no se piense que es tan sólo un alimento de subsistencia, porque esta planta de la familia de los gomeros, además de tener raíces comestibles, produce hojas que constituyen un buen vegetal rico en proteínas, vitaminas y minerales. Según el IITA, los estudios acerca de la «bioquímica de la yuca demuestran que las proteínas contenidas en las hojas son de la misma calidad que la del huevo». No debe extrañar, pues muchos otros cultivos de raíces comestibles, como la remolacha, también tienen hojas aprovechables.

En Cuba, donde se consume la yuca todo el año, se prepara hervida y con mojo criollo, frita, en empanadas... (Ver recetas de «Yuca con Mojo» y «Empanadas de Yuca»), pero esta receta la aprendí de una amiga venezolana. Y es una maravilla. Cuando la prueben, les gustará tanto como a mi lector brasileño.

1 kg (2 lbs.) de yuca
1 cucharadita de sal
1 cucharada de mantequilla o aceite neutro

Para el relleno

250 g (½ lb.) de falda cocinada
3 cucharadas de aceite neutro
1 cebolla chica
2 dientes de ajo
1 pimiento verde
½ taza de puré de tomate
1 cucharadita de sal
1 cucharadita de vinagre
2 cucharadas de vino blanco seco

Para empanar

1 huevo
2 cucharadas de agua
1 taza de galleta molida

Pele la yuca y elimine la fibra dura del centro. Córtela en trozos de aproximadamente 5 cm (2 pulgs.) de ancho. Ponga la yuca a hervir en cazuela honda con suficiente agua para cubrirla y con 1 cucharadita de sal. Déjela hervir hasta que se abra y se ablande (aproximadamente 20 minutos) en dependencia de la variedad de yuca.

Mientras hierve la yuca prepare el relleno. La carne que yo utilizo generalmente es la que usé para hacer sopa, que ya se ablandó y se saló lo suficiente. Muela la falda y reserve.

En sartén hondo ponga a calentar las tres cucharadas de aceite y sofría el ajo machacado hasta que cambie de color, pero sin quemarse. Corte finamente la cebolla y el pimiento y sofría con el ajo un minuto más.

Mezcle aparte el puré de tomate con la sal, el vinagre y el vino blanco y añada la mezcla a la sartén. Añada la carne molida y cocine revolviendo de vez en cuando hasta que reduzca bien la salsa. Como la carne ya está cocinada esto solo lleva unos minutos. Retire del fuego y reserve.

Escurra la yuca. Pásela por la máquina de moler (agréguele una cucharada de aceite para hacer un puré manejable). Rectifique el punto de sal.

Tome porciones del puré de yuca y forme bolas de unos 5 cm de diámetro (cada una debe caber en la palma de la mano). Con el dedo pulgar presione para abrir un hueco en el centro y rellénelo con el picadillo. Cierre de nuevo la bola y aplástela un poco para que quede como una torta gruesa. Si trabaja con las manos ligeramente engrasadas le será más fácil. Una vez formadas, colóquelas en un plato ligeramente engrasado.

Bata el huevo con las dos cucharadas de agua y una pizca de sal. Prepare al lado un plato con la galleta molida y proceda a pasar primero las tortas por el huevo y luego por la galleta molida hasta cubrirlas bien. Si le gusta un empanizado más grueso, páselas dos veces por huevo y galleta.

Fría las tortas en aceite caliente hasta dorarlas por ambos lados. Escúrralas en papel absorbente y adórnelas con perejil. Sírvalas calientes.

Da para seis comensales (dos por comensal).

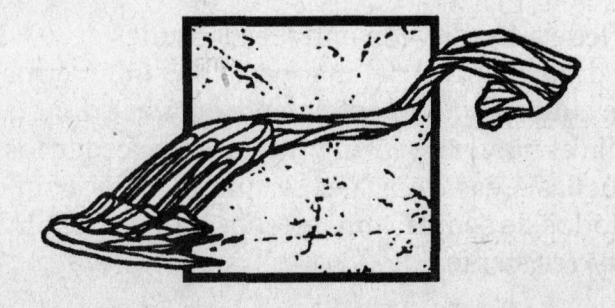

Yuca con mojo

Un día recibí un correo electrónico de Julia Ribó desde Barcelona. Resulta que ella trabaja para un programa de radio llamado «Tot es posible» y quería saber acerca de la yuca —ese tubérculo maravilloso que tanto nos gusta en el Caribe—, porque sus oyentes le habían preguntado. Julia descubrió *Progreso Semanal* en Internet, leyó mi columna y pensó que yo podía ayudarla. Nos pusimos de acuerdo y pocos días después llamó por teléfono y me entrevistó para el programa. Le hablé un tanto de la yuca, pero en sentido general, porque realmente es difícil hablar en detalle de una receta para la radio. Por lo tanto, decidí dedicar una receta de yuca a Julia y a los oyentes del programa «Tot es posible» y de paso dar a mis lectores la información que le brindé a los seguidores del programa barcelonés.

La yuca (*Manihot esculenta*) es una planta perenne originaria de las regiones tropicales del Nuevo Mundo. Cultivada por sus raíces tuberosas comestibles, de ellas también se obtiene harina para diferentes usos (empanadas, tortillas, pan de yuca). Los aborígenes del Caribe *(aruacos)* la apreciaban mucho y además de cocinarla de forma parecida a la papa o patata —también originaria de América— de la harina de yuca hacían unas tortillas de manera muy similar a la que se hacen las tortillas mexicanas para consumirlas como pan. Actualmente aún se come este «pan», al que los aruacos llamaron *casabe,* y de donde proviene el nombre de la yuca en inglés *(cassava)*.

Aunque puede ser cultivada entre las latitudes de 30° N y 30° S, y a alturas desde el nivel del mar hasta dos mil metros cerca del ecuador, se cultiva fundamentalmente en áreas donde la temperatura media es mayor de 20°C y las lluvias exceden los 700 mm/año. En muchas áreas tropicales se cultiva la yuca sin riego, con largos períodos de sequía y en terrenos de poca fertilidad. Es un cultivo muy resistente.

Debido a su resistencia y a lo poco exigente que es, la yuca se extendió por el mundo. Además de cultivarse y consumirse en el Caribe y Sudamérica se popularizó en Asia y África, sobre todo en este último continente, donde se cosecha el cincuenta por ciento de la producción mundial de yuca y se ha convertido en la base de la alimentación.

Desde el punto de vista nutricional, la yuca contiene poca proteína y nada de grasa, pero es rica en minerales y vitaminas. El plato que le traemos es fácil de hacer y muy sabroso. Se lo dedicamos a Julia Ribó y los oyentes de «Tot es posible».

2 kg (5 lbs.) de yuca
5 dientes grandes de ajo
1 taza de aceite vegetal neutro o 250 g (½ lb.) de barrigada de cerdo
1 taza de jugo de naranja agria
Sal al gusto

Se corta la yuca en trozos de unos 8 cm (3 pulgs.) de largo. Para pelarlos sujete el trozo cortado bajo agua corriente y haga un corte a lo largo de cada trozo para desprender la cáscara con ayuda del cuchillo. Deseche las puntas muy finas y la parte leñosa pegada al tallo.
En una cazuela gruesa de fondo plano se pone la yuca con abundante agua que la cubra y se pone al fuego vivo hasta que la yuca se abra.
En el momento en que se abra la yuca se le echa un vaso de agua fría para «apagar» el hervor y se añade la sal. A este proceso la tradición lo ha llamado «asustar» a la yuca y decía mi abuela que el «susto» es lo que garantiza una yuca bien blanda. Se deja a fuego vivo hasta que hierva de nuevo y se ablande bien.
Mientras la yuca se acaba de ablandar, pele los ajos y macháquelos en el mortero hasta convertirlos en pasta. Es importante usar un mortero grande de madera o mármol, como se verá más adelante.
Exprima la naranja agria y cuele el zumo en un recipiente de cristal.
Si usa barrigada de cerdo, que es realmente el ingrediente del mojo tradicional, quítele la piel y córtela en trocitos pequeños de ½ cm más o menos para sacar la manteca. Se pone en cazuela de hierro con ¼ taza de agua y se deja a fuego mediano hasta que el agua se evapore y la manteca se derrita, quedando los chicharrones de empella dorados. Revuelva de vez en cuando para que se doren parejamente. Cuando estén dorados apague el fuego y deje los chicharrones en la olla.
Prepare una fuente llana lo suficientemente grande para que quepa la yuca en una sola camada. Cuando la yuca esté blanda sáquela del agua con una espumadera. Escurra bien la yuca antes de colocarla en la fuente. Ábrala en dos y quítele la fibra central gruesa con un tenedor.
Lleve la yuca a la mesa para terminar allí el «ritual». Bañe la yuca con el jugo de naranja agria. Vierta la manteca bien caliente (o si usa aceite caliéntelo bien antes

en la sartén) sobre los ajos machacados que están en el mortero, para que se maceren al calor de la grasa. Revuelva bien los ajos con la manteca y los chicharrones y vierta todo uniformemente sobre toda la yuca. El chisporroteo de la grasa caliente al caer sobre la naranja agria (¡cuidado, salpica!) es música para los oídos, y el aroma es una bendición.

Ya está lista la yuca con mojo. Esto es lo último que se prepara del menú para servirla acabada de hacer.

Da para cuatro comensales.

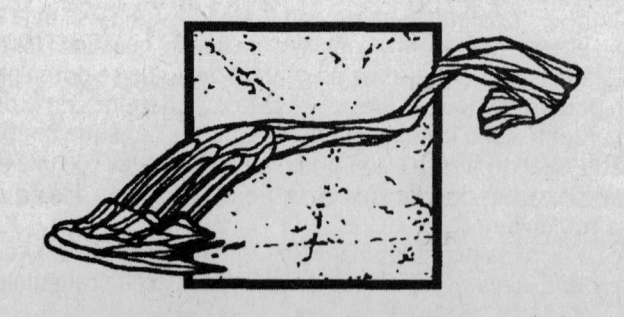

Tamal en cazuela

No hay cocina humilde ni aristocrática. Para los que piensan que sólo algunas son de alto nivel, como la francesa (*haute cuisine*, dicen para referirse a la de mucho rango, o *nouvelle cuisine*, para aquella muy *yuppie*, adornadita, y que hacen tanta mella al apetito como una aceituna), les recuerdo que muchos grandes platos han tenido un origen bastante falto de nobleza.

Los famosos caracoles, tan apreciados en la cocina francesa, muy bien pueden haber sido en su inicio un alimento de supervivencia. «Ya que no aparece ningún mamut, vamos a comernos otra vez esas cosas que se arrastran», puede que haya dicho alguno de nuestros antepasados cavernícolas. Sin embargo, hoy vas a un restaurante de postín y si los pides te cobran una barbaridad.

Pero, independientemente de su origen, son sabrosos. (Como no es un plato de nuestra región, no incluyo aquí mi receta de caracoles a la mantequilla de trufas.)

Todo esto es a propósito de hacer el elogio del gran cereal de origen americano, que a la inversa del caracol no tiene origen humilde, sino elevadísimo, ya que según el *Popol Vuh*, libro sagrado de los mayas, fue dado a los primeros hombres nada menos que por los mismos dioses: el maíz.

Omnipresente en casi todas las culturas americanas, fue y sigue siendo una de las bases de la alimentación de nuestros pueblos, al menos de aquellos donde el clima permitió su cultivo. Posiblemente sea el cereal que, con excepción del arroz, haya dado origen al mayor número de comidas. Entre ellos el tamal o ayaca, nombres como se le conoce en varios lugares, tiene múltiples variantes, tanto de plato principal, como acompañante y hasta de postre.

Las recetas más conocidas utilizan la hoja de plátano o la del propio maíz como envoltorio, pero la que les traigo esta semana no se sirve envuelta, sino en fuente, de ahí el nombre de «en cazuela».

El sabroso maíz tiene muchos adeptos a la hora de comerlo, pero aparte de las formas más sencillas de asarlo en la mazorca y servirlo con mantequilla, cualquier otro plato un poco más elaborado da un trabajo del caray.

Primero hay que desgranarlo, o separar los granos de la mazorca, cosa nada fácil si usted no aprendió con la abuela. Nada de usar maíz en crema enlatado, ni tampoco el envasado en grano entero. Si usted no encuentra dónde comprar el maíz tierno ya molido, tendrá que hacerlo a la manera tradicional: desgranar cada mazorca con un cuchillo, cuidando de no cortar demasiado pegado a la mazorca. Luego se muele con cuchilla fina. Da trabajo, pero dice mi marido que así es más amoroso, y como él ayuda cuando hacemos tamal, se lo creo.

2 kg (5 lbs.) de maíz tierno molido
1 kg (2 lbs.) de carne de cerdo (entreverada, como decimos nosotros, con algo de grasa entre la fibra muscular, pero poca)
1 cebolla grande
2 dientes de ajo grandes
½ taza de puré de tomate
½ cucharadita de orégano molido
½ cucharadita de laurel molido
2 cucharadas de aceite de girasol
2 cucharadas de vino blanco seco
2 cucharadas de azúcar refino
Sal al gusto

  Primero ponga la carne de cerdo picada en cubos pequeños junto con las dos cucharadas de aceite en una cazuela grande de doble fondo o de hierro fundido. Dórela a fuego vivo y espere a que suelte parte de la grasa. Añada el tomate, el ajo machacado, la cebolla picada fina, las especias y el vino blanco. Añada un poco de agua, baje la llama y deje cocinar a fuego lento por unos 30 minutos, hasta que la carne se ablande.
  Mientras tanto, ponga el maíz molido en un recipiente y añada una taza de agua. Revuelva y cuélelo por un colador fino, reservando lo que queda en el colador en

otro recipiente. Añada otra taza de agua a lo que reservó de la colada y cuélelo nuevamente sobre la colada anterior. Repita esto una vez más para sacar bien la leche del maíz tierno.

Cuando la carne esté blanda, eche en la misma cazuela la leche del maíz, suba un poco la llama, añada el azúcar y revuelva constantemente hasta que espese y cambie de color. Rectifique el punto de sal y déjelo cocinar a fuego lento unos 5 minutos más para que tenga consistencia. Debe quedar como una crema espesa.

Retírelo del fuego y déjelo reposar 15 minutos antes de servirlo.

Da para seis comensales.

Tamalitos de fiesta

En casi todas las cocinas de las naciones de América que fueron colonizadas por los españoles el tamal, un alimento que se remonta a casi dos mil años, es plato importante. El nombre original, *tamalli*, proviene del náhuatl, la lengua de una de las más importantes culturas que habitaron lo que hoy conocemos por México. Sin embargo, a medida que se avanza por los países de América el nombre va cambiando junto con la envoltura, pero la manera de hacerlo es similar.

A veces en un mismo país tiene más de un nombre, y así en Cuba se le dice tamal, ayaca o tayuyo, en dependencia de la región y de si se envuelve en hojas de maíz o de plátano. En Cuba, además, se hace también lo que llamamos «tamal en cazuela», sin hojas, que tiene diferencias con el de este plato. (Ver receta.) Otros nombres para el tamal en distintos países son humita, bollo, chuchito...

Hay tamales salados o dulces, con pollo o cerdo, picantes o sin picante, pero lo que no cambia es la base fundamental: el maíz, ese grano entregado por los dioses al hombre y que fue la base de las culturas americanas. Según las tradiciones mayas, los primeros hombres fueron hechos de maíz por los dioses.

No se sabe como es que en Cuba se le llama con la misma palabra de origen náhuatl que en México, porque aunque los aborígenes cubanos cultivaban el maíz no existen evidencias de contacto entre los dos pueblos antes de la conquista española. Posiblemente el tamal y su nombre hayan llegado hace tan poco tiempo como en el siglo XIX, con la inmigración de mexicanos provenientes de la península de Yucatán. O quizás mucho antes, desde que en La Habana se reunían las flotas provenientes de distintos lugares del continente, cargadas de tesoros, para hacer el viaje conjunto a España y defenderse mejor de los piratas.

Hay algo que a pesar de las diferencias de nombre y maneras de hacerlo permanece igual en nuestros países: los tamales se preparan para las fiestas, y aunque se pueden encontrar en nuestras mesas en otras oportunidades (en cuyo caso son más grandes que los de esta receta), no pueden faltar de ninguna manera cuando se celebran bodas, bautizos, cumpleaños o fiestas entre amigos.

Una última cosa: en algunos lugares se pueden comprar tamales hechos industrialmente a máquina, pero éstos a mano, conformados amorosamente para su fiesta, no tienen comparación.

1 kg (2 lbs.) de maíz tierno molido
1 *taza de leche*
¼ taza de azúcar
2 cucharaditas de sal
2 cucharaditas de mantequilla
½ taza de cebolla picada bien fina
1 chile jalapeño (opcional) picado bien fino y sin semillas
¼ de libra de jamón dulce picado bien fino
¼ de taza de pasas sin semilla
2 litros de agua
1 cucharada de sal
Hojas de maíz (para envolver los tamales)

Si usted no encuentra dónde comprar el maíz tierno ya molido tendrá que prepararlo a la manera tradicional, o sea, desgranar cada mazorca con un cuchillo afilado, cuidando de no cortar demasiado pegado a la mazorca. Luego se muele con cuchilla fina.
En una sartén derrita la mantequilla y sofría la cebolla, el chile —si lo usa— y el jamón.
Mezcle la leche con el maíz molido y añada el sofrito de cebolla y jamón. Agregue la sal y las pasas y revuelva bien la mezcla.
Para formar los tamales tome las hojas de maíz, previamente dejadas en agua para hacerlas maleables, y en cada hoja vierta dos cucharadas de la masa. Doble la hoja en cuatro para envolver la masa, empezando por los costados y terminando por los extremos, y ate cada tamal con un cordel para que no se abra cuando los cocine en agua hirviendo.
En una cazuela honda ponga a hervir dos litros de agua con una cucharada de sal. Cuando esté hirviendo eche los tamales y cocine a fuego mediano 20 minutos.
Saque los tamales de la olla y póngalos a refrescar.
Retire el cordel y la hoja y coloque los tamalitos en una fuente grande.
Salen aproximadamente veinte tamalitos.

Salsas y aliños

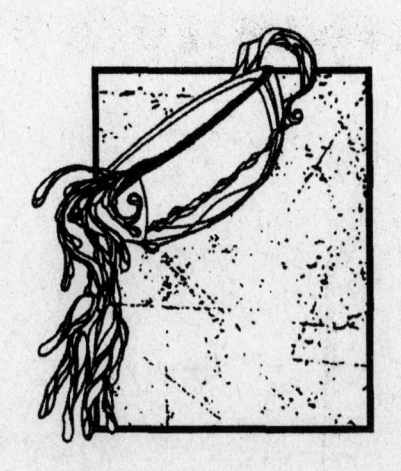

Salsas del Caribe

Es raro encontrar una receta caribeña sin algún tipo de salsa. Muchas se utilizan primero para marinar la carne, el pescado o el pollo y esa misma mezcla, posteriormente cocinada, se convertirá en la salsa del plato. Pero hay otras, entre las múltiples que existen en el Caribe, como es el caso de éstas, que no tocan el ingrediente principal hasta el momento de servirlo. Algunas son picantes y todas especiadas; muchas utilizan frutas, ya sean maduras o verdes; unas se cocinan y otras son crudas; y todas son el resultado de la mezcla de culturas que han hecho del Caribe un lugar tan singular.

En esta oportunidad no he podido limitarme a una sola receta, ya que las salsas son tan diferentes y tienen tantos usos, a pesar de su relativa simplicidad, que preferí escribir menos de la historia o de las vivencias y dedicar el espacio a las salsas, claro —con algún comentario aclaratorio que en algún caso puede ser imprescindible para comprender por qué la incluí—, como es el caso de la primera.

Chimichurri

Sobre esta salsa hay polémicas. Mi marido la probó en Colombia, de donde dicen los colombianos que es originaria, y donde la usan lo mismo para el asado llanero que para los patacones (chatinos, tostones, patacón pisao, como decimos en otros lugares del Caribe). Pero si un argentino o un uruguayo escucha esa aseveración puede considerarse insultado. Ellos aseguran que el chimichurri (y a lo mejor hasta el asado) se inventó en Argentina o en Uruguay (depende de con quien hable usted), y para ello no les faltan razones. Sea de un lugar u otro, lo cierto es que también se usa en el Caribe colombiano y por lo tanto podemos considerarla nuestra por adopción.

1 mazo pequeño de perejil bien picado
¼ taza de vinagre
8 dientes grandes de ajo, pelados
¾ de taza de aceite de oliva
3 cucharadas de jugo de lima
1 cucharadita de sal
½ cucharadita de pimienta negra molida
½ cucharadita de cayena

Se combina todo y se pasa por la batidora un minuto hasta que esté bien mezclado, pero sin hacerlo puré. Se sirve sobre asados de res, cerdo o cordero. En Colombia la sirven además sobre chatinos (ver receta de, «El chatino perfecto») y empanadas.

Salsa fresca para cocktail

Ésta es una salsa muy sencilla, de fácil preparación y que queda muy bien con el *cocktail* o la ensalada de pescado o mariscos. Pruébela y verá que supera salsas más famosas y complicadas que generalmente se sirven con este tipo de platos. ¡Y es tan refrescante!

6 tomates
½ pimiento verde
½ pimiento amarillo
1 cebolla mediana blanca
1 cucharadita de mostaza seca
1 cucharada de rábano picante
1 cucharadita de pimienta
½ cucharada jugo de lima
⅓ taza de aceite de oliva
Sal al gusto

Corte muy finamente los tomates, pimientos y cebolla. Mezcle aparte el aceite con el jugo de lima, la mostaza, la pimienta, la sal y el rábano. Eche la mezcla por encima de los tomates con pimientos y cebolla. Revuelva y refrigere por lo menos 1 hora antes de usar.

Mayonesa de ajo y albahaca

El ajo y la albahaca elevan a la conocida mayonesa a un nuevo rango de maravilla. Puede usarse como la anterior o para untar.

2 dientes de ajo pelados
1 cucharada de jugo de lima
3 cucharadas de albahaca fresca
2 huevos enteros
1 ½ taza de aceite de oliva
Sal y pimienta al gusto

Eche en la batidora los huevos, el ajo, la albahaca y el jugo de lima. Bata hasta que esté homogéneo. Vierta en chorrito fino el aceite sobre la mezcla mientras se sigue batiendo hasta que tenga la consistencia de una mayonesa espesa. Cuando queda una gota de aceite en la superficie ya está.
Guárdela en un pomo tapado en el refrigerador. Se conserva en frío hasta dos semanas.

Salsa picante de mango verde

Ésta es una típica salsa de nuestras islas de habla inglesa, en la que la huella de la India se percibe en el uso de frutas y especias.

3 ó 4 mangos verdes medianos (pelar y cortar la pulpa para aproximadamente 4 tazas)
½ taza de vinagre
1 mazo de perejil
1 mazo pequeño de cilantro

1 cabeza grande de ajo
3 cucharadas de aceite
1 ¼ taza de agua
Sal al gusto

Se pelan los mangos y se pica la pulpa. Se quitan los tallos del perejil y el cilantro. Se pelan los dientes de ajo. Mezclar bien todos los ingredientes en la batidora. Se sirve a temperatura ambiente con asados de pollo, pescado o carne.

Salsa picante de fruta bomba

Ésta y las dos que siguen (salsa de piña y salsa de tamarindo) combinan ingredientes de la herencia española con otros del Nuevo Mundo, así como un toque agridulce heredado de Asia.

1 cebolla morada mediana
1 pedazo de fruta bomba madura (pelada y cortada en trozos para aproximadamente 2 tazas)
2 tomates frescos
½ chile jalapeño, sin semillas
1 cucharada de hojas de cilantro fresco
¼ taza de vinagre de vino tinto
½ taza de aceite de oliva
1 cucharadita de azúcar moreno

Corte todo en trocitos y páselo por la batidora con el vinagre, el agua, la sal y el azúcar. Añada el aceite poco a poco hasta que esté bien mezclado con el resto. Sirva esta salsa a temperatura ambiente con pollo, carnes asadas o pescado a la parrilla.

Salsa de piña

4 rodajas de piña madura (aproximadamente 2 tazas)
1 cucharadita de azúcar moreno
2 cucharadas de vinagre
½ taza de vino blanco
½ cucharadita de pimienta blanca molida

1 cebolla blanca mediana
½ cucharadita de sal

Corte la piña y la cebolla finamente. Mezcle el vino con el azúcar, la sal y la pimienta. Añada el vinagre y eche la mezcla sobre la piña y la cebolla picadas. Mezcle bien y déjelo reposar por 1 hora. Sírvala sobre pescados o mariscos hervidos.

Salsa de tamarindo

2 cucharadas de aceite de oliva
½ taza de pulpa de tamarindo
1 cebolla blanca grande
2 dientes de ajo pelados
1 cucharadita de cayena
1 cucharada de azúcar moreno
Jugo de media lima

Sofría el ajo y la cebolla finamente picados en el aceite. Añada la pulpa de tamarindo y cocine la mezcla por 3 minutos. Añada el azúcar y la cayena y deje en el fuego dos minutos más, revolviendo constantemente. Déjela refrescar. Añada el jugo de lima, revuelva bien y sírvala con pescados y mariscos a la parrilla o hervidos.

Chutney de tres pimientos

Las salsas chutney, traídas a las islas inglesas del Caribe por los inmigrantes de la India (o como rebote de esa región por los colonizadores), han adoptado en nuestra región su propia personalidad. Los chutneys caribeños, como estos dos que incluyo, mantienen en común con las originales de la India el uso de frutas y especias.

13 pimientos, mezcla de rojos, verdes y amarillos, lavados, limpios de semillas y cortados en trozos muy pequeños (unas 5 tazas en total)
1 pimiento jalapeño, sin semillas, cortado en trozos muy pequeños
1 cebolla blanca grande, cortada en trozos muy pequeños
3 dientes de ajo, pelados y cortados finamente
2 cucharadas de jengibre fresco rallado

1 ½ taza de pasas
1 taza de azúcar blanco
1 taza de azúcar moreno
2 tazas de vinagre de vino tinto
Sal y pimienta al gusto

    Combine todos los ingredientes en una olla de doble fondo al fuego vivo hasta que hierva. Disminuya la temperatura y deje la olla a fuego lento aproximadamente 1 hora. Revuelva ocasionalmente hasta que la mezcla se reduzca y quede de un color un tanto oscuro. Debe quedar aproximadamente 1 taza de líquido.
    En la mezcladora haga un puré con 1/3 de la mezcla. Vierta el puré en el resto de la mezcla. Después de que refresque guárdela en el refrigerador hasta el día siguiente. Sirva la salsa sobre pescado o pollo asados a la parrilla.

Chutney de mango

1 kg (2 lbs.) de mangos verdes
250 g (½ lb.) de pasas finamente picadas
125 g (4 onzas) de semillas de marañón machacadas a polvo grueso
1 cucharada de jengibre rallado
2 ajíes picantes (preferiblemente tipo Scotch Bonnet jamaicano) finamente picados
2 tazas de azúcar moreno
2 tazas de vinagre
Sal al gusto

    Pele los mangos y córtelos en dados de aproximadamente 2 cm (1 pulgada) de lado.
    En cazuela doble ponga los dados de mango con los demás ingredientes y cocine a fuego lento. Revuelva de vez en cuando con cuchara de madera y aplaste un poco los dados de mango para que se hagan puré. Cocine hasta que la mezcla se espese (aproximadamente media hora).
    Sírvalo con platos al curry y carnes frías.

Carnes

Pierna de cerdo asada

Para los cubanos la cena de Nochebuena es sinónimo de reunión familiar y carne de cerdo. Con cualesquier dificultad o con cualquier contratiempo, en la cena del 24 de diciembre hay que comer cerdo. Si falta, no es Nochebuena.

El cerdo si se asa entero, se hace de tres maneras básicas en las distintas regiones de Cuba, aunque cada maestro asador tiene su secreto adicional.

En la provincia de Pinar del Río y en algunas partes del centro del país se hace en hamaca, con el animal abierto boca abajo sobre una parihuela. Esta parihuela, casi siempre de hierro, se engancha en una armazón (o en el campo, de la rama de un árbol frondoso), y se balancea sobre las brasas preparadas debajo hasta que el puerco, adobado previamente, esté listo.

Dice mi marido que una vez lo invitaron en Corralillo, Villa Clara, a comer un cerdo asado de esta manera. Vendría a prepararlo un experto. Después de que la hamaca se montó a la sombra de un enorme mamoncillo, le preguntó al personaje que comenzaba a balancear a un hermoso animal qué tiempo tardaría en estar el asado. El sabio campesino miró al cerdo, observó las brasas, se dio un trago de ron y respondió con certeza: «Dos botellas».

Otra forma popular es en parrilla, como se hace sobre todo en La Habana. Para esto hay que abrir un hueco en el jardín y preparar las brasas con carbón. Encima se pone una parrilla de hierro y sobre éste se acuesta el cerdo, cubriéndolo con ramas de guayaba cuando falta poco, para darle el punto.

En la región oriental el animal se atraviesa entero con un palo, se coloca sobre dos estacas encima de la hoguera y se le va dando vueltas hasta que esté listo. El cerdo puede estar relleno de Congrí, al que sólo se le echa sal y hojas de laurel, y que se va impregnando del sabor del «macho», como dicen por allá.

Pero no importa la forma en que se haga, cuando se asa un puerco al aire libre este proceso de tres o cuatro horas sirve para empezar la fiesta temprano y el asado es parte de la diversión. No falta quién quiere enseñar cómo se debe asar, como pretexto para probar el cuero crujiente o una masita tierna.

Pero en todo el país, con cualquier método, al aire libre o bajo techo, al asar un cerdo entero o un pedazo en el horno, lo más importante y uniforme es el mojo criollo. Este mojo que el cubano aprovecha para cualquier carne y algunos tubérculos, y que existe con algunas variantes en otros lugares del Caribe, se basa en el jugo de la naranja agria, variedad que crece abundantemente en casi todos los patios de Cuba. El olor del asado durante el proceso, cuando se le va echando el mojo al animalito, le hace la boca agua a cualquiera. Es realmente sencillo, pero exquisito.

1 pierna de cerdo de unos 10 kg (20 lbs.)
3 cabezas grandes de ajo
6 tazas de jugo de naranja agria
3 cucharadas de orégano en flor (no en polvo)
Sal al gusto

  Prepare la pierna pinchándola con un cuchillo largo de punta y haciendo incisiones profundas de dos o tres centímetros para que el adobo penetre. No le quite la piel ni la grasa, para que quede más jugosa.
  Combine en el mortero los dientes ya pelados de ajo, macháquelos con sal y agregue el orégano en flor. Es importante no usar el procesador ni la licuadora, sino el humilde mortero, para que no se haga una pasta uniforme; el orégano debe ser en flor, no en polvo.
  Mezcle bien el ajo con sal y orégano con el de jugo de naranja agria y utilice la mitad de esta mezcla para marinar la pierna —preferiblemente de un día para otro—. Guarde la otra mitad del mojo para el proceso de asado.
  Ponga la pierna en una tartera con la piel hacia abajo. Eche por encima el mojo que quedó en el recipiente donde se marinó la pierna.
  Hornee a fuego lento por dos horas y media a tres horas, basteando más o menos cada 15 minutos con el mojo que reservó.
  Cuando el asado esté tierno, eche sobre la pierna el resto del mojo y los residuos del adobo. Suba la temperatura del horno para dorarla.
  Sírvala lasqueada y con el mojo por encima.
  Da para diez comensales

Lomo de cerdo asado al Jerk

(Para mi amiga Maude González Braithwaite)

En Jamaica el término *jerk* se usa indistintamente para un plato de carne (cerdo, pollo o pescado) como para la salsa con que se prepara. Se dice que la palabra proviene de un término indígena sudamericano, que pasó al inglés por medio del español y posiblemente del idioma arawak o arahuaco, la lengua de la principal etnia que pobló el Caribe antes de que la raza superior los exterminara en el proceso de civilizarlos y convertirlos a la única y verdadera religión (¿les suena parecido a lo que ha pasado en otros países de América y en más de un continente?).

Pero a pesar de lo que dicen los estudiosos, algunos vendedores callejeros de *jerk* en Jamaica pueden decir que el nombre (en inglés *jerk* quiere decir, entre otras cosas, sacudida, estremecimiento, espasmo) proviene de la reacción del sistema nervioso cuando se prueba por primera vez este adobo tan especiado y picante.

Dicen que los «Maroons», los esclavos que escapaban de sus amos y que en las islas españolas eran llamados «Cimarrones» (otra similitud caribeña), preservaron y perfeccionaron el *jerk* durante los muchos años que permanecieron escondidos en las Blue Mountains de Jamaica.

El método que se usa actualmente no debe ser muy diferente al de aquellos tiempos. En la forma tradicional se prepara la carne con una mezcla de pimienta inglesa, ají, nuez moscada, clavo de olor, canela, ajo, puerro, sal y los ingredientes secretos del cocinero o cocinera (uno que mi marido conoció en Jamaica dice que su salsa contiene aproximadamente 40 ingredientes). Actualmente hay varias marcas de *jerk* que se consiguen en muchos mercados, pero aquí les doy una de las muchas maneras de hacerlo en casa.

Hace unos años mi marido estuvo en Jamaica por razones de trabajo, en el hermoso destino turístico de Ocho Ríos, y se hospedó en un hotel maravilloso llamado Enchanted Gardens. Allí probó por primera vez el cerdo al *jerk*. Por cierto, dice que no se estremeció (mucho) al probarlo, sino que lo encontró delicioso.

Esta receta no es una adaptación de aquella, sino de la de una amiga mía, descendiente de inmigrantes jamaicanos, que ha mantenido vivas las tradiciones que heredó de sus antepasados. Por eso se la dedico.

2 ½ kg (5 lbs.) de lomo de cerdo
3 cebollas blancas medianas
3 pimientos verdes
1 trozo de 1 pulgada de raíz pelada de jengibre
1 cucharadita de orégano molido
½ taza de aceite
4 cucharadas de *jerk*
4 cucharadas de agua
Sal para frotar la carne

Para el *jerk*

1 cebolla blanca grande
½ taza de cebollinos
2 cucharaditas de hojas de tomillo fresco
2 cucharaditas de sal
1 cucharadita de pimienta inglesa (malagueta, *allspice*)
¼ cucharadita de nuez moscada molida
½ cucharadita de canela en polvo
4 a 6 pimientos jamaicanos tipo Scotch Bonnet, o en su defecto chiles habaneros
1 cucharadita de pimienta negra molida

Primero prepare el *jerk*. Limpie la cebolla y córtela en trozos. Échala con los demás ingredientes en la batidora o el procesador para hacer una pasta gruesa. Da 1 taza. Guárdela en un pomo tapado en el refrigerador y use tanto para adobar carnes y pescados antes de cocinarlos, como para realzar el sabor de cualquier plato.
Para preparar el lomo, quite la piel y casi toda la grasa. Pinche el lomo con un cuchillo por varios puntos para que penetre la marinada. Frótelo con sal.
Limpie los pimientos y la cebolla y córtelos en trozos pequeños. Échelos en la batidora y añada el jengibre rallado, las especias, el aceite y el agua. Cuando esté todo unido añada las 4 cucharadas de *jerk* y bátalo hasta homogeneizar la mezcla.

Cubra el lomo con esta mezcla y déjelo marinar de un día para otro en el refrigerador.

Ponga el lomo en una tartera ligeramente engrasada junto con el jugo de la marinada y hornee a fuego lento alrededor de 1½ a 2 horas, hasta que la carne se ablande y al introducir el tenedor cerca del hueso se separe fácilmente. Suba la temperatura del horno a alto y deje el lomo un rato más hasta que se dore.

Para servirlo, separe la carne del hueso y lasquee el asado. Sirva aparte más *jerk* para los comensales más ardientes.

Da para seis comensales.

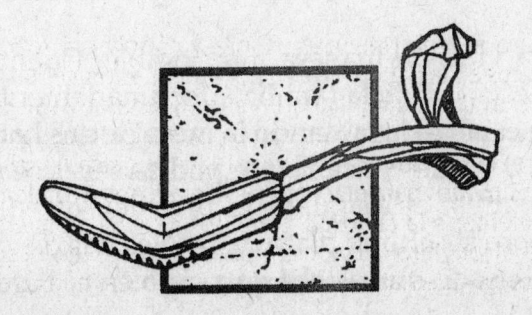

Lomo de cerdo asado con hierbabuena

Cuando se acercan las fiestas de Navidad comienzan los planes para reunirse en familia o con amigos para la cena de Nochebuena o Fin de Año. Hay quien prefiere seguir la tradición y volver a presentar el mismo menú año tras año. Así hacía la familia de mi marido, que todos los 24 de diciembre se reunía en casa de una de sus tías —que vivía en una casa enorme en el poblado de Santiago de las Vegas, a la que todos llamaban «la finca», cerca del aeropuerto internacional. Cuenta él que como eran tantos (su abuela materna tuvo doce hijos) se cocinaba para un batallón: dos cerdos asados en parrilla, fricasé de guinea, arroz blanco, frijoles negros, plátanos maduros fritos, chatinos, yuca con mojo, ensalada de lechuga, tomate y rábano. Todo eso con buen vino tinto, que aunque los cubanos prefieren la cerveza, en Nochebuena el vino no puede faltar. De postre, los deliciosos turrones de Jijona y Alicante, avellanas y nueces, acompañados de sidra, costumbres heredadas de España aunque nada de esto último se coseche o fabrique en Cuba. Imposible comerse todo aquello. Pero lo hacían.

Claro, que no hay que exagerar, que no todas las familias son tan grandes ni tienen tanta capacidad estomacal como la familia de mi marido. Dice él que había un tío un tanto lento de pensamiento, pero de gran agilidad gastronómica, que todos los años, cuando estaba sirviéndose el tercer o cuarto plato, los demás le recomendaban mesura. Él —sin dejar de servirse— anunciaba con toda seriedad: «A mí me gusta comer hasta que me duele la cabeza».

Pasó a la otra vida de manera inmejorable. Cuenta mi marido que en una fiesta (no de la familia, afortunadamente), cuando el tío vio que ya estaban levantando la mesa (todos habían terminado, menos él, y nadie pensaba que podría servirse más) y se llevaban las fuentes, el disgusto le provocó un síncope. Cayó fulminado sobre su último plato de frijoles negros. Seguramente debe haber pensado que estaba entrando en el Paraíso.

Pero si no hay tantos invitados podemos prescindir de un cerdo asado entero, aunque no tenemos que renunciar a su sabor, porque en Cuba —como ya dije antes—, para Nochebuena, hay que comer cerdo. Y tiene que ser asado.

Esta receta, sin ser de grandes dimensiones, es suficiente para unos cuantos comensales. Se hace a la manera tradicional cubana, marinando la carne de un día para otro en el mojo de naranja agria. Pero ese mojo tiene un ingrediente adicional —que era el secreto de mi madre— que hace que el plato que compartimos hoy con ustedes tenga siempre un éxito tremendo. Y este secreto es la hierbabuena, planta de la familia de las mentas que en nuestra cocina juega un importante papel. Un consejo, si no consigue hierbabuena no es recomendable sustituirla por otro tipo de menta más conocida, porque el sabor es demasiado fuerte y avasallaría a otros ingredientes. Prepare entonces el lomo de la manera tradicional, sin la hierbabuena. Pero si la consigue y se decide a prepararla, verá que el plato adquiere otra dimensión.

1 lomo de cerdo de unos 7 kg (15 lbs.)
2 cabezas de ajo grandes
4 tazas de jugo de naranja agria
1 cucharadita de orégano
1 cucharadita de comino molido
1 cucharadita de hojas de hierbabuena
Sal al gusto

Para la salsa

4 cebollas blancas grandes
2 cucharadas de harina
2 tazas de vino tinto
2 tazas de caldo de res
2 cucharadas de vinagre de vino tinto
4 cucharadas de la grasa del asado
½ cucharadita de sal
½ cucharadita de cayena
1 cucharadita de hojas de hierbabuena

Prepare el lomo el día anterior. Machaque todo el ajo en un mortero grande con una pizca de sal. Añada el orégano, el comino y la hierbabuena y machaque hasta formar una pasta.

Ponga el lomo sobre una tartera con la piel hacia abajo y retire los filetes. Con un cuchillo afilado haga ranuras entre las costillas y vaya introduciendo un poco de la pasta de ajo en las ranuras. Frote el resto de la pasta de ajo en los extremos. Frote con sal por fuera de las costillas y báñelo con el jugo de naranja agria. Déjelo reposar hasta el día siguiente.

Cuando vaya a cocinar el lomo, vírelo con la piel hacia arriba y corte longitudinalmente la piel en el centro, para permitir que se derrita la grasa durante la cocción. Seque bien la piel y no le ponga sal por fuera para que se tueste bien. Deje el adobo en el fondo de la tartera. No bastee el lomo.

Ponga la tartera a horno lento y cocínelo aproximadamente durante 2 horas, hasta que haya drenado la grasa. Suba la temperatura a medio y déjelo cocinar más o menos media hora, hasta que la piel se dore y la carne se deshilache al pincharla con el tenedor. Después acabe de dorar la piel a horno fuerte hasta que esté como chicharrón.

Cuando el lomo esté cocinado apague el horno y recoja 4 cucharadas de grasa de la tartera. Ponga la grasa en una sartén a fuego lento, eche las cebollas cortadas en rodajas y sofría hasta que estén translúcidas. Añada la sal, las especias y la harina, y sofría hasta que la harina tome color. Añada el vino, el caldo de res y el vinagre, y revuelva con cuchara de madera hasta que la salsa tome consistencia. Separe del fuego y reserve.

Para servir, primero retire toda la piel y parta el chicharrón en trozos. Sírvalos en fuente aparte.

Trinche el lomo para colocarlo en rodajas en fuente de servir. Eche la salsa por encima del asado y llévelo a la mesa junto con la fuente de chicharrones.

Da para doce comensales.

Cerdo enrollado

El lomo de cerdo es una de mis carnes favoritas. Es magra, de muy buen sabor y lo suficientemente noble como para aceptar la compañía de otras carnes. Esta receta nos salvó una situación.

Mi esposo y yo habíamos invitado a cenar en casa a unos amigos y habíamos decidido hacer un menú sencillo, nada pretencioso, pero que en otras ocasiones había tenido éxito: entrante de ensalada de frutas frescas (mango, papaya, toronja, plátano) bañadas en vino blanco; el plato principal sería camarones guisados en cerveza, acompañados de Moros y Cristianos.

A media tarde, cuando estábamos en plena preparación, tres de los invitados llamaron para excusarse de no poder asistir. Hicimos entonces los ajustes a la cantidad de comida a preparar, disminuimos los ingredientes y nos lamentamos de la ausencia de los amigos.

Un par de horas más tarde recibimos dos sorpresas: la primera era que los que se habían excusado avisaron que sí podían asistir; la segunda fue que mi cuñado y su esposa, además de sus dos hijos, que originalmente habían dicho que no podían venir, se sumaban a la cena. Afortunadamente todos los invitados se conocían y se agradaban mutuamente, pero la cena, que en su origen se había planeado para un número determinado de personas, ahora se convertía en un problema. Si poco antes estaba cocinando para ocho invitados ahora seríamos casi el doble. La ensalada de frutas tenía solución (todos los ingredientes, menos el vino blanco, son de nuestro patio), pero no tenía tiempo de preparar más camarones, ya que el proceso de limpieza es trabajoso.

Por suerte tenía adelantada parte de la receta, ya que la carne estaba marinándose en el refrigerador desde por la mañana para el día siguiente, no por una ocasión especial, sino como regalo para mi marido. Decidí entonces sumar el cerdo enrollado al resto del menú como tercer plato y de esa forma combinar cerdo y camarones, suficiente para el número de invitados. A todos les pareció que la combinación era celestial.

1 lomo de cerdo de 1 ½ a 2 kg (3 ó 4 libras)
125 g (¼ lb.) de bacon en tiras
Jugo de 4 naranjas agrias
8 dientes de ajo
1 cucharadita de orégano molido
Sal al gusto

Para el relleno

250 g (½ libra) de picadillo de res
250 g (½ libra) de jamón molido
½ taza de maní tostado y pelado
½ taza de pasas
1 cebolla mediana troceada
2 dientes de ajo machacados
Sal al gusto
½ cucharadita de orégano
½ cucharadita de laurel molido
½ cucharadita de pimienta molida
2 cucharadas de aceite neutro
1 taza de vino blanco seco
2 lascas de pan de leche
2 cucharadas de leche

Para la salsa

El jugo del asado
1 cucharadita de maicena
1 taza de vino tinto

Prepare el lomo la noche anterior. Corte el lomo a lo largo a una profundidad de 2 cm (¾ de pulgada) y vaya cortándolo en redondo, dejando al final un cuadrado de 2 cm de grueso. Machaque un poco la carne para aplanarla.

Frote el lomo con sal y póngalo en un recipiente hondo. Machaque el ajo con el orégano en el mortero y añada el jugo de naranja agria. Vierta este adobo por encima del lomo y guárdelo en el refrigerador hasta que lo vaya a rellenar. Al día siguiente póngalo a reposar a temperatura ambiente.

Para preparar el relleno remoje las pasas en el vino. Eche el aceite en una sartén grande y póngala a fuego vivo. Añada la cebolla troceada, el ajo machacado y las especias. Eche las carnes molidas y sofría hasta que cambie de color. Añada las pasas con el vino y el maní. Cocine a fuego lento 5 minutos.

Desmenuce el pan y remójelo en la leche. Cuando el picadillo esté listo añada el pan remojado. Mezcle bien y déjelo refrescar.

Caliente el horno a 175ºC (350ºF). Escurra el lomo, colóquelo extendido sobre una tabla de cocina y extienda el relleno sobre él. Enrolle apretando ligeramente y póngalo con el borde hacia abajo en la tartera del horno. Póngale encima las lascas de bacon y báñelo con el resto del adobo. Póngalo en el horno una hora, hasta que cambie de color y empiece a dorarse.

Suba la temperatura del horno a 200ºC (400ºF) y hornéelo por 15 minutos más hasta que se dore a su gusto.

Retire el lomo de la tartera y escurra el jugo en una cazuela pequeña de fondo plano. Disuelva la maicena en el vino tinto y échelo todo en la cazuela. Póngalo a fuego vivo y revuelva hasta que espese un poco. Sirva el lomo lasqueado y la salsa aparte.

Da para ocho comensales.

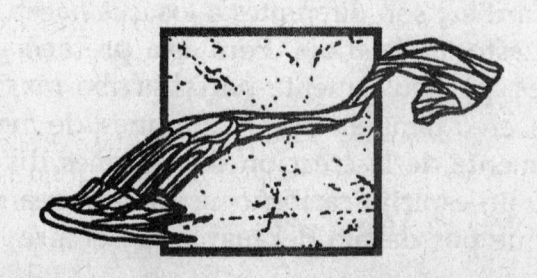

Chuletas de cerdo Curazao

El Caribe es un crisol de culturas. Piensen en todos los pueblos que han hecho su aporte a la conformación de las nacionalidades de nuestra área, desde los pobladores existentes, cuando llegaron los europeos hasta las distintas oleadas de inmigrantes. Españoles, ingleses, franceses y holandeses fueron los principales colonizadores de nuestras tierras, pero al Caribe llegaron también europeos de otros países, africanos de varias naciones, indios, chinos, japoneses, indonesios, árabes y cuanta otra nacionalidad se le pueda ocurrir a alguien. Hubo además una migración interna entre las propias tierras caribeñas. Es así que Cuba, por ejemplo, recibe una fuerte influencia francesa cuando, al producirse la revolución haitiana, muchos colonos franceses huyen llevando sus esclavos al oriente de Cuba, a escasas horas de navegación de Haití. La huella aún se percibe hoy día en muchos apellidos, en la música y en las ruinas de los antiguos cafetales franceses. De manera similar, trabajadores jamaicanos que venían periódicamente a Cuba a trabajar en los campos de caña fundaron familias y dejaron una impronta que aún se mantiene.

La mayoría de los inmigrantes venía en oleadas, y no como viajeros solitarios, por lo que pudieron trasladar su cultura y mantenerla viva, en especial su cocina. Luego se entremezclaron en las distintas zonas a donde llegaron e influyeron de manera particular y diferente en cada lugar. Es así que la influencia india, por ejemplo, no es igual en Jamaica que en algunas de las Antillas Menores, y por tanto los chutneys jamaicanos (ver recetas «Salsas del Caribe») son diferentes a los que hacen en Barbados —y por supuesto, en la India. Pero esta presencia múltiple en varios lugares, particularmente por el arribo masivo de esclavos africanos, creó también rasgos comunes, de manera que independientemente de la creación de naciones diversas, se fue conformando un espíritu caribeño, se fueron creando vasos comunicantes que por debajo del mar y por el aire han formado lazos que nos permiten considerarnos hermanos y hermanas de cultura.

Algunas influencias se han fusionado de tal manera que su origen es discutido, de manera similar a como sucede con ciertos platos de las cocina cubana, dominicana, puertorriqueña, venezolana, etcétera, cuya paternidad se discuten todos esos países. Más que rivalidad, es muestra de los lazos que nos funden.

Un caso similar es la receta que comparto hoy con ustedes. Aunque originalmente la salsa *ketchap manis* es de Bali, la famosa isla de Indonesia, no solamente es muy popular en Curazao, sino que muchos en la isla aseguran que fue allí donde nació, independientemente de su nombre, que significa «salsa de soya dulce». (Hay otra salsa similar, *ketchap asem*, que es de sabor agrio, y a partir de esta, aunque el resultado sea totalmente diferente, nació el *ketchup* o *catchup* norteamericano.) Lo que sí es indiscutible es que la combinación con cerdo y piña es caribeña y, además, tiene un toque de estas tierras en las especias.

8 chuletas de cerdo
1 piña blanca grande (o 1 lata de rodajas de piña, pero yo prefiero la piña fresca)
2 cebollas blancas grandes
Jugo de una lima
4 dientes de ajo
1 taza de *ketchap manis*
2 cucharadas de aceite
Un poco de sal (úsela con mesura, porque la salsa de soya ya tiene bastante)

Para preparar el *ketchap manis*

1 taza de azúcar morena
1 taza de agua
1 taza de salsa de soya
7 cucharadas de melado (jarabe) de caña
1 cucharadita de jengibre rallado
½ cucharadita de cilantro molido
½ cucharadita de cayena

Prepare el *ketchap manis* con antelación. La receta de esta salsa le da una cantidad suficiente para varios adobos.

En una pequeña olla salsera ponga el agua con el azúcar y caliente a fuego medio. Revuelva hasta que el azúcar se disuelva. Deje hervir a fuego lento, sin revolver, hasta que tenga consistencia de almíbar, unos cinco minutos. Reduzca el calor a fuego lento y añada el melado de caña y la salsa de soya. Revuelva bien y añada las especias. Déjelo reducir nuevamente unos 3 minutos.

Retire del fuego, déjela refrescar y envásela en un frasco de cristal. Esta salsa se conserva bien en el refrigerador hasta 3 meses.

Coloque las costillas en un recipiente de vidrio con tapa. Machaque el ajo con un poco de sal y añada el jugo de lima. Añada la taza de *ketchap manis* y revuelva bien. Vierta este adobo sobre las costillas dándoles vueltas para que se cubran bien. Corte la cebolla en rodajas y cubra las costillas con las rodajas de cebolla. Tape el recipiente y déjelo marinar en el refrigerador de un día para otro.

Al día siguiente pele la piña, quítele el corazón y córtela en rodajas.

Escurra las costillas y dórelas en la parrilla. Cuando estén doradas póngalas en una tartera para horno. Cuele la marinada para separar las rodajas de cebolla y bañe las costillas con el adobo restante. Ponga las rodajas de piña encima de las costillas y coloque la tartera en el horno. Encienda el horno y póngalo bien caliente (450ºF ó 225ºC), unos 15 minutos, para dorar las rodajas de piña y que suelte el jugo sobre las costillas.

Da para cuatro comensales.

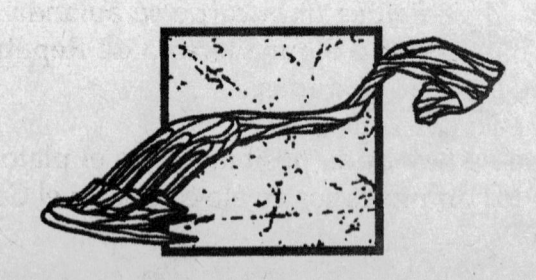

Cerdo con molondrones

Una vez recibí un *e-mail* de una lectora dominicana quejándose finamente de que hacía rato no publicaba recetas de su país, que tantos puntos de contacto tiene con el mío, uno de ellos la cocina. Era cierto; por lo tanto decidí dedicar una columna a un riquísimo plato que no sé por qué razón está en mi recetario familiar. Y digo que no sé no por la receta, que bien pudiera ser de origen cubano o puertorriqueño o dominicano, sino por el nombre. Quién sabe de dónde la sacó mi madre o mi abuela, si de alguna revista o de algún libro de cocina, o si acaso fue regalo de alguna amistad; porque si bien los ingredientes, la forma de preparar el plato y la manera de servirlo son similares a lo que hacemos por acá, y se aviene muy bien a nuestro gusto, el nombre para mí es irreconocible.

Lo que en República Dominicana llaman *molondrón* en mi tierra le llamamos *quimbombó*. Y por eso mi extrañeza, porque lo lógico es que en el recetario que heredé de mi madre y ella a su vez de mi abuela materna apareciera «Cerdo con quimbombó», y no «con molondrones». No voy a contar nuevamente como llegó a Cuba el término, porque ya se los conté en otra receta de este vegetal, quimbombó con bolas de plátano (ver receta). Y confieso que no sé cuál es el origen de la palabra «molondrón». Busqué en varios diccionarios, pero aunque la palabra aparece, las acepciones, en mi opinión, no tienen relación con el plato. Según el Diccionario de la Real Academia de la Lengua Española, molondrón es «golpe dado en la cabeza, o con la cabeza». Y en la receta la cabeza no está entre los ingredientes ni la carne se ablanda a cabezazos. Espero que algún lector o alguna lectora de República Dominicana nos puedan sacar de dudas.

Pero de lo que no hay duda posible es que el plato es delicioso. Razón tienen los dominicanos en elogiar tanto el Cerdo con molondrones.

½ kg (1 lb.) de lomo magro de cerdo
½ kg (1 lb.) de molondrones (quimbombó) frescos
2 cucharadas de salsa china
jugo de una naranja agria
3 dientes de ajo
1 cebolla morada mediana
1 cucharada de aceite de oliva
1 ½ tazas de agua
½ taza de caldo de carne de res
1 cucharadita de orégano
½ cucharadita de nuez moscada
3 cucharadas de pasta de tomate
2 tomates maduros grandes
Sal y pimienta al gusto

Corte el cerdo en dados de 1 cm (½ pulgada) de lado aproximadamente. En un recipiente hondo eche la salsa china, el ajo machacado, el jugo de naranja y la cebolla cortada en rodajas. Sale la carne y déjela marinar en el recipiente por lo menos 2 horas.

En una cazuela plana de doble fondo caliente el aceite de oliva. Escurra los trozos de cerdo y dórelos a fuego vivo. Reduzca el calor a medio y agregue el agua, el caldo, el orégano y la pasta de tomate. Revuelva y déjelo cocinar a fuego lento por 30 minutos o hasta que el cerdo se ablande.

Mientras el cerdo se cocina, lave los molondrones y córtelos en rodajas de 1 cm (½ pulgada) aproximadamente. Escalde los tomates y quíteles la piel y las semillas. Córtelos en trozos pequeños. Una los molondrones y los tomates con la marinada. Añada la pimienta y la nuez moscada.

Cuando el cerdo esté blando, añada los molondrones y tomates con la marinada y llévelo a hervir. Baje el fuego a lento y cocine unos 15 minutos más revolviendo suavemente hasta que los molondrones estén cocinados, pero con cuidado de que no se desbaraten.

Da para cuatro comensales.

Fricasé de cerdo

Se sabe que fricasé es palabra de origen francés y que es una receta presente en muchas cocinas. A nuestra región debe haber llegado no sólo con los colonizadores franceses, sino por influencia de la cultura de Francia en general, tan importante en la formación de la nacionalidad de diferentes países de América, incluyendo el Caribe, a partir de principios del siglo XVIII con la llegada de las ideas de la revolución francesa.

Pero el significado de la palabra es confuso, y según la fuente que se utilice hay variaciones. Así el Diccionario de la Real Academia de la Lengua Española dice que el fricasé es un «guisado de la cocina francesa, cuya salsa se bate con huevos». Por suerte existe una infinidad de libros de cocina francesa que ignoran esa definición de la Academia de la Lengua. Más confiable es la definición del diccionario Larousse en francés: «Carne cortada en pequeños trozos y cocinada en una salsa», pero que no da ninguna pista acerca de su preparación, sabor o aspecto.

Si alguien le hubiera dicho a mi abuela que la salsa del fricasé se hacía con huevo, se le hubiera reído en su cara. Es más, no he encontrado *ninguna* receta de fricasé con esa característica, aunque sí varias de fricasé de huevos, especialmente en Bolivia. Por demás, en toda Latinoamérica y el Caribe existen varias recetas de fricasé, más o menos parecidas, aunque no sólo de cerdo como ésta, sino también de pollo o ternera, al igual que en la cocina francesa.

En Cuba el fricasé no tiene nada de exótico, y el más popular es el de pollo, pavo u otra ave. Dice mi marido que él recuerda que cuando era niño y su familia completa se reunía para la cena de Nochebuena (un batallón de más de cuarenta comensales, ya que su madre tenía once hermanos y hermanas y todos venían con sus respectivos cónyuges e hijos), además de asar dos cerdos en el patio de la casa para el festín, se servía fricasé de gallina de Guinea junto con los frijoles negros, el arroz blanco, la yuca con mojo y la ensalada de lechuga, tomate y rábano. Y hablando de definiciones erradas, según algunas personas que recientemente han pretendido profetizar el destino de Cuba con la misma precisión y credibilidad que una gitana de feria, parece que mi marido estaba equivocado en cuanto a quiénes acudían a la cena familiar de Nochebuena, porque ahora hay quien dice que primos, primas, tíos, tías, abuelos, abuelas, cuñados y cuñadas no forman parte de la familia cubana. Resulta entonces que la cena debe haber sido con sus padres y un montón de ¿amigos?, ¿conocidos?, ¿visitantes?, ¿vecinos?, ¿transeúntes?, ¿personajes inexistentes?, ¿...?

Esta receta que comparto con ustedes, aunque no es de pollo, también es una favorita de los cubanos, como casi todos los platos de abundante salsa. Básicamente es el mismo con otro tipo de carne. Luego que la prueben, sustituyan el cerdo por pollo o por ternera, pero no por carnero, porque para esa carne los cubanos reservan la receta de «Chilindrón». (Ver receta.) Mientras la buscan, no se les ocurra acudir al Diccionario de la Academia para ver qué significa, porque la definición conspira contra el arte culinario.

1 kg (2 lbs.) de carne magra de cerdo (pierna o paleta)
1 kg (2 lbs.) de papas
1 taza de puré de tomate
1 taza de agua
½ taza de aceite neutro (maíz o colza)
½ taza de vino seco
½ taza de aceitunas deshuesadas
½ taza de pasas
¼ taza de alcaparras
2 cucharadas de vinagre de vino tinto
1 cebolla blanca grande
1 pimiento verde grande
2 dientes de ajo
1 cucharadita de orégano molido
1 hoja de laurel
½ cucharadita de pimentón dulce
½ cucharadita de cayena
Sal al gusto

Corte la carne en dados de aproximadamente 3 cm (1 ½ pulgada) de lado. Pele las papas y córtelas en dados del mismo tamaño que la carne.

Machaque los dientes de ajo pelados y corte finamente el pimiento y la cebolla.

Remoje las pasas en el vino seco por lo menos 15 minutos.

En una olla de hierro (preferiblemente) o en cazuela doble eche el aceite y ponga al fuego vivo. Sofría la carne en el aceite hasta que se selle y se dore uniformemente.

Añada las especias, el ajo machacado y la cebolla y ají picados. Mezcle el puré de tomate con el vinagre y viértalos en la cazuela. Añada las pasas con el vino seco, las aceitunas y el agua. Eche la sal y espere a que empiece a hervir. Cuando esté hirviendo, baje el fuego a lento y tape la cazuela.

Cocine a fuego lento 20 minutos y en este punto añada las papas cortadas. Siga cocinando a fuego lento hasta que la carne esté tierna y las papas muy blandas (aproximadamente 30 minutos).

Verifique que durante la cocción el líquido no se seque. Si hace falta, añada más agua.

Cuando la carne se ablande suba el fuego a vivo y destape la cazuela para reducir la salsa.

Retire la hoja de laurel y traslade el fricasé a una fuente honda.

Da para cuatro comensales.

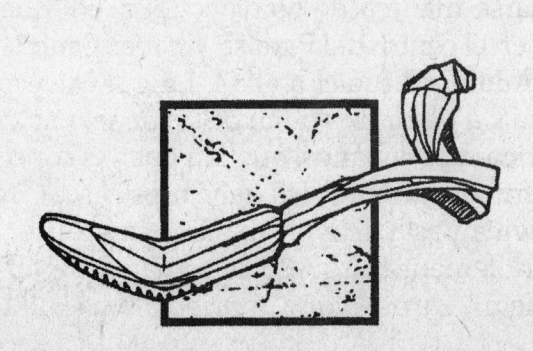

Masas de cerdo ahumadas

Un amable lector venezolano, el ingeniero Luis Russo, me envió en una oportunidad un correo electrónico para pedirme que le enviara la receta de «las famosas masitas de puerco, que los cubanos preparan exquisitamente». Tiene razón el ingeniero Russo al calificarlas de «exquisitas», pero la petición me causó un conflicto: por una parte, quería complacer a aquel nuevo amigo que me solicitaba algo gentilmente, pero por otra ya la receta se había publicado en la revista. No era lógico repetir algo ya publicado, pero no iba a hacer esperar a Luis a que se publicara este libro.

Por tanto, decidí escribir una variante de la receta y que es tan exquisita como la otra que Luis pedía. Es un plato que aprendí de una amiga de la provincia de Pinar del Río, la zona más occidental de Cuba donde se cultiva el mejor tabaco del mundo, la materia prima de los famosos habanos. Pinar, además, posiblemente haya aportado a la cocina cubana esa maravilla que es la naranja agria. Y no es que ese fruto sea oriundo de la zona, ya que en Cuba fue introducida desde Islas Canarias, el territorio español más cerca de África que de la Península Ibérica, sino que los inmigrantes canarios, que poblaron Pinar del Río y convirtieron a esa provincia en el paraíso del tabaco, la trajeron a Cuba y dejaron la naranja agria para siempre en nuestro recetario.

La cocina pinareña también gusta de ahumar las carnes e incluso a los asados le da un toque de ahumado al final. Eso sí, para ahumar debe usarse madera de guayabo, el árbol que bien hubiera podido estar en el centro del Paraíso y haber dado la fruta con que Eva tentó a Adán. ¿O fue él a ella? La guayaba madura es una fruta deliciosa y a pesar de ser tan dulce tiene más vitamina C que cualquier cítrico. Los cubanos, que tan buenas conservas preparamos con las frutas, hacemos los deliciosos cascos, la sin par mermelada, la divina pasta de guayaba. Los tres dulces se comen con queso, preferiblemente el queso fresco aunque también de otro tipo, y más de un europeo que al principio ha mirado con escándalo cómo servimos esa combinación, ha sucumbido después a su encanto hasta llegar a jurar por él y pregonar su excelencia.

Pero volvamos al ahumado. Debe usarse la madera algo húmeda, además de un poco de hojas, lo que aporta un aroma peculiar y el sabor característico a la carne. Independientemente de la receta de hoy, a cualquier carne —de res, de cerdo, de pescado o de ave— luego que se asa puede dársele un golpe del ahumado pinareño. Pruébenlo y descubrirán que les gustarán tanto como las masas fritas.

2 kg (5 lbs.) de carne de pierna de cerdo
10 dientes de ajo
1 cucharadita de pimienta negra molida
1 cucharadita de orégano molido
4 naranjas agrias
1 cucharadita de azúcar moreno
Sal al gusto
4 cucharadas de manteca de cerdo
Hojas y palos de guayabo

Limpie la carne de cerdo retirando toda la grasa. Córtela en trozos de aproximadamente 5 cm de lado (2 pulgadas).
Machaque en el mortero los ajos con el orégano y la pimienta. Añada el jugo de las naranjas agrias y el azúcar y revuelva bien.
Sale la carne y eche la marinada por encima. Revuelva para que toda la carne se empape en la marinada y déjela reposar lo menos 2 horas, aunque es mejor de un día para otro.
Corte la grasa que quitó de la carne en trozos muy pequeños (aproximadamente ½ cm de lado). En una olla de hierro pequeña eche la grasa cortada y añada 2 cucharadas de agua. Ponga la olla a fuego mediano y cocine hasta que el agua se reduzca y la grasa se convierta en manteca líquida. Revuelva de vez en cuando para que los chicharroncitos de empella no se peguen. Saque los chicharrones cuando estén bien dorados y eche sal al gusto. Se los puede ir comiendo mientras cocina las masas.
Prepare una parrilla sobre horno de carbón a fuego mediano. Añada unos palos de guayabo al carbón. Saque las masas de cerdo de la marinada y colóquelas en la parrilla. Píntelas alternadamente con la manteca de cerdo y el resto de la marinada mientras se van asando. Voltéelas para que doren parejo por todos lados.
Cuando estén doradas eche al fuego las hojas de guayabo. Tape la parrilla con papel de aluminio y deje que la carne se ahume al menos 10 minutos.
Retire las masas ahumadas de la parrilla y sírvalas con congrí y chatinos.
Da para seis comensales.

Lomo al carbón con salsa de vino tinto

Mi marido dice que él es uno de los responsables de la influencia de la cultura italiana en la cubana. Aunque en Cuba hubo poca inmigración proveniente de Italia alguna huella quedó, principalmente en el gusto que los cubanos tenemos por las pastas y otros platos italianos. Según mi marido, ahí entra su aporte.

De niño él vivió en Estados Unidos y asistió en New Rochelle, cerca de la ciudad de Nueva York, a una escuela de padres salesianos. Esa orden religiosa fue fundada por el sacerdote italiano Juan Bosco, por lo que muchos de los alumnos eran hijos de inmigrantes de Italia. Con ellos y sus familias mi marido descubrió distintos platos regionales italianos. De paso aprendió algo del idioma, que luego estudió hasta dominarlo.

Dice mi marido que cuando fue a Italia por primera vez, por razones de trabajo, tuvo una sensación como de regreso al hogar —recuerdos nostálgicos de su niñez, subrayados por los aromas de la cocina italiana que había conocido en la Pequeña Italia de Nueva York y por las hermosas sonoridades de la lengua italiana, reminiscencias de los sonoros apellidos de los amigos de su infancia, Laino, Secchi, Foti, Calcagno, D'Angelo, Costabile.

De cada uno de aquellos viajes me traía varias recetas de platos que había descubierto, a veces en la Lombardía, otras en la Toscana o el Veneto y sobre todo en Roma. Y de la maravillosa Roma es la receta que comparto hoy con ustedes, un plato sin muchas complicaciones, característica de la cocina romana, pero delicioso.

Claro, yo no pude dejar de cambiar algo, porque eso es lo que sucede cuando una receta viaja de un lugar a otro y echa raíces. Si pasa por otra cultura, por otros hábitos, deja de pertenecer a su origen para con el tiempo adoptar la ciudadanía local. Después de todo, a pesar de haber llegado desde China, ¿habrá alguien que piense que los *spaghetti, gnocchi, lasagna, tortellini, ravioli* y *canelloni* no son italianos sino chinos? Así que agregué a la receta lo que yo llamo la piedra filosofal de la cocina cubana: la naranja agria. Dice mi marido que ahora el plato ya no es lo que él probó por primera vez en una *trattoria* romana. Ahora sabe a cubano, aunque cuando se lo preparo, a pesar de la adaptación, le trae recuerdos de su niñez y del melodioso idioma que descubrió con sus amigos italianos en Nueva York.

1½ kilos (poco más de 3 lbs.) de lomo de res
2 naranjas agrias
4 dientes de ajo
2 cebollas blancas medianas
4 onzas de mantequilla
2 tazas de vino tinto
½ cucharadita de romero
½ cucharadita de orégano molido
Sal y pimienta al gusto

Con un cuchillo de punta fina haga varias incisiones transversales a la pieza de carne. Frote con sal y pimienta toda la superficie.

Machaque el ajo en el mortero y únalo con el jugo de las naranjas agrias. Vierta este adobo por sobre la carne y déjela marinar al menos dos horas antes de cocinarla.

Prepare una parrilla con abundante carbón y ponga a cocinar la carne de 6 a 7 minutos por cada lado para término medio.

Mientras la carne se cocina, derrita la mantequilla en una olla salsera. Agregue las especias y la cebolla cortada en rodajas y sofría a fuego medio hasta que la cebolla esté translúcida. Agregue el vino y deje reducir la salsa a la mitad. Retírela del fuego y déjela reposar.

Cuando la carne esté lista déjala reposar 10 minutos para que selle y no pierda el jugo al trincharla. Córtela en lascas finas y sírvala en fuente llana. Cuele la salsa en una salsera y sírvala aparte.

Da para seis comensales.

Filete de res asado a la parrilla

¿De cuántas formas se podrá hacer la carne a la parrilla? Debe ser de tantas como quesos hay en Francia. (Decía un político francés que era imposible gobernar un país que tuviera tantas variedades de queso: más de 500.) Muchas de estas maneras de asar un filete o un costillar o una tira de asado (como dicen argentinos y uruguayos) o piezas de diferentes cortes se parecen, aunque todas tienen su encanto. A veces por la forma de prepararla antes de cocinarla, a veces por el propio rito de la parrilla (encender el carbón o la leña (o el gas, aunque los puristas negarían toda parrilla que no sea al carbón o a la leña), esperar a que tenga la temperatura adecuada, a que sólo queden las brasas y se esparzan convenientemente, y mientras tanto beberse una cerveza helada (o varias), que es parte del rito.

Claro, que hay lugares que por tradición y fama son recordados de inmediato cuando hablamos de asar a la parrilla, y entonces habrá quien dirá que nada como el *barbecue* de Texas, y otro jurará por todos los santos que el secreto del asado argentino (o uruguayo o brasileño) lo entregó el mismo Dios (a un argentino, a un uruguayo o a un brasileño) cuando creó el Paraíso y la mejor carne del mundo (en Argentina, en Uruguay o en Brasil).

Sin embargo, como mi columna se circunscribe al Caribe, tengo que serle fiel a mi región. Pero para que vean que no nos quedamos atrás en eso de asar a la parrilla, con perdón de mis muchos amigos argentinos, uruguayos, brasileños y tejanos, les traigo esta semana no una, sino dos recetas de distintas zonas del Caribe —continental e isleña— que también tienen su tradición, aunque no tanta fama.

Una de las recetas es el churrasco nicaragüense, y aunque en ese hermoso país centroamericano y caribeño no hay grandes pampas ni enormes llanuras, sí tienen una carne de excelente calidad y unos asados de maravilla. Puede que alguien reconozca algún eco de otro lugar, pero estamos comunicados de maneras misteriosas y nos influimos mutuamente con muchas regiones.

La otra receta es de las islas caribeñas, de ninguna en específico, sino de un poco de aquí y otro poco de allá, con acentos reconocibles que se entremezclan y con similitudes a otras carnes asadas a la parrilla en cualquier lugar del mundo. El toque especial del Caribe lo da la salsa, el mojo o el adobo, que cualquiera de esos nombres sirve.

Aquí van pues las dos recetas, para chuparse los dedos.

Variante caribeña con salsa picante y especiada

1 filete de res de 3 ½ a 4 libras, bien limpio (da para 8 raciones abundantes).

Salsa picante y especiada

8 dientes de ajo, machacados
1 cucharada de jengibre fresco, bien picadito
1 mazo pequeño de cebollinos, limpios y bien picaditos
½ taza de hojas de perejil bien picaditas
½ taza de hojas de cilantro bien picaditas
1 ají jalapeño, sin semillas y bien picadito
2 cucharaditas de sal, o al gusto
2 cucharaditas de comino molido
2 cucharaditas de cilantro molido
2 cucharaditas de cúrcuma molida o azafrán
1 cucharadita de pimienta negra recién molida
¼ taza de aceite de oliva extra virgen
2 cucharadas de jugo fresco de lima

Doble la cola del filete (el apéndice delgado y aplanado) sobre el cuerpo del mismo y átelo con una cuerda de carnicero para que se mantenga en su lugar.

Prepare la salsa picante y especiada: Vierta el ajo, el jengibre, los cebollinos, el perejil, el cilantro, ají jalapeño, la sal y las especias verdes y secas en un mortero y redúzcalas a una mezcla espesa. Añádale el aceite de oliva y el jugo de lima. Déle el punto añadiendo sal o jugo de limón al gusto.

Utilizando la punta de un cuchillo, abra ranuras de ½ pulgada de profundidad y de ancho en la carne, dejando una distancia de 1 pulgada de separación entre ellas. Introduzca con los dedos la mitad de la mezcla (salsa) en las ranuras. Esparza el resto de la mezcla sobre la superficie de la carne, pero deje algo para el momento de asar. Coloque la carne en una bandeja inoxidable para hornear y déjela en adobo, tapada, en el refrigerador de 6 a 8 horas, volteándola ocasionalmente durante este tiempo.

Treinta minutos antes de cocinar la carne, encienda el horno para asados a la parrilla hasta que esté bien caliente o ponga a calentar el horno de la cocina con la parrilla colocada a una distancia de 3 pulgadas del fuego.

Ase el filete, volteándolo varias veces y untándolo con lo que haya quedado del adobo, aproximadamente 20 minutos para que quede medio a la inglesa; de 20 a 25 minutos para que quede término medio; y de 25 a 30 minutos para que quede a la española. Deje reposar 10 minutos antes de trinchar la carne. La carne puede servirse lo mismo caliente que fría.

Churrasco (variante nicaragüense)

1 filete de res de 3 ½ a 4 libras, bien limpio (da para 8 raciones abundantes).

Adobo

4 dientes de ajo, machacados
½ taza de perejil bien picadito
¼ taza de aceite de oliva extra virgen
¼ taza de vermouth seco
3 cucharadas de vinagre de vermouth o de vinagre de vino
1 cucharadita de pimienta blanca recién molida
1 cucharadita de sal

Corte el filete a lo largo, a favor de las fibras, en 4 tiras iguales. Corte las tiras de forma tal que saque bistecs de 10 pulgadas de ancho por ½ pulgada de grosor aproximadamente.

Mezcle todo los ingredientes del adobo en un recipiente inoxidable. Coloque la carne en el adobo y tápela; guárdela en el refrigerador 1 ó 2 horas, volteándola de vez en cuando durante este tiempo.

Encienda el horno para asados a la parrilla hasta que esté bien caliente o ponga a calentar el horno de la cocina con la parrilla colocada a una distancia de 3 pulgadas del fuego.

Escurra la carne y séquela con servilletas de papel. Ásela durante 1 minuto por cada lado si desea que quede a la inglesa; 1½ minutos por cada lado si la desea término medio; y 2 minutos por cada lado si la desea a la española. Sirva la carne asada acompañada del trío de salsas nicaragüenses.

Para ser fiel a la receta nicaragüense, este plato se sirve con un trío de salsas: chimichurri (ver «Salsas del Caribe»), salsa de tomate especiada, y una salsa especiada de cebollas encurtidas llamada «cebollita». Otros acompañantes típicos son el gallo pinto (arroz y frijoles colorados) y los maduros (plátanos maduros fritos).

Da para ocho comensales.

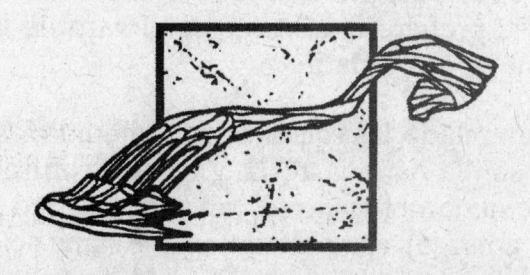

Brochetas de filete en salsa oscura

Los países famosos por su carne se enorgullecen de sus asados. Y con razón. En nuestras islas —sin extensiones como la enorme pampa argentina, o las grandes llanuras de América del Norte o los llanos comunes a Colombia y Venezuela— también criamos ganado, aunque no competimos en fama con la carne de otros países. No obstante, también disfrutamos de la carne asada, principalmente al carbón, aunque no sea con las proporciones heroicas de una media res al estilo argentino/uruguayo o del asado llanero colombiano/venezolano.

Pero mientras que en muchas partes se prefiere comer la carne agregando sólo sal y pimienta en la mesa, o bañándola después de cocinada con alguna salsa preparada industrialmente, a menudo subrayada de sabores artificiales que hacen que se corra el peligro de avasallar el del asado, nosotros adobamos amorosamente la pieza, la marinamos en jugo de naranja agria con distintas especias (nunca iguales, aún cuando se parta del adobo básico), de manera que la carne no sólo sabe a carne, como otra cualquiera, sino que sin perder su condición adquiere una categoría distinta.

La naranja agraria es en la cocina cubana lo que el gran Paracelso buscaba en la alquimia en el siglo XVI: el elemento principal de la creación, que él llamó *alcaesto* y que posteriormente se conoció como la «piedra filosofal», el disolvente irresistible capaz de transmutar en oro cualquier sustancia. Y así se transmuta la carne, sea de res, cerdo, cordero, ave e incluso pescado, al marinarse en el adobo o mojo preparado con naranja agria como base. Y esa marinada sirve posteriormente para la salsa, si es que de todas maneras se prefiere una, como es el caso de la receta que traemos en esta oportunidad.

Aquí se han mezclado las salsas de vino heredadas de las cocinas europeas con la naranja agria, y no hay contradicción, porque a pesar de su nombre y no ser tan agrio su jugo (hay quien la llama naranja amarga), el resultado no es de una acidez exagerada. La carne sigue reteniendo su esencia, dependiendo, claro está, de su calidad, y lo que la marinada hace es prepararla, acondicionarla, persuadirla, ablandarla y penetrarla con sus sabores para que la parrilla de carbón termine de hacer su magia. Ya verán cuando prueben esta receta.

1 filete (solomillo) de res de 1 kg (2 lbs.)
2 cebollas blancas medianas
1 pimiento verde grande
1 pimiento rojo grande
1 cucharadita de orégano en flor
1 cucharadita de albahaca triturada
1 cucharadita de romero triturado
4 cucharadas de aceite de oliva
2 cucharadas de mantequilla
1 ramito de perejil fresco
1 macito de cebollinos
2 tazas de vino tinto
1 naranja agria
Sal al gusto

La noche antes corte el filete a la mitad, longitudinalmente. Luego corte cada pieza otra vez a la mitad en el mismo sentido. Coloque las cuatro partes parejamente sobre la tabla de cortar y pique transversalmente en trozos de aproximadamente 2,5 cm (1 pulgada). Ponga los trozos en un recipiente de cristal y añada la sal, las especias secas y el jugo de naranja agria. Tápelo y déjelo marinar en el refrigerador hasta el día siguiente.

Al otro día limpie las cebollas y córtelas en rebanadas. Limpie los pimientos y córtelos en trozos de aproximadamente 1 cm por lado. Escurra bien los trozos de carne y reserve la marinada. Distribuya todos los trozos para preparar seis brochetas.

Prepare las brochetas ensartando primero un trozo de pimiento verde, luego una rodaja de cebolla y luego un trozo de carne. Repita alternando el pimiento rojo y el verde y termine la brocheta con pimiento rojo. Pinte las brochetas con el aceite de oliva y cocínelas al carbón dándoles vueltas hasta que se doren por fuera (aproximadamente 10 a 15 minutos, en dependencia del grado de calor), pero sin que se le cocinen demasiado, para que la carne quede jugosa en el centro.

Mientras se hacen las brochetas, corte finamente el perejil y el cebollino. En una cazuela ponga el aceite de oliva restante y la mantequilla. Coloque la cazuela a fuego mediano y saltee un minuto el cebollino con el perejil. Añada la marinada y el vino tinto, y cocine revolviendo hasta que la salsa se reduzca un poco (aproximadamente 5 minutos). Apague el fuego y déjela reposar hasta que las brochetas estén listas.

Sirva las brochetas en fuente plana y vierta la salsa por encima o sírvala aparte en salsera.

Da para seis comensales.

Boliche mechado

Los lectores de mi columna en la revista *Progreso Semanal* ya saben que recibo peticiones de recetas y que con mucho gusto las complazco. Lo curioso es que una vez, con pocas horas de diferencia, me escribieron dos personas pidiéndome la misma.

Una de ellas, Rogelio Protacio, ya me había escrito anteriormente para agradecerme las instrucciones para el pollo en cazuela (ver receta). Esa otra vez me pedía cómo hacer el boliche mechado, un típico plato caribeño de carne. También enviaba saludos a mi esposo, lo cual a él le encanta. Dice mi marido que eso demuestra que los lectores aprecian sus comentarios acerca de las recetas de su abuela.

El otro mensaje era de Manuel Vivero, que parece ser de Puerto Rico. Manuel me felicitaba por la columna y también me pedía la receta del boliche, que él llamaba «lechón de mechar en puertorriqueño». Las felicitaciones de ambos las comparto con todos los lectores y lectoras, que hacen posible mi columna y me estimulan con sus cartas y peticiones (y por supuesto, también con mi marido, que es quien prueba todos mis platos y me ayuda muchas veces a prepararlos).

Así que para Rogelio y Manuel, mis dos nuevos amigos, la receta del Boliche Mechado, que por la aclaración que Manuel me hace del nombre se demuestra su común naturaleza caribeña. La diferencia puede estar en lo que se usa para mechar o rellenar el boliche (hay muchas posibilidades), y además que en la versión que conozco se usa carne de res y no de cerdo, como se hace en Puerto Rico. Pero el origen es el mismo, la herencia española que a su vez se empariente por allá por Europa con el *rosbif* inglés.

Prueba de esa herencia común de España es también el nombre del plato, ya que «boliche» se refiere a una pieza de la res, más pequeña que la que los carniceros llaman «bola» y muy apreciada como carne para asar. Bola y boliche están unidos y en conjunto vienen a ser algo así como la nalga de la vaca. Es lo que en inglés se conoce como «rump», que es el cuarto trasero de cada lado del animal.

Un boliche entero de 2 kg (4 ó 5 lbs.)
1 chorizo gallego
50 g (2 oz.) jamón
50 g de tocino
1 kg (2 lbs.) de papas de primavera, pequeñas y redondas
2 tazas de jugo de naranja agria
2 cucharaditas de orégano en flor
1 cabeza mediana de ajo
2 cebollas grandes
1 taza de vino blanco seco
1 taza de aceite neutro
Sal al gusto

Se perfora el boliche con un cuchillo fino longitudinalmente en tres lugares de la pieza y se hacen como túneles de un extremo a otro.

Rellene uno de los huecos con el chorizo picado a lo largo, primero una mitad y después la otra.

En otro de los huecos introduzca el jamón en trozos pequeños hasta rellenar bien.

El tercer hueco rellénelo de la misma manera con el tocino. Ya está mechado el boliche.

Si lo prefiere puede utilizar frutas y vegetales como relleno para sustituir el chorizo, el jamón y el tocino. Estos pueden ser zanahoria, apio, cebolla, piña, pasas, aceitunas, almendras, y cuanto le dé la imaginación.

Para preparar la marinada machaque en el mortero el ajo pelado con el orégano. Añada el jugo de naranja agria y el vino. Revolver.

Frote el boliche con sal y báñelo con la marinada. Tápelo y déjelo en el adobo de un día para otro en el refrigerador.

Para cocinarlo, caliente el aceite en una olla de hierro lo suficientemente grande para que quepa el boliche entero. Escurra el boliche y póngalo en la olla. Vaya dándole vuelta a la carne hasta que esté bien dorada por todas partes y haya «sellado» bien (dorar la carne hasta tostarla por fuera, para mantenerla jugosa por dentro mientras se cocina).

Añada la marinada, las cebollas cortadas en rodajas y agua suficiente para cubrir el boliche.

Tape la olla y baje el fuego a lento. Cocine la carne hasta que esté blanda. El boliche estará listo cuando al insertar un tenedor de cocina las fibras se separen fácilmente. Este proceso lleva de 2 a 3 horas y puede necesitar más agua.

Cuando la carne esté blanda añada las papas peladas y cortadas en dos. Destape la olla y póngala a fuego vivo para que se reduzca la salsa y se cocinen las papas.

Para servir el boliche, córtelo en rebanadas (después de dejarlo reposar para que selle los jugos) y sírvalo en fuente con las papas alrededor y la salsa encima.

Da para ocho comensales.

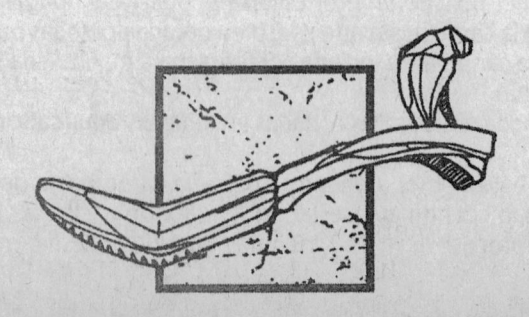

Picadillo a la habanera

(A la memoria de Mireya)

La receta de esta semana es un homenaje. Sí, porque siempre estoy citando a mi marido acerca de las proezas de su abuela en la cocina, de lo bien que hacía el arroz con pollo, de que si los plátanos maduros fritos, en fin, de sus recuerdos de niño cuando su abuelita, como la Úrsula Iguarán de *Cien años de soledad,* reinaba desde la cocina.

Esta semana la homenajeada es otra abuela, pero la mía, la que hacía el picadillo más sabroso y de quien heredé esta receta y su secreto. Ambos los comparto con ustedes.

El secreto es una lección de humildad: el picadillo, para que quede como debe ser, hay que hacerlo con falda, esa modesta carne que tradicionalmente se usa para sopa. Hay quien después de hecha la sopa la utiliza para otros platos —deshilachada y entomatada («Ropa vieja») o frita con ajo y cebolla, bien crocante («Vaca frita»).

Decía una amiga prejuiciosa que la falda es «carne de gente pobre». Puede ser, pero hay muchos platos sencillos, de la gente sencilla, que con el tiempo se han convertido en el alma de cocinas nacionales.

Otra amiga —ésta muy querida— me contó que su padre, carnicero de barrio de gente trabajadora, atendió un día a una clienta que se daba sus aires. La mujer llegó y le pidió al padre de mi amiga una libra de filete. Lo dijo en voz bien alta, para que todos supieran que iba a comprar la carne más cara.

Para José, el carnicero, aquella era una venta importante. Sacó el filete del refrigerador, afiló su mejor cuchillo y cortó amorosa y precisamente un trozo. Luego puso un papel encerado en la balanza y colocó encima el pedazo de filete como una joya en su estuche. La balanza marcó un suspiro por encima de una libra, pero José no le dio importancia y envolvió la pieza para entregarla al cliente.

«Espere, José, que es para hacer picadillo. Haga el favor y muélame el filete». Y echó una mirada alrededor acompañada de una sonrisa de orgullo, como para cerciorarse de que todos supieran de su derroche.

José la miró con toda seriedad desde su íntimo conocimiento de la carne. Desenvolvió la pieza, abrió el refrigerador y la colocó dentro nuevamente. Luego se volvió a la pretenciosa compradora.

«Señora», le dijo, apoyando con firmeza las manos en el mostrador, «aquí no se muele filete. Y el picadillo se hace con falda. Si quiere, puede ir a otra carnicería».

Los demás clientes que esperaban su turno, rompieron a aplaudir. Esa fue la recompensa del padre de mi amiga. Quizás no fuera tan buen negociante, pero su orgullo profesional le impedía cometer aquella barbaridad.

1 kg (2 lbs.) de falda de res molida
1 cebolla grande
1 pimiento verde
2 dientes de ajo
2 cucharadas de vinagre
1 taza de vino blanco seco
1 taza de puré de tomate
4 cucharadas de aceite
½ taza de aceitunas sin semillas
½ taza de pasas
1 cucharada de alcaparras
½ cucharadita de orégano
1 hoja de laurel o ½ cucharadita de laurel en polvo
½ cucharadita de cayena
Sal al gusto

Corte la cebolla y el pimiento en trozos pequeños. Machaque el ajo en el mortero con las especias, añada el vinagre y revuelva bien. Ponga las pasas a hidratar en el vino.

Ponga el aceite a calentar en una olla de hierro o en cazuela de doble fondo. Eche el picadillo y la sal y sofríalo hasta que pierda el color rojo.

Añada el puré de tomate, la mezcla de vinagre y especias, y el vino con las pasas. Revuelva bien y cocine tapado a fuego mediano por 15 minutos.

Destape la olla y añada las aceitunas picadas y las alcaparras. Cocine destapado por otros 10 minutos para que espese la salsa.

Sírvalo con arroz blanco y huevo frito, a «La Habanera».

Da para ocho comensales.

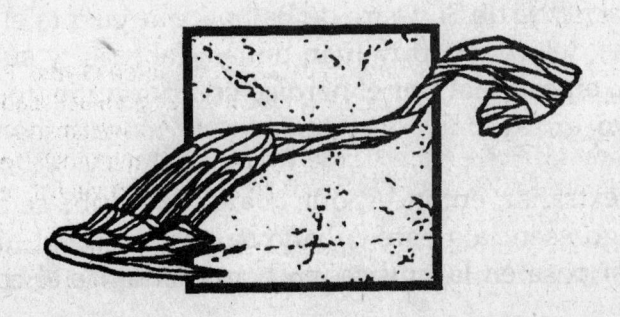

Pulpeta a la criolla

Según el Diccionario de la Lengua Inglesa de Webster, en Estados Unidos se llama criollo *(creole)* a los habitantes generalmente urbanos de Luisiana que descienden de los primeros colonizadores franceses y españoles de la región. También se utiliza para algunas costumbres, principalmente la cocina, provenientes de esas culturas y transformadas con el paso de los años y al contacto con otras. Pero en nuestras Antillas, aunque se utilizó el término con significado parecido, tenía más énfasis en el hecho de haber nacido en las colonias que en la ascendencia, en considerarse algo que más tarde engendraría una nacionalidad. Era un término de confrontación con el poder de la metrópoli.

En ese sentido, tenía más similitud con el término «colonial» utilizado para describir a los nacidos en los territorios británicos que más tarde serían Estados Unidos.

Es decir, en Cuba desde mediados de los años 1800 en que se afianza el concepto, el criollo se enfrentaba al sentido de ser español, era el portador de las ideas de la cubanía —y por tanto más tarde de la independencia—, era quien comenzaba a hablar de manera diferente a sus antecesores, a hacer una música distinta, a tener otras costumbres y, por supuesto, a crear su propia cocina.

Según algunos estudiosos, las primeras manifestaciones de lo criollo en Cuba se encuentran en un poema épico de 1608, *El espejo de paciencia* de Silvestre de Balboa, que cuenta el secuestro por piratas del obispo fray Juan de las Cabezas y su posterior liberación, en especial por el heroico comportamiento de un negro esclavo.

No es de extrañar, entonces, que cuando en Cuba se quiera hablar de algo esencialmente cubano se le agregue el término de criollo. Así pasa en la música, en la que además el compositor

Jorge Anckerman creó por la segunda decena del siglo XX el género de «criolla», una música lánguida que generalmente alude a características del país y sus habitantes.

Y aún menos de extrañar es que tantos platos de nuestra cocina lleven el adjetivo de criollo para subrayar la cubanía. Así no hay mejor marinada que el «mojo criollo», para diferenciarlo del «mojo isleño» que nos llegó con los inmigrantes españoles de las de Islas Canarias, ni mejor forma de comer el picadillo que «a la criolla» —que por magia de las herencias culturales se sazona entre otras cosas con aceitunas, pasas y alcaparras, tres cultivos no precisamente muy tropicales—, ni mejor manera de asar un cerdo que los varios modos «criollos» de hacerlo, bastante generalizados en muchos países, salvo por el uso del indispensable mojo criollo.

Por lo tanto esta condición puede estar definida por unos ingredientes, por la manera de hacer el plato o a veces por otro que lo acompaña o vaya usted a saber por qué misterios indefinibles, por qué conjunto de cosas que hacen que lo cubano se diferencie de otras nacionalidades.

De todo esto, proviene la receta que comparto con ustedes esta semana.

¾ kg (1½ lb.) de carne molida de res
¼ kg (½ lb.) de jamón molido
1 cebolla blanca grande
1 pimiento verde grande
4 dientes de ajo
3 huevos hervidos
2 huevos crudos
2 tazas de galleta molida
½ taza de aceite
1 cucharadita de orégano molido
½ cucharadita de laurel molido
½ cucharadita de cayena
1 naranja agria
1 taza de vino tinto seco
¼ taza de vinagre de vino tinto
1 taza de puré de tomate

½ taza de aceitunas rellenas con pimiento
Sal al gusto

Corte muy finamente la mitad de la cebolla y la mitad del pimiento.

Mezcle la carne de res con el jamón y eche la cebolla y el pimiento picados, el jugo de naranja agria y mezcle bien todo. Añada los dos huevos crudos ligeramente batidos, sal al gusto y suficiente galleta molida como para que pueda formar una bola consistente.

Aplaste la masa de carne sobre una tabla polvoreada con el resto de la galleta molida y ponga en el centro los huevos hervidos enteros. Enrolle la masa alrededor de los huevos y cierre bien las puntas. Debe quedarle como un cilindro uniforme. Ruédelo suavemente sobre la galleta molida de la tabla para que se polvoree bien por fuera.

En una cacerola de fondo plano donde quepa el cilindro de carne, caliente el aceite y fría la carne por fuera a fuego vivo, dándole vueltas hasta dorarla bien por todos lados.

Mientras la carne se dora corte el resto de la cebolla y del pimiento en tiras finas y machaque el ajo con las especias en el mortero.

Cuando la carne esté bien dorada y sellada, añada la cebolla, el pimiento, el ajo con especias y el puré de tomate, el vino y el vinagre. Baje a fuego lento y cocínela por 20 minutos virando la pulpeta un par de veces para que se bañe bien en la salsa. Añada las aceitunas cortadas en rodajas.

Si se secara mucho puede añadir un poco de agua mientras se cocina. Si le queda muy aguada la salsa, suba el fuego y déjela unos minutos más para que reduzca.

Cuando esté lista, retire del fuego y dejela refrescar un poco. Coloque la pulpeta sobre una tabla de cocina y corte en rebanadas de 2 ó 3 centímetros de ancho. Póngalas en la fuente de servir y eche la salsa por encima.

Da para seis comensales.

Albóndigas especiales

Recuerdo una vez que mi prima Ana comió en casa estas albóndigas especiales que hacía mi madre. Ana fue a vivir a Estados Unidos desde que tenía siete años, ya que su padre trabajó como corresponsal de una agencia de prensa en Nueva York y después fue miembro de la misión diplomática de Cuba en Naciones Unidas. Vivió en Estados Unidos muchos años, e incluso se casó con un norteamericano.

Una vez, siendo adolescente, ella y su familia vinieron a Cuba de vacaciones. Ana seguía siendo cubana de corazón, pero le faltaban muchas experiencias, entre ellas las de haber crecido comiendo día a día nuestros platos. Ignoraba muchas cosas de nuestra cocina, aunque rápidamente las iba reaprendiendo (o en otros casos recordándolas), y pronto le tomó el gusto nuevamente.

Un día llegó de visita por la mañana y mamá insistió en que se quedara a almorzar. «¿Cómo iba a venir su sobrina a la casa e irse sin comer?» Impensable para una familia cubana.

El plan de Ana era salir conmigo, comernos una hamburguesa e irnos al cine.

—Quédate —le dijo mamá—, que voy a hacer albóndigas.

—¿Albóndigas? —preguntó Ana, que no recordaba la palabra.

—*Meat balls* —le dijo mi padre en su inglés culto, pero de fuerte acento cubano—. Te encantaban cuando eras pequeña.

Mamá hizo sus maravillosas albóndigas, que ella llamaba «especiales» porque agregaba ingredientes y magias.

Nos sentamos a la mesa y Ana miraba extrañada. No sólo no recordaba ese plato que tanto le había gustado cuando tenía cinco o seis años, sino que lo veía en un entorno extraño, en la mesa una fuente de arroz blanco refulgente, otra con dorados plátanos maduros fritos y una tercera con las tajadas de aguacate con varios tonos de esmeralda.

Ana, que a veces me decía algunas palabras en inglés cuando quería que otros no se enteraran de lo que hablábamos o cuando olvidaba alguna en español, se inclinó hacia mí y me preguntó en voz baja:

— *Where is the spaghetti?*

Mi padre la oyó, le tradujo a mi madre (que ya había comprendido) y todos reímos de buena gana. Para Ana, las albóndigas eran parte de un sólo plato, de los *spaghetti and meat balls* que había conocido en Nueva York, tan inseparables como nuestro arroz con frijoles.

Mamá le contó las influencias árabes de nuestra cocina, además de la española, africana, china y el largo etcétera que compone nuestra nacionalidad, y le dijo que le enseñaría otros platos que pudieran parecer de otras regiones, pero que son bien cubanos.

El final ustedes pueden imaginarlo.

Ana probó las albóndigas, las elogió, comió en silencio y pidió que le sirvieran más.

½ kg (1 lb.) de carne molida de res
250 g (½ lb.) de jamón molido
4 zanahorias pequeñas
1 cebolla blanca grande
1 pimiento verde, sin semillas y cortado a la mitad
4 dientes de ajo, pelados
2 cucharadas de jugo de lima
Sal al gusto
2 huevos
1 taza de galleta molida
½ taza de harina de trigo
1 taza de puré de tomate
½ cucharadita de orégano molido

½ cucharadita de cayena
½ cucharadita de malagueta *(allspice,* pimienta inglesa)
1 taza de vino tinto
¼ taza de aceite

Pase por la batidora la cebolla, el ajo, el pimiento y el jugo de lima para hacer el condimento. Ralle la zanahoria con rallador fino.

Mezcle la carne de res con el jamón y añada el batido de condimento y sal al gusto.

Añada la zanahoria rallada y mezcle bien. Añada los huevos ligeramente batidos. Amase la mezcla añadiendo poco a poco la galleta molida hasta tener una consistencia adecuada para moldear las albóndigas.

Moldee las albóndigas en bolas de aproximadamente 2 centímetros de diámetro. Envuélvalas en la harina de trigo.

En una cazuela de doble fondo eche el aceite y ponga a fuego mediano. Cuando el aceite esté caliente dore las albóndigas poco a poco por todos lados. Retire las albóndigas y baje el fuego a lento.

En el aceite sobrante eche el resto de la harina con que envolvió las albóndigas. Revuelva con cuchara de madera para hacer un *roux*. Añada el vino tinto, las especias secas y el puré de tomate. Revuelva bien.

Ponga todas las albóndigas en la cazuela junto con la salsa y cocínelas tapadas a fuego lento 10 minutos. Destape la cazuela y rectifique el punto de sal. Deje reducir la salsa hasta que tenga consistencia cremosa, pero muy suave.

Da para seis comensales.

Albóndigas del recuerdo

No vayan a creer que esta receta tiene poderes mágicos y sirve para recuperar la memoria. Lo que sucede es que este plato está ligado a dos recuerdos personales: uno el de mi padre, a quien le encantaban las albóndigas, especialmente éstas que conoció por mí, y otro de una colega y amiga, cubana ciento por ciento, pero descendiente de árabes del Líbano que habían emigrado a Cuba en los años de la Primera Guerra Mundial, época del gran éxodo libanés, especialmente hacia América.

A Cuba llegaron muchos libaneses, la mayoría cristianos maronitas, que se dedicaban al comercio o a profesiones como la medicina, y sus descendientes se convirtieron en cubanos y dejaron en nuestra nacionalidad la huella cultural que aprendieron de sus padres. Nada extraño a nosotros, pues junto con la cultura española llegó a la isla la influencia que los árabes habían dejado en España, bastante grande por cierto, en el idioma y las costumbres. La misma palabra del plato de hoy, albóndiga, proviene de *al-bunduga*, que en árabe quiere decir avellana, debido a la forma de las bolas de carne y porque originalmente se hacían del tamaño de ese fruto. Muchas más comidas, conocimientos y palabras de la cultura árabe han enriquecido nuestra vida.

Ni mi padre ni mi madre pensaban en la cocina árabe cuando en casa se comían albóndigas. Además, la receta de mi madre, que está incluida aquí (ver «Albóndigas Especiales»), se hacen con carne de res, no de carnero, tienen ingredientes insignia de la cocina cubana —ajo, abundante cebolla, pimiento, otras especias— y se cocina en una espesa salsa de tomate, la base española de gran parte de nuestra cocina. A mi padre le encantaban y Mamá lo complacía a menudo.

Un día mi amiga almorzó en casa y mi madre había hecho albóndigas. Le encantaron, pero al ver el disfrute de mi padre y los elogios que le daba a mi madre, quiso regalarme la receta que su familia había traído a Cuba.

Cuando comencé a prepararla supe de inmediato que era una delicia, pero le hice una adaptación que yo estaba segura que le venía muy bien. Como sorpresa para mi padre, sustituí parte de la harina de trigo de la receta original por *gofio*, una mezcla de harina (de maíz o trigo tostado) y azúcar que mi padre adoraba de su época de niño en Islas Canarias, donde nació. Los inmigrantes canarios trajeron el gofio a Cuba y durante años fue muy popular, sobre todo agregado a la leche de los niños, quienes también lo comían sólo como una golosina. Hoy en día ya no se consume tanto, pero aún quedan recetas en nuestra cocina y en la cocina regional de Canarias donde el gofio se sigue utilizando. Para acentuar el toque cubano, agregué chatinos al menú.

Un día desplacé a mi madre de la cocina, a pesar de sus protestas, y preparé las albóndigas de mi amiga. No tengo que decir que mi padre las disfrutó tremendamente. Y también mi madre. Por eso les puse «Albóndigas del recuerdo».

1 lb. de carne de carnero molida
1 taza de zanahoria rallada
1 cebolla blanca grande rallada
1 cucharadita de sal
1 cucharada de jugo de lima ácida
1 taza de gofio
2 huevos
¼ de taza de harina
¼ de lb. de mantequilla
4 cucharadas de miel
½ taza de vino seco
¼ cucharadita de pimienta negra molida

Mezcle la carne con la zanahoria, la cebolla, la sal y el jugo de limón. Añada los dos huevos batidos, el gofio y amase la mezcla para unirla bien. Forme las albóndigas de aproximadamente tres centímetros de diámetro. Se obtienen alrededor de dieciséis.

En una sartén plana a fuego medio derrita la mantequilla y deje que tome color. Pase las albóndigas por la harina y dórelas en la mantequilla a fuego vivo, dándoles vueltas hasta que doren parejo. Baje el fuego a lento y añada la miel, el vino seco y la pimienta. Cocine aproximadamente 10 minutos hasta que estén bien hechas y la salsa se reduzca un poco.

Da para cuatro comensales.

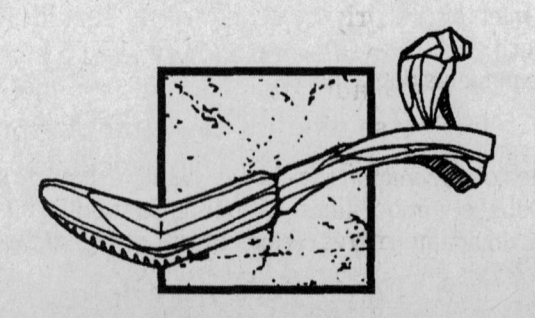

Chilindrón de carnero

Según el sabio cubano don Fernando Ortiz (1881-1969), antropólogo, etnógrafo y folclorista, cuya obra sirve aún en la actualidad como fuente para descifrar muchas de las raíces de lo cubano, «el chilindrón es una especie de estofado muy sustancioso, hecho con carne de carnero y particularmente de *chivo* (cría de la cabra)... La canción popular recuerda el destino mejor que espera a tan preciado animal». Y cita Don Fernando la melodía que nadie cantó como Ignacio Villa, el sin par «Bola de Nieve», que mi colega María de la Soledad disfruta tanto:

> *Chivo que rompe tambor,*
> *con su pellejo paga.*
> *Y lo que es mucho peor,*
> *en chilindrón acaba.*

El chilindrón se hace hoy preferentemente de carnero, por ser animal de mejor y más carne, aunque se siga diciendo que es de chivo aún en esos casos. Algunos puristas, de esos que juran por la tradición, dicen que trocar chivo por carnero es una barbaridad, pero la tradición la hacen los pueblos, y lo cierto es que actualmente el plato ya casi no se hace con chivo.

Aunque Ortiz escribe —pero no asegura, como sí hace en otros casos— «nos dicen que chilindrón es voz vizcaína», algo que el Diccionario de la Real Academia Española no consigna en la etimología de la palabra, en Cuba el chilindrón es considerado por muchos como plato de origen africano. Es servido en fiestas de «santos», como les llaman también a los *orishas* o mensajeros divinos de la Regla de Ocha, aunque no como parte del rito, sino del banquete habitual que se da a los asistentes a estas celebraciones. Si algún lector se interesa por las particularidades de estos tipos de alimento, les recomiendo que busquen un maravilloso libro de la importante antropóloga Natalia Bolívar, llamado *Mitos y leyendas de la comida afrocubana*.

Independientemente de su origen, de sus posibles implicaciones religiosas y de algunos prejuicios de los que consideran que ésta y otras recetas son de origen «vulgar», «pobre» o alguna otra tontería *snob*, el chilindrón es comida predilecta del cubano cuando celebra con amigos y/o familiares alguna ocasión especial. Es, sin duda, plato festivo. Y también sin duda, delicioso.

4 libras de cogote y pierna de carnero, troceadas transversalmente, hueso incluido.
6 dientes de ajo
2 cebollas blancas medianas
1 pimiento verde grande
1 pimiento rojo grande
½ cucharadita de cayena
½ cucharadita de pimentón dulce
½ cucharadita de orégano molido
½ cucharadita de comino molido
1 hoja de laurel
Jugo de 4 naranjas agrias
2 tazas de puré de tomate
1 taza de vino blanco seco
Sal al gusto
½ taza de aceite neutro
Agua según se necesite

Ponga en una fuente honda de cristal los trozos de carnero. Para preparar la marinada machaque el ajo en el mortero con las especias y añada el jugo de naranja agria. Revuelva bien.

Frote con sal las piezas de carnero. Vierta la marinada por encima y cubra todo con las cebollas y los pimientos cortados en rodajas. Deje reposar la carne en el refrigerador de un día para otro.

Para hacer el chilindrón, eche el aceite en una olla de hierro grande y caliéntelo bien. Saque los trozos de carnero del adobo y escúrralos. Dore pocas piezas a la vez en el aceite caliente. Retire los trozos de carne y reserve. Eche la marinada en la olla, añada el puré de tomate y el vino seco, eche los trozos de carnero, revuelva bien y póngalo a fuego lento. Cocine hasta que la carne se ablande. Este proceso puede llevar de 1 a 1 ½ horas, en dependencia de lo tierno que esté el carnero. Es necesario ir añadiendo poquitos de agua para que no se pegue la carne. Cuando esté blando y la salsa se haya reducido, retire la hoja de laurel y sirva el chilindrón caliente.

Da para ocho comensales.

Pierna de carnero asada a la albahaca

Cuando los colonizadores españoles llegaron a Cuba, junto con sus aperos de labranza y animales de trabajo y de alimento e implementos de cocina trajeron sus costumbres alimentarias. Es común pensar, por lo tanto, que la cocina cubana tiene un componente principal proveniente de España y unas pocas influencias que aportaron los esclavos traídos de África. Pero lo que no se tiene en cuenta es que de la propia España llegaron a Cuba los componentes de otras culturas, ya parte integral de la cultura española.

Aunque la mayoría de los cubanos cuentan entre sus antepasados con españoles oriundos de Galicia, Asturias, Islas Canarias o Cataluña, de donde provino el grueso de la inmigración española en el siglo xix, desde el siglo xvi la mayor parte de los españoles llegados a la isla provenían de Andalucía y Extremadura, dos regiones que desde el año 711 hasta 1492 estuvieron, junto con otras, bajo dominio árabe. Poco es de extrañar que hayan quedado en la lengua y las costumbres, en la literatura y la cocina, en la música y en la arquitectura, las huellas de la cultura árabe que enriqueció a Occidente mucho más de lo que algunos están dispuestos a reconocer —especialmente en estos tiempos. Sirva de muestra el filósofo, físico, jurista y teólogo hispanoárabe Averroes (1126-1198), nacido en Córdoba, quien fue el introductor del pensamiento aristotélico en Occidente. Su figura ocupa un lugar de honor en la historia de la filosofía medieval. De la misma manera que así pasaron a las colonias españolas en América elementos de la cultura árabe, también las primeras influencias africanas no llegaron de África, sino de la península española junto con los esclavos que vinieron con sus amos desde España.

Es en el lenguaje y la cocina donde más claramente se ven estas influencias. Para los que creen que el español sólo proviene del latín, busquen en un diccionario y encontrarán muchas palabras que comienzan con la partícula *al*. Si la partícula está seguida de *f* (alfarero, alfanje, alférez), *g* (algarabía, algodón, algarroba), o *b* (albacea, albacora, albañal, albahaca) o contiene *h* intermedia (almohada, alhaja, alcohol) probablemente provenga del árabe. Y es precisamente la albahaca, palabra derivada del árabe hispánico *alhabáqa* y ésta a su vez del árabe clásico *habaqah*, la reina de esta receta. Su uso y cultivo nos llegó de España junto con el carnero, y este plato, que llegó a mi familia no sé por cuáles vericuetos de la transculturación, es un resultado más de esta maravillosa mezcolanza, de esta «algarabía» cultural que es el Caribe.

1 pierna de carnero más o menos 2 kg (5 lbs.)
4 tazas de jugo de naranja agria
1 taza de aceite neutro (maíz o colza)
2 tazas de vino blanco seco
1 taza de vino tinto
2 cucharadas de harina de trigo
8 a 10 dientes de ajo
1 cucharadita de orégano molido
1 cucharadita de comino molido
1 taza de hojas frescas de albahaca
1 cucharadita de salsa inglesa
Sal al gusto

Retire bien la grasa de la pierna de carnero. Haga incisiones con la punta de un cuchillo en las partes más gruesas de la carne.

Machaque en el mortero los dientes de ajo conjuntamente con el orégano, el comino y la mitad de las hojas de albahaca. Añada sal y frote la pierna con esta mezcla. Introduzca la mezcla en las incisiones.

Bañe la pierna con el jugo de naranja agria y déjela marinar por lo menos dos horas.

Retire la pierna de la marinada y cúbrala con el aceite. Póngala en la tartera del horno y encienda el fuego a medio bajo.

Mezcle 1 taza del vino blanco con la marinada y mientras la pierna se va cocinando bastee a intervalos con esta mezcla. Hornee aproximadamente 1½ horas por kg para que quede bien cocinada (40 minutos por libra).

Cuando la carne esté cocinada retírela del horno y póngala a refrescar sobre la tabla de cocina para trincharla.

Mezcle la taza de vino blanco restante con las dos cucharadas de harina, el vino tinto y los jugos del asado. Añada la salsa inglesa y el resto de las hojas de albahaca y rectifique el punto de sal. Cocine la salsa en una sartén a fuego medio hasta que espese.

Lasquee la pierna y sírvala en fuente llana con la salsa aparte.

Da para seis comensales.

Empanada criolla

En varios de nuestros países, principalmente en República Dominicana y Puerto Rico, la empanada es uno de los platos de fiesta. Aunque también se preparan en cualquier fecha otras empanadas, casi siempre fritas (ver «Empanadas de Yuca»), esta llamada «Criolla» o con otro nombre y horneada, se reserva para ocasiones festivas y se sirve como plato adicional.

En tierras caribeñas que fueron colonizadas por España heredamos la costumbre de las empanadas gallegas —rellenas de ave o de mariscos—, las cocas mallorquinas —principalmente con sardinas y otros pescados y que en mi casa se hacían en Semana Santa—, y de otras exquisiteces regionales.

Mi marido aún atesora con nostalgia el recuerdo de los días de celebración de fiestas familiares en su niñez. Durante el día iban llegando a casa de la abuela todos los familiares —tíos, tías, primas y primos— y mientras los niños corrían por el gran patio y trepaban a los árboles frutales, los hombres jugaban dominó junto a un barril de cerveza fría, y las mujeres comenzaban bien temprano la elaborada preparación de la cena. Dice mi marido que había muchos aromas, pero ninguno como el de la empanada cuando comenzaba a convertirse en magia en el gran horno de ladrillos que su abuelo le había construido a la abuela en el patio.

¡Y cómo esperaban los niños que la abuela sacara las tres o cuatro grandes tarteras de aquel horno! Resulta que junto con las empanadas de la cena ella siempre ponía a hornear empanadas más pequeñas para que los nietos las probaran antes.

En realidad no es un plato fácil. Lleva tiempo de trabajo y quizás por eso se reserva para ocasiones especiales. Pero una se siente recompensada, porque al final, cuando sale del horno con su hermoso color dorado, cantando aromas indescriptibles, a todos se les hace la boca agua. ¿Y qué mejor premio puede pedirse que ver esas caras de felicidad mientras se anticipan los sabores?

Para la masa

500g (1 lb.) de harina de trigo
1 cucharada de levadura instantánea
¾ taza de agua tibia
¾ taza de aceite
1 cucharadita de sal
1 cucharadita de pimentón

Para el relleno

250g (½ lb.) de carne molida de res
250g (½ lb.) de carne molida de cerdo
125g (¼ de lb.) de jamón molido
1 cebolla mediana finamente picada
2 dientes de ajo machacados
1 taza de puré de tomate
½ taza de vino blanco seco
2 cucharadas de aceite
½ taza de pasas
½ taza de aceitunas rellenas con pimiento cortadas en rodajas
Sal al gusto

Para el mojo

Jugo de 2 naranjas agrias
6 dientes de ajo machacados
2 cebollas en rodajas
2 pimientos en rodajas
1 taza de puré de tomate
2 cucharadas de aceite

Prepare primero el relleno. Ponga las pasas a remojar en el vino. En una sartén grande caliente el aceite y sofría la cebolla picada y el ajo machacado. Añada las carnes molidas, el puré de tomate y las pasas con vino. Cocine tapado a fuego lento hasta que las carnes estén hechas (aproximadamente 10 minutos). Destape y suba el fuego y deje secar bien el picadillo. Añada las aceitunas, revuelva, retire la sartén del fuego y deje refrescar destapado.

Prepare entonces la masa. Cierna la harina con la sal y el pimentón sobre la tabla de amasar y abra un pozo en el centro. Deslía la levadura en el agua y añádale el aceite. Revuelva bien y eche esta mezcla en el pozo de la harina. Una todo cubriendo con harina hacia el centro, hasta que mezcle toda la harina con el líquido. Forme una bola, tápela con un paño húmedo y déjela reposar una hora.

Mientras la masa reposa prepare el mojo. Eche en la sartén el aceite y póngala a fuego vivo. Añada el ajo machacado, la cebolla, el pimiento y sofría hasta que la cebolla esté translúcida. Añada la naranja agria y el puré de tomate, revuelva bien y apague el fuego. Tape la sartén y déjela reposar hasta usarlo.

Debe amasar la masa durante 20 minutos hasta que tenga buena elasticidad y esté completamente lisa. Si resultara muy seca y se pega, úntese las manos de aceite y vuelva a amasar.

Corte la masa en dos porciones iguales y extienda cada una con el rodillo hasta formar un rectángulo uniforme del tamaño de la tartera del horno. Extienda una de las partes en la tartera sin engrasar. Extienda encima el picadillo y rocíe con el mojo. Tape con la otra porción de masa y píntela con 4 yemas de huevo batidas con 2 cucharadas de azúcar moreno.

Ponga la tartera en horno mediano 20 minutos hasta que crezca bien. Suba la temperatura a fuerte y cocine hasta que dore parejo.

Déjela refrescar unos 15 minutos dentro del horno. Sáquela y córtela en porciones en la misma tartera. Sírvala caliente.

Da doce porciones aproximadamente.

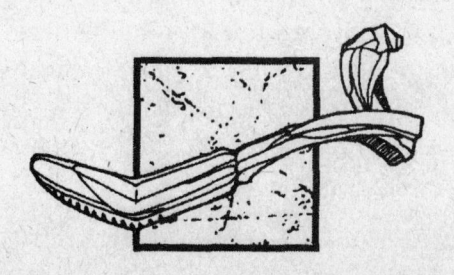

Aves

Pechugas de pollo en salsa de frutas

El pollo es un favorito de casi todas las cocinas, hasta en la de aquellos lugares donde originalmente no existía, como en el caso de las Américas hasta que los colonizadores lo trajeron de Europa. Las aves, sin embargo, no eran ajenas a la mesa de los habitantes del Caribe, por lo que con la llegada del pollo al archipiélago fue asimilado con facilidad a la cocina regional.

Imagino a los pollos viajando en jaulas en los barcos de descubridores y colonizadores, listos a servir de alimento a las tripulaciones, pero también como pioneros de una nueva cocina, sin saber —por supuesto— ni imaginar —por supuesto también— que estaban haciendo historia. Iban al encuentro de otros pueblos, a mezclarse con condimentos y costumbres para insertarse en el Nuevo Mundo donde surgiría una cultura diferente, mestiza e hija de la unión de varias civilizaciones.

Es así en esencia cómo se forman las cocinas nacionales y regionales, a partir de importaciones y materiales propios, en una mezcla sabia que el tiempo legitima y atempera, transforma y evoluciona, hasta llegar a su vez a influir en otras. Igual pasa con razas y culturas.

Volviendo al pollo, sucede que al llegar al Caribe se encontró para su sorpresa —la suya y la de los cocineros europeos— que los habitantes nativos no tenían mucha conciencia —o ninguna— de que el postre era algo separado de los otros platos, por lo que las frutas podían ser parte del plato principal como la carne, las aves o el pescado. Esta costumbre se reforzó aún más en las islas colonizadas por los ingleses —aunque está también bastante generalizada en toda la región— debido a la inmigración asiática, principalmente de la India, quienes a su vez contribuyeron a la formación de las cocinas del Caribe.

Es así como aves, carnes rojas, pescados y mariscos se fundieron con frutas propias y de otras tierras como mangos, piñas, naranjas, papayas, cocos, toronjas... Esta receta es una muestra. Sin ser específicamente de una de las cocinas caribeñas, es un poco de todas. Con variantes se puede encontrar en la mayoría de ellas, pero tiene sobre todo una mayor cercanía con las islas de habla inglesa.

2 pechugas de pollo deshuesadas y sin piel
4 onzas de mantequilla
Jugo de una lima ácida
Sal y pimienta
2 tajadas de fruta bomba (papaya)
4 rodajas de piña
Jugo de una naranja
½ taza de pasas
2 tazas de vino blanco seco
1 cucharadita de maicena
½ taza de agua

Corte las pechugas a la mitad y póngalas a marinar unas dos o tres horas en el jugo de lima, sal y pimienta.
Pele la fruta bomba y córtela en dados pequeños. Exprima la naranja y reserve el jugo. Pele y corte la piña igual que la fruta bomba. Ponga las pasas en el vino blanco a hidratar durante 15 minutos.
En un wok derrita la mantequilla. Escurra las pechugas de la marinada y sofríalas hasta dorarlas ligeramente. Añada la marinada, el jugo de naranja, la piña y el vino con las pasas. Tape el wok y cocine todo a fuego lento por 15 minutos hasta que las pechugas estén hechas.
Retire las pechugas y póngalas en la fuente de servir.
Añada la fruta bomba picada a la salsa y cocínela a fuego vivo 2 minutos. Mientras, deslía la maicena en el agua y añádala a la cazuela. Revuelva constantemente la salsa para espesarla. Viértala encima de las pechugas.
Da para cuatro comensales.

Pechugas de pollo a la Madeleine

Aunque la mayoría de mis recetas provienen de la tradición familiar, hay muchas que he aprendido de amigas y amigos que han compartido conmigo sus platos favoritos. Éste, por ejemplo, es una buena muestra de algo que nació en una tierra ajena, pero que por medio de un proceso mágico y la imaginación de una amiga puede considerarse parte de nuestra cocina. Originalmente ella la aprendió en Londres, donde prestó servicio diplomático junto con su esposo. Por cierto, fueron ellos dos los que me descubrieron una receta maravillosa incluida en el libro (ver «Camarones en escabeche»).

Aparentemente, al ver que entre los ingredientes hay manzana y pasas se puede pensar que no tiene mucho que ver con el Caribe, pero la adaptación que mi amiga hizo de la receta la convirtió definitivamente en nuestra: usó naranja agria para preparar la marinada. No piensen que es poca cosa, ya que la naranja agria *(Citrus aurantium,* L.) es, como he dicho en otra ocasión, la piedra filosofal de la cocina cubana. Capaz de transformar cualquier carne, ya sea de res, cerdo, carnero, pollo e incluso pescado, sirve igualmente de vehículo para otros sabores en dependencia del mojo o marinada que se prepare. En el caso de esta receta, se mezcla sólo con ajo, pero también se hace con cebolla y orégano, para preparar el mojo del cerdo asado, o con manteca de cerdo, chicharrones y ajo para la yuca con mojo. Hay muchos tipos de mojo a partir de la naranja agria y todos son maravillosos. Esta receta convierte la pechuga de pollo, que no es precisamente una carne de mucho sabor (aunque sí sana y, como decía mi abuela, «agradecida», porque acepta con facilidad otros ingredientes), en una nueva experiencia.

Así que disfruten de esta receta de mi amiga Madeleine, que aunque se originó en Londres ella supo transformarla para poner en su plato el sol y la brisa del Caribe.

4 pechugas de pollo deshuesadas y sin piel
4 dientes de ajo
1 naranja agria
1 manzana de cocina
¼ taza de pasas
2 cebollas blancas grandes
4 onzas de mantequilla
Sal y pimienta al gusto

Separe las dos mitades de cada pechuga. Prepare una marinada con el ajo machacado y el jugo de naranja agria.

En un recipiente de cristal coloque las pechugas, eche sal al gusto y vierta por encima la mezcla de ajo y naranja agria. Coloque el recipiente en el refrigerador hasta el día siguiente.

Con la mitad de la mantequilla engrase un molde de cristal donde quepan las pechugas en una sola camada. Coloque las pechugas y eche la marinada por encima.

Pele la manzana y córtela en dados pequeños (aproximadamente ½ cm de lado). Corte la cebolla en dados pequeños igual que la manzana.

En una sartén derrita el resto de la mantequilla y saltee la manzana, la cebolla y las pasas, hasta que la cebolla esté translúcida. Vierta esta mezcla por encima de las pechugas. Polvoree con pimienta negra recién molida.

Cubra el molde con papel de aluminio y colóquelo en horno lento por unos 30 minutos. Retire el papel de aluminio y suba la temperatura del horno a fuerte. Deje cocinar alrededor de cinco minutos más para dorar ligeramente.

Da para ocho comensales.

Pollo beliceño

Una de las muchas maneras que tengo de aumentar mi recetario es por las experiencias de amistades. La que comparto hoy con ustedes es ejemplo de lo que escribo. Hace un tiempo Susana, una amiga de muchos años, nos invitó a mi marido y a mí a comer en su casa. Por su profesión de enfermera ha estado en muchos lugares en misiones de ayuda que Cuba brinda a países menos desarrollados. Siempre trae de regreso nuevas amistades y recetas deliciosas. La que comimos en su casa aquel día y que yo incorporé con gusto a mi recetario es de Belice, la antigua colonia británica en Centroamérica, de donde la trajo Susana.

Muchas veces cuando hablamos del Caribe pensamos sólo en las islas, pero la costa occidental de América Central, una parte de México y la costa caribeña de Colombia y Venezuela deben ser incluidas con toda justicia al hablar de este Caribe nuestro. En la cocina de estas partes es donde mejor se ve su carácter caribeño. Belice no es excepción y en sus recetas se encuentran ecos de la influencia británica, mexicana y del resto del Caribe, principalmente de las islas. Tan lejos que estamos, y sin embargo a los beliceños, como a cubanos, dominicanos, puertorriqueños y otros pueblos de la región les encanta el arroz y los frijoles negros. Otra prueba más de que bajo las aguas de nuestro mar hay vasos comunicantes que nos unen con fuerza.

Aquella comida en casa de Susana fue un éxito. Anoté la receta y unas semanas más tarde la hice en casa, como siempre, antes de recomendarla. Luego invitamos a otros amigos y le dimos a probar la receta que nos enseñó Susana. Fue otro éxito.

1 pollo de 1 ½ a 2 kg (3 ó 4 lbs.)
4 cucharadas de aceite
Jugo de dos limones
2 cebollas blancas grandes
1 cucharadita de orégano molido

1 cucharadita de pimentón dulce
½ cucharadita de cayena
½ cucharadita de laurel molido
Sal al gusto

Quite la piel al pollo y lávelo con el jugo de limón.
Trocee el pollo en octavos. Mezcle las especias secas con la sal y restriegue las postas de pollo con esta mezcla. En Belice se le llama «recado» (así, en español) a esta mezcla de especias secas.
En una cazuela doble de fondo plano o en olla de hierro, eche el aceite y póngalo al fuego vivo.
Cuando el aceite esté caliente dore las postas de pollo, unas pocas a la vez, para dorarlas bien. Cuando termine de dorarlas, ponga todas las postas en la cazuela y cúbralas con las cebollas peladas y cortadas en rodajas.
Tape la cazuela y baje el fuego a muy lento. Déjelo cocinar despacio revolviendo de vez en cuando hasta que el pollo esté cocinado, aproximadamente 45 ó 50 minutos.
Destape la cazuela y deje reducir la salsa.
Sírvalo caliente sobre arroz blanco.
Da para cuatro comensales.

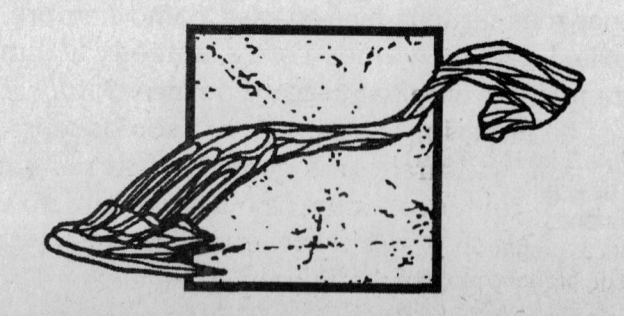

Pollo a la manzana

Las frutas han sido ampliamente usadas en la cocina caribeña, al igual que en las de otros países, pero me parece a mí que con criterio mucho más amplio en el Caribe. Sin embargo, debido al extraordinario dulzor de casi todas ellas, a gente ajena a nuestras tierras le parece extraño que algunas formen parte de un plato principal. Eso es porque una de las características de nuestra cocina —y las de otros países de climas cálidos y buenas frutas—, es mezclar sabores dulces con sabores salados. Pero una vez que lo prueban desaparecen los prejuicios.

Otras veces encontramos frutas con sabor menos pronunciado y menos dulce, como es el caso del aguacate o de la fruta del pan, casi siempre comidas en ensalada o como acompañante, aunque en algunos países las usan también de otras maneras. Los mexicanos lo hacen de manera muy imaginativa. Hace años, cuando mi marido viajó a Cancún, por primera vez, probó un helado de aguacate que le pareció delicioso. Y en su viaje más reciente a México, adonde fue a impartir un curso, unos alumnos quisieron jugarle una broma. A media mañana lo invitaron a probar una pasta dulce de tamarindo que todos saboreaban y a la que pensaron que mi marido no estaba acostumbrado. La razón es que estaba condimentada con un chile suave que muchos mexicanos comen con las frutas e incluso dan a los niños.

Lo que no sabían era que su profesor cubano es un ávido comedor de chiles de todo tipo. La broma fue para ellos y mi marido obtuvo de regalo una nueva experiencia.

¿Pero qué hace la manzana en un plato caribeño? Bueno, ¿y por qué no? He escrito anteriormente que todos somos consecuencia del mestizaje, tanto cultural como genético. Los norteamericanos son grandes aficionados a la manzana, y ¿es la manzana norteamericana? ¿Y hay algo más norteamericano que el pastel de manzana? ¿No fue importada originalmente?

En nuestro caso caribeño, aunque nuestro clima caliente y húmedo no es propicio para el cultivo de las frutas de países templados sí sabemos apreciarlas y las hemos aceptado como propias, de la misma manera que la caña de azúcar, el mango y el tamarindo, que nos llegaron de Asia y hoy las consideramos tan nuestras. Por otra parte, las cocinas europeas que trajeron los colonizadores nos dejaron también muchos ingredientes que hoy son parte de nuestra cultura, aunque confieso que incluso a nosotros a veces nos parezcan un tanto exóticos. De todas maneras, cuando prueben esta receta que comparto hoy con ustedes, verán que tiene el toque de nuestra región. A pesar de las manzanas.

2 kg (4 ó 5 lbs.) de muslo y encuentro de pollo
4 manzanas verdes de cocina
¼ libra de mantequilla
1 cebolla blanca grande
2 dientes de ajo
2 naranjas agrias
Sal al gusto
1 taza de vino blanco seco
½ cucharadita de cayena
½ cucharadita de canela molida
½ cucharadita de clavo molido
½ cucharadita de nuez moscada rallada
½ taza de pasas sin semilla

Retire la piel de las porciones de pollo.
Machaque el ajo en el mortero con la sal y añada el jugo de las naranjas. Corte las cebollas en rodajas gruesas.
En un recipiente hondo de cristal o porcelana ponga las piezas de pollo y cúbralas con las rodajas de cebolla. Eche encima la mezcla de jugo de naranja agria con ajo y déjelo marinar por lo menos dos horas.
Pele las manzanas y quite los corazones. Córtelas en secciones de un dedo de grueso.
Remoje las pasas en el vino blanco durante 15 minutos.
Derrita la mantequilla en un sartén grande y saltee las secciones de manzana a fuego vivo hasta que empiecen a cambiar de color. Añada el vino blanco con las pasas y las especias y retire del fuego.
Coloque en un molde de horno las porciones de pollo con las cebollas y la marinada. Eche por encima las manzanas preparadas con la mantequilla, el vino y las especias.
Cocine en el horno a 180ºC (350ºF) por una hora aproximadamente o hasta que el pollo esté blando. Suba la temperatura del horno a 250ºC (420ºF) y cocine unos diez o quince minutos más para reducir la salsa y que se doren las manzanas.
Da para ocho comensales.

Pollo asado en cazuela

A veces las equivocaciones son una suerte y en estos días, a consecuencia de dos de ellas, tengo nuevos amigos. Resulta que una simpática pareja, Luis y Karina Sereix, que viajaron a Cuba y disfrutaron del «aire de Varadero» —como dicen ellos—, le escribieron a María Soledad, la autora de la columna de «Arte y Cultura» en nuestra revista, para agradecerle la receta de los Frijoles Negros al Aljibe (ver receta) y pedirle la forma de hacer el pollo asado al Aljibe.

No me disgusta en lo absoluto que me hayan confundido con María de la Soledad —a quien conozco y quiero desde hace mucho, y además con quien alterno el espacio en la revista—, mucho menos si por la equivocación puedo complacer a Luis y Karina. La segunda equivocación es que ellos confundieron el aljibe con El Aljibe. Me explico.

En la receta para los frijoles negros escribí que la había aprendido de mi abuela y que nunca supe «por qué la llamaba así (probablemente ella tampoco lo sabía), con esa sonora palabra que pasó del árabe al español, y que en nuestros países se usa indistintamente para significar cisterna o pozo». Luego, los frijoles al aljibe tienen que ver con mi abuela, y no con el restaurante habanero El Aljibe, adonde Luis y Karina fueron a comer un pollo asado maravilloso, y donde también cocinan unos excelentes frijoles negros «dormidos» —muy espesos. (Otro lugar donde los hacen muy ricos es en La Bodeguita del Medio, la cuna del «Mojito», esa maravillosa mezcla de jugo de lima, azúcar, ron blanco, agua de soda y un ramito de hierbabuena.)

Al ver que mis frijoles (es decir, los de mi abuela) eran al aljibe, pensaron que era la receta de los del restaurante. El error era totalmente lógico. Por eso piden la receta del pollo asado «al Aljibe», que por cierto, es en cazuela. ¿Queda claro que hay algo más que una diferencia de mayúsculas?

Ahora bien, la receta del pollo asado de ese lugar es un secreto de familia celosamente guardado. Se originó en el primer restaurante que se llamó así, cerca de El Wajay, en las afueras de la ciudad, donde había un antiguo pozo más que centenario (por eso el nombre). Hoy El Aljibe, en el barrio de Miramar de la ciudad, está dirigido por los hijos del antiguo fundador, únicos que conocen la manera de preparar el mojo para su pollo asado. Es posiblemente el restaurante de más éxito en La Habana (y también de Varadero, porque abrieron otro igual allí).

Confieso que a pesar de haberlo comido en El Aljibe hay ingredientes que se me escapan. De todas maneras, el pollo asado en cazuela es un plato típico de la cocina de varios países caribeños y yo tengo una receta que está también para chuparse los dedos.

Así que para Luis y Karina, este pollo, que aunque no es exactamente igual al de El Aljibe, se le parece. Pruébenlo y díganme después si les gustó. Y si así lo creen, como ustedes parecen tener sentido del humor, cuando alguna vez quieran comentar acerca de la columna de Arte y Cultura, escriban a mi dirección. Yo reenviaré el mensaje a María de la Soledad.

1 pollo de más o menos 3 libras
½ taza de aceite de soya o de girasol (no de oliva)
1 taza de agua
1 cebolla blanca grande
6 dientes de ajo
1 cucharadita de orégano molido
4 cucharadas de jugo de lima
Sal al gusto

Limpie el pollo, córtelo en cuartos y quítele la piel y el exceso de grasa. Póngalo en un recipiente grande y frótelo con sal.
En el mortero machaque bien el ajo con el orégano y añada el jugo de lima. Eche la mezcla encima del pollo y déjelo marinar por lo menos una hora.
Corte la cebolla en rodajas.
En cazuela grande de hierro o en cazuela de doble fondo eche el aceite y póngalo al fuego hasta que esté bien caliente.
Escurra bien los trozos de pollo y dórelos uno a uno en el aceite caliente.
Cuando todos los trozos estén dorados, échelos todos en la cazuela y añada la marinada. Eche encima las rodajas de cebolla y el agua. Tape la cazuela déjelo a fuego muy lento, hasta que el pollo se ablande bien (aproximadamente 30 minu-

tos). Destape la cazuela y déjelo al fuego hasta que se reduzca la salsa. Vigile el nivel de líquido, pues no debe secarse antes de que el pollo se cocine por completo. Añada agua si es necesario.

No puedo garantizarlo, pero me atrevería a decir que la receta del restaurante El Aljibe usa dos ingredientes comunes en nuestra cocina y que yo he sustituido, uno de ellos porque es más sano y el otro porque no se encuentra fácilmente en todos los lugares. Tampoco le quitan la piel y la grasa al pollo. Si usted no tiene problemas de colesterol o algún otro que se lo impida, sustituya el aceite vegetal por 4 cucharadas de manteca de cerdo, y si tiene naranja agria, use 1 ½ tazas de su jugo en vez del jugo de lima. El procedimiento es el mismo —salvo el detalle de la piel—, pero el sabor mejora considerablemente. Es tan tentador como un pecado.

Da para cuatro raciones.

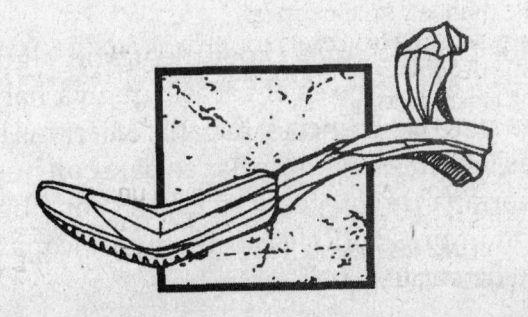

Pollo estofado

La cocina de nuestros países está llena de nombres de platos heredados de Europa y de otros lugares, pero no siempre el resultado es el mismo que viajó de otros continentes al nuestro. Y eso se debe fundamentalmente a que las raíces de nuestras culturas tienen varios orígenes. Aquí se mezclaron esos elementos para convertirse en algo nuevo, diferente de lo original, de la misma manera que en la química la unión de dos sustancias puede tener como resultado la creación de otra con características disímiles de las de sus componentes.

Es por eso que el sabio cubano Fernando Ortiz (1891-1969), refiriéndose a las múltiples etnias y culturas que conformaron la nacionalidad cubana, la comparaba con un plato de nuestra cocina, el ajiaco, una mezcla variada de carnes y vegetales, ni sopa ni guisado, y que está presente en la cocina de varios de nuestros países caribeños, a veces con otros nombres (ver «Sancocho Dominicano»).

De la misma manera nuestras cocinas están llenas de influencias europeas, africanas, árabes y asiáticas debido a las múltiples inmigraciones, unas veces en plan de conquista y otras en busca de nueva vida. Nuestros países sufrieron las primeras de distinta manera, pero al final las culturas colonizadoras resultaron, en cierto sentido, asimiladas y hay quien dice que con el paso de los siglos fueron «derrotadas» al convertirse en materia prima para la formación de nuestras nacionalidades.

Ejemplo de los cambios que experimentaron algunos platos al viajar de Europa al Caribe es el fricasé, que ya había sido transformado en su paso de Francia a España. Mientras que en la cocina española es un guisado cuya salsa se bate con huevos, en Cuba la salsa es huérfana de huevos y se espesa con abundante pasta de tomate. Son imprescindibles aceitunas y alcaparras (ver receta de «Fricasé de cerdo»).

La receta de hoy también ha tenido sus agregados y sustituciones en la cocina cubana. Mantiene los principales ingredientes y la manera de guisarse con la cazuela tapada, para que no pierda vapor y aromas, pero tiene los ecos orientales del jengibre, los americanos del ají cayena (llamado siempre equivocadamente «pimienta» sin que lo sea) y el agregado de la zanahoria. Otro ejemplo de las transformaciones que hemos hecho en nuestras tierras de las buenas (y a veces malas) influencias recibidas. Y otro ejemplo más de que en nuestra región, se ha creado una cultura como el ajiaco que decía Ortiz, con ingredientes de todas partes, pero con un resultado singular y distinto.

1 pollo de 1½ a 2 kg (3 a 4 lbs.)
2 cebollas blancas
2 dientes de ajo
1 zanahoria mediana
1 hoja de laurel
½ cucharadita de orégano en polvo
¼ cucharadita de comino
½ cucharadita de cayena
½ cucharadita de jengibre rallado
½ taza de aceite de oliva
1 taza de vino tinto
Sal al gusto

Limpie el pollo, retire y deseche la piel. Córtelo en octavos.
Machaque el ajo en el mortero con la sal y las especias y mézclelo con el vino tinto. Vierta la mezcla por encima del pollo y déjelo marinar por lo menos dos horas.
Corte la cebolla en rodajas y la zanahoria en cuadritos pequeños.
Vierta aceite de oliva en una olla de hierro y colóquela a fuego vivo. Escurra los trozos de pollo de la marinada y dórelos en el aceite.
Cuando todos los trozos de pollo estén de color uniforme, añada la marinada y baje el fuego a muy lento.
Añada por encima la cebolla y la zanahoria. Cubra la olla y deje cocinar hasta que el pollo esté muy blando —aproximadamente 45 minutos.
Da para cuatro comensales.

Pollo en salsa de maní

Esta receta también es respuesta a otro lector, esta vez masculino. Alguien que me escribió desde Nueva Orleáns y firmaba su mensaje como «Un Chef Cajun», me decía que no hay cocina como la de su cultura y me aseguraba que pierdo mi tiempo promoviendo los platos de una cocina «sin personalidad propia, sólo una mezcla bastarda».

Lamento que considere «una mezcla bastarda» a la cocina caribeña, porque en realidad es el resultado de una rica combinación de culturas y razas. Lo lamento, además, porque la cultura *cajun* (se pronuncia *queiyun*) tiene una historia similar. Para los no familiarizados con la palabra les diré que el término *cajun* es una corrupción de la palabra «Acadia», la región de Canadá adonde emigraron colonos franceses en el siglo XVI, y que comprende las actuales provincias de Nova Scotia, New Brunswick e Isla del Príncipe Eduardo.

En 1755 los colonos *acadianos* fueron expulsados por los ingleses y después de deambular durante años unos tres mil llegaron a Louisiana, donde se asentaron. Allí los acadianos se mezclaron con otros grupos étnicos, adoptaron muchas de sus costumbres y en el proceso se convirtieron en un nuevo grupo cultural: *los cajuns*.

Hoy su cocina tiene elementos franceses, españoles, anglo-estadounidenses, indios y africanos, tanto que muchos estudiosos hablan de la cocina criolla-*cajun*, como una sola, pues resulta difícil separarlas. (Lo de «criolla» es por Nueva Orleáns.) ¡Vaya, una mezcla como hay pocas, de las que no le gustan a mi lector reticente! Lo que quizás le guste menos es que tiene muchos puntos de contacto con la cocina caribeña a partir de algunos ingredientes culturales comunes. Estoy segura —bueno, en realidad me gustaría— que si él llega a conocer algo más de nuestra cultura cambie de opinión. Un día se encontrará que la manera que tenemos de preparar el quimbombó tiene muchas similitudes con el *gumbo* que seguramente él disfruta. Y puede que también descubra que los prejuicios que han hecho a algunos despreciar la rica e interesante cultura cajun son también muy parecidos a los prejuicios dirigidos contra los caribeños.

Por tanto, la receta de esta semana está dedicada a mi lector *cajun*. Es un plato que tiene influencias de muchos lugares y que está relacionado a un pollo con maní que comí en París en un pequeño restaurante de St. Germain de Pres, donde cocinaba, servía a los clientes y conversaba con ellos una simpática y sonriente senegalesa.

Encontrarán ecos de África, pero también del Lejano Oriente por las especias que uso, y de mis ancestros europeos por la forma de cocinar. En resumen, muy caribeño.

Así que olvide sus prejuicios, «Chef Cajun», y pruebe este Pollo en salsa de maní. Usted, que hace tan bien en defender su cultura, estoy segura de que podrá apreciar la de otros.

1 pollo de 1½ a 2 kg (3 a 4 lbs.)
1 taza de maní tostado y pelado
1 taza de puré de tomate
1 taza de caldo de pollo
1 cebolla grande picada finamente
2 cucharadas de aceite
½ cucharadita de cayena (o más, al gusto)
¼ cucharadita de jengibre
¼ cucharadita de clavo de olor molido
½ cucharadita de orégano
4 dientes de ajo pelado y machacado
2 cucharadas de vinagre
4 cucharadas de vino blanco seco
Sal al gusto

Corte el pollo en octavos y cocínelo en olla de presión con agua que lo cubra y sal al gusto durante 25 ó 30 minutos. Saque el pollo, quite la piel y los huesos y deje las masas en trozos grandes. Reserve una taza del caldo.
Pase el maní por la batidora hasta que quede parte en polvo y parte en trozos pequeños.

En una cacerola de fondo plano eche el aceite y saltee la cebolla picada y los ajos hasta que estén translúcidos. Agregue las masas de pollo, la taza de caldo, las especias, el vinagre, el vino y la salsa de tomate. Añada el maní molido y revuelva bien.

Cocine a fuego lento por 15 minutos aproximadamente, hasta que la salsa espese. Rectifique el punto de sal.

Sírvalo con arroz blanco, plátanos maduros fritos y ensalada verde.

Da para cuatro comensales.

Pollo de miel

¿Cuántos platos hemos comido cuya magia reside en la salsa? Tomen, por ejemplo, unos camarones, hiérvanlos en agua con sal, pélenlos, límpienlos y sírvanlos con salsa tártara. Son sólo camarones hervidos, ¡pero qué diferencia si se comen solos!

La idea de condimentar un plato de esa manera se debe a los romanos, quienes a su vez lo aprendieron de los griegos y la impusieron a lo que conocemos arbitrariamente como mundo occidental (después de todo, Europa se encuentra al este de América, así que bien podríamos llamar a la civilización que floreció en Grecia y Roma «mundo oriental»).

Pero tan romana fue esa influencia en nuestra cultura que le debemos también la palabra. En latín *salsa* es la forma femenina de *salsus*, que significa «sazón con sal» (*sallere* es la forma verbal), y así pasó al italiano y al español. En francés se convirtió en *sauce*, y de esa forma debió haberla llevado Guillermo el Conquistador a Bretaña cuando decidió darse un paseo por allá, ganar la batalla de Hastings, hacerse de un reino y de paso aportar el vocablo al futuro idioma inglés.

Uno de los ingredientes preferidos de los romanos para sus salsas era la miel y junto con el nombre deben haber exportado la receta a sus colonias europeas. Nosotros los caribeños heredamos de Europa el uso de la miel en la cocina, pero también de la cultura de la India, que llegó al Caribe junto con las sucesivas oleadas de inmigrantes. También es parte de la herencia de la cultura árabe, por doble vía: una directamente de la inmigración que llegó a nuestra área del Medio Oriente y África del Norte, y otra a través de Es-paña, principalmente de la sureña región de Andalucía, donde tanta maravillosa influencia dejó el Califato de Córdoba (939-1301 DC), el más grande reino árabe que haya existido.

Esta receta la trajeron de España mis tatarabuelos inmigrantes y la reproduzco casi sin variación. Mi abuela, quien junto con mi madre me enseñó mucho de lo que sé de cocina, decía que su propia abuela le contaba que la había aprendido de una amiga andaluza que aunque tenía el muy español nombre de Juana llevaba el apellido de Maffiq. Así estaba anotado en la libreta donde mi abuela atesoraba sus recetas y que yo heredé. Quien sabe si a través de los años y las anécdotas el nombre se haya desvirtuado, pero lo que sí queda es la maravilla que aprendí y que comparto hoy con ustedes.

1 pollo de 1½ a 2 kg (3 a 4 lbs.)
2 cebollas blancas medianas
2 dientes de ajo machacados
½ taza de miel
½ taza de leche entera
1 taza de vino blanco
½ cucharadita de pimienta blanca recién molida
½ taza de aceite
2 cucharadas de mantequilla
Sal al gusto

Corte el pollo en octavos. Sazónelo con la sal y la pimienta. Corte las cebollas en rodajas.
En una cazuela plana de doble fondo ponga a derretir la mantequilla y el aceite a fuego mediano, sin dejar que cambien de color. Sofría el ajo machacado, eche los trozos de pollo y dórelos en la grasa.
Baje el fuego a lento y cubra el pollo con las rodajas de cebolla. Tape la cazuela y déjelo cocinar 5 minutos a fuego lento.
Mientras tanto, en un bol bata la miel con la leche. Sin dejar de batir añada el vino blanco poco a poco. Siga batiendo hasta que la mezcla esté espumosa.
Vierta la mezcla de miel con leche y vino encima del pollo. Tape nuevamente la cazuela y siga cocinando a fuego muy lento unos 15 minutos más, hasta que el pollo esté blando.
Destape la olla y suba el fuego a mediano para reducir la salsa. Tenga cuidado de que no se pegue. La salsa debe quedar suave y ligeramente dorada.
Da para cuatro comensales.

Croquetas de pollo a la campesina

Las croquetas de mi madre son famosas en la familia y entre las amistades que las han probado. Tienen una costra tostada, casi crujiente, que luego al morderlas se vuelven toda suavidad, con una masa cremosa cuya base es una salsa bechamel. Ya sean de pollo, de jamón, de pavo, de carne de res o de cerdo —de lo que uno se pueda imaginar—, el día que mamá hacía croquetas era día de fiesta.

Y hablando de fiesta, cuando se celebraba algún cumpleaños en casa y hacíamos nosotras el buffet, las croquetas (eso sí, más pequeñas) rivalizaban con los camarones rebozados y las salchichitas envueltas en bacón, otras dos exquisiteces de mamá. Recuerdo que cuando se puso de moda decir a este tipo de buffet «comida con dedos», un invitado que lo probó por primera vez dijo que el nombre estaba mal puesto. «Es comida de dioses», sentenció.

Según mamá, y así las aprendí a hacer, el secreto de las croquetas está en la bechamel. «Es lo primero que se hace y tiene que quedar como de seda», decía ella, «luego se une el resto», y me enseñaba la exacta proporción, no por la medida de uno u otro ingrediente, sino por la textura que ella sentía en la cuchara de madera mientras iba revolviendo en la sartén aquella mezcla mágica de harina, mantequilla, leche y especias. Luego, como decía ella, se unía el resto.

Pero un día hubo una conmoción en casa. Una prima del campo vino de visita por unos días y se empeñó en ayudar a mamá en la cocina. Es más, le dijo que le iba a preparar unas croquetas al estilo de su pueblo y que ya verían qué cosa más deliciosa. Mamá no quiso ofender a la prima y la dejó que hiciera las croquetas, pero no se marchó de la cocina. Cual no sería su sorpresa cuando vio que la prima no preparaba primero la bechamel con todo amor, como hacía ella, sino que para su horror unía todos los ingredientes crudos y los cocinaba juntos. Y además, ¡las especias eran otras!

No sé cómo fue que mamá se contuvo. Sería por el cariño que le tenía a la prima, o simplemente por buena educación, pero no le dijo nada. Eso sí, como después me contó, no le iba a servir «aquello» a su familia sin probarlo primero. Estaba segura de que las croquetas quedarían incomibles y que tendría que inventar otro plato, pero además hacerlo sin herir los sentimientos de la prima.

Yo tuve mi parte en el asunto. Regresé de la escuela a la hora de almuerzo cuando ya algunas croquetas estaban cocinadas y esperaban en la fuente la compañía de las otras que aún cantaban en la sartén. Saludé a mamá y a la prima, e ignorante de que mamá estaba esperando el momento justo para probarlas y emitir su juicio, tomé una de la fuente y me la comí de dos bocados.

Me relamí de gusto le di otro beso a mamá y le dije: «Tus croquetas como siempre, insuperables, pero esta vez son diferentes», y fui a dejar los libros en mi cuarto y a esperar el almuerzo. Y más croquetas.

No fue hasta después que supe la verdadera historia. También tiempo más tarde supe que hay otros platos al estilo campesino, como los Frijoles Negros al Aljibe, que en vez de prepararse los condimentos aparte en un sofrito y agregárselos a los frijoles ablandados previamente, se ponen todos juntos para que se mezclen sabores y lograr algo superior. Aparentemente las croquetas de la prima estaban hechas en el mismo estilo.

Por fortuna mamá, que siempre fue amante de la tradición en la cocina, tenía también su espíritu aventurero y adoptaba fácilmente otros métodos cuando comprobaba su eficacia. Por eso agregué a mi recetario las Croquetas a la campesina, junto con las de mamá.

½ kg (1 lb.) de masa de pollo cocinada
1 cebolla blanca mediana
4 cucharadas de mantequilla
1 taza de leche entera
5 cucharadas de harina de trigo
1 cucharadita de sal
1 cucharada de perejil fresco picado fino
1 cucharadita de albahaca molida
1 pellizco de cayena
1 pellizco de nuez moscada
1 pellizco de clavo de olor molido
2 tazas de pan rallado o galleta molida para empanizar
2 huevos medianos
Aceite neutro para freír

Muela la carne de pollo con la cebolla por la cuchilla gruesa de la máquina de moler.

En una sartén grande derrita la mantequilla a fuego mediano y agregue la sal y las especias. Sofría durante un minuto y agregue la harina, revolviendo para mezclar bien. Baje el fuego a lento y añada la leche revolviendo constantemente para disolver la mezcla en la leche y que no queden grumos.

Eche la masa de pollo en la sartén y una bien todo con cuchara de madera. Cocine a fuego medio hasta que espese, se separe de la sartén y forme una masa compacta de color uniforme. Ponga la masa en una fuente llana y déjela refrescar.

Bata los huevos con una pizca de sal. En un plato llano ponga la galleta molida o pan rallado. Tome cucharadas de la masa y déle la forma de croquetas grandes (8 cm de largo —unas tres pulgadas). Envuelva primero cada croqueta en pan rallado, luego pásela por el huevo batido y de nuevo por pan rallado.

Fría las croquetas en aceite bien caliente y escúrralas en papel absorbente.

Da para cuatro comensales.

Guinea en salsa negra

Este plato se convirtió en parte de mi herencia familiar por caminos tortuosos. La historia comienza cuando mi hermana y yo éramos muy niñas.

Desde que se casó con mi padre, mi madre nunca había podido convencerlo de que probara la guinea, esa extraña ave oriunda de las llanuras de África y que en realidad no está emparentada con los pollos, a pesar de su nombre, sino con el faisán. Ni siquiera podía cocinarla para nosotras y servirle a él otro plato, ya que él consideraba que eso sería convertir la comida familiar en actos solitarios, aunque estuviéramos juntos a la mesa.

Fue inútil que mamá le garantizara a papá que le encantaría, y que incluso le citara a Shakespeare, su favorito («Me ahogaría por amor a una gallina de Guinea, cambiaría mi condición humana por la de un babuino.», *Otelo*. I. 3.). Él se mantenía firme.

La razón para la negativa de mi padre no era contra la guinea en sí, sino que por esa época era raro conseguir el ave si no era producto de la caza. Y mi padre consideraba la cacería una barbaridad, un rezago de la época de las cavernas. Nunca había cazado, sólo había disparado un arma en el tiro al blanco de una feria y se negaba a comer algo «que alguien había asesinado».

Pero mi padre, por esa época, joven ejecutivo de cuentas en una agencia de publicidad, no contaba con la pasión de su jefe. Un viernes llegó a casa con cara larga y le dijo a mi madre que estaban invitados a pasar el fin de semana en la finca del dueño de la agencia. El motivo era ir a cazar guineas. Papá trató de zafarse, pero pronto comprendió que rechazar la invitación no sería muy conveniente para su futuro. Ante sus pretextos de que no tenía la ropa apropiada ni el arma, el jefe puso a disposición de mi padre su guardarropa deportivo y su armería. No había remedio.

El viernes por la tarde llegaron a la finca y para contento de papá llovió durante toda la noche y casi todo el día del sábado. Mi padre pensó que mantendría su virginidad cinegética, pero a media tarde salió el sol y a la madrugada del domingo salieron los hombres para el coto de caza. Allá fue papá, como un renuente Francis Macomber, en busca de su primera guinea.

Años después supe la historia completa de cómo mi padre evitó por todos los medios matar a algún animal, y a sus compañeros en el proceso, disparando siempre al vacío. No es que tuviera que esforzarse mucho para fallar a propósito. En realidad sus socios de aventura corrieron más peligro que las gallinas de guinea.

Al regreso de la cacería, llenos de fango y anécdotas, los hombres —menos mi padre— mintieron descaradamente acerca de sus hazañas. La noche del domingo, a la hora del regreso, el jefe premió a papá con cuatro hermosas víctimas desplumadas, limpias y congeladas.

—Ya me dirás qué tal le quedan a tu mujer, que cocina tan bien —le dijo.

Dos días después mi madre las preparó sin decir nada a papá. Sirvió las guineas y le dijo que cuando el jefe preguntara podría decirle la verdad de cómo habían quedado.

—A no ser que vayas a mentir —le dijo.

Mi hermana y yo callamos en espera de la sentencia de mi padre, haciéndonos la boca agua por probar por primera vez aquella maravilla llena de aromas.

Mi padre, que prefería ser quemado en la hoguera antes que decir una mentira, sólo asintió levemente con la cabeza. Comió la guinea en silencio, pero tiempo después, cuando todo había pasado a ser una anécdota familiar y la receta se había escrito en el recetario personal de mi madre, confesó que lo que había comido aquel día como un sacrificio a sus principios se convirtió en uno de sus platos favoritos.

2 guineas de 2 lbs. cada una
2 cebollas blancas medianas
½ cucharadita de orégano
½ cucharadita de pimienta negra molida
Jugo de una lima ácida
2 dientes de ajo
2 tazas de vino tinto
¼ taza de aceite de oliva
Sal al gusto

Limpie y corte las guineas en piezas. Sazónelas con sal, pimienta, orégano y jugo de lima. Corte la cebolla en rodajas y cubra los trozos de guinea. Deje reposar al menos dos horas en el adobo.
En una olla de presión caliente el aceite con el ajo machacado. Escurra los trozos de guinea y dórelas a fuego vivo, pocas piezas a la vez.
Coloque todas las piezas juntas en la olla y añada el adobo y el vino tinto. Tape la olla y cuando levante presión baje el fuego a lento y cocine por 30 minutos. Retire la olla del fuego y espere a que pierda presión. Abra la olla y revuelva los trozos de guinea hasta cubrirlos con la salsa. Suba el fuego a mediano y deje reducir la salsa unos diez minutos.
Da para cuatro comensales.

Pato a la criolla

Mucho antes de que los europeos llegaran a nuestro hemisferio, millones de aves provenientes del Norte, entre ellos los patos, hacían sus maletas al llegar el invierno e iban a pasar sus vacaciones al Caribe. A lo mejor la preferencia que tienen por nuestras islas para su descanso muchos norteños del continente sea un recuerdo atávico del viaje invernal de las aves hacia el Sur, huyendo del frío.

Sin embargo, a pesar de que el pato, tanto migratorio como local, fue parte importante de la alimentación de los aborígenes caribeños, no se encuentra con gran frecuencia en nuestra cocina. De ahí que su cría no esté muy extendida y que no sea fácil encontrar en nuestros mercados buenos patos criados en granja, de carne más abundante y más tierna que los de caza. Por otra parte, al menos en la cocina cubana, el pollo y el pavo —e incluso la gallina de Guinea— son preferidos sobre el pato a la hora de cocinar aves. Pero mi abuela española, que añoraba el ganso de Europa por sobre cualquier otro asado, inventó esta receta que comparto hoy con ustedes. Y cuando la creó, que ya estaba «aplatanada», como decimos en Cuba de los inmigrantes que adoptan nuestra cultura, agregó ingredientes y métodos a los que había traído de España para idear un plato verdaderamente cubano —y por tanto caribeño.

De esos ingredientes, el más importante quizás sea la naranja agria. Tanto la naranja agria o amarga *(citrus aurantium),* como la dulce *(citrus sinensis)* son oriundas del sureste de Asia. Los árabes introdujeron la variedad agria en la región mediterránea hacia el siglo x y la variedad dulce la difundieron los comerciantes genoveses en el siglo xv. Pero mientras que el uso que se le ha dado a la naranja agria en casi todas partes es medicinal o industrial, entre nosotros es parte imprescindible de la cocina. Su alto grado de acidez es ideal como ablandador de carnes, lo que permite que penetren mejor las especias con que se mezcla el jugo para hacer los varios tipos de marinada y/o salsas que en nuestros países se conocen como «mojos». Hay mojos distintos para las diferentes carnes (y hasta para las maneras de hacerlas), para la yuca, para la malanga, y se diferencian entre sí por las especias usadas, pero todos llevan como base el jugo de la naranja agria.

Como dice mi marido, la naranja agria es la piedra filosofal de la cocina cubana, e indudablemente representa para nosotros lo que el tomate es para la cocina española y la italiana.

Prueben este pato al estilo criollo (que en nuestro idioma significa local, verdaderamente auténtico en contraposición a lo que viene de afuera), y verán la diferencia.

1 pato de granja (no de caza) de 5 ó 6 libras, limpio y troceado
El hígado del pato
2 tazas jugo de naranja agria
4 dientes de ajo grandes
1 pimiento grande
1 cebolla blanca grande
½ cucharadita de orégano
1 cucharada de hojas frescas de albahaca
1 hoja de laurel
1 pellizco de tomillo
½ taza de aceite de maní
1 taza de vino blanco seco
2 cucharadas de melado (miel de caña) o azúcar moreno
Sal al gusto

Prepare la marinada la noche anterior.
Machaque los ajos en el mortero con una pizca de sal, orégano, las hojas de albahaca, el tomillo y el laurel. Exprima las naranjas y eche el jugo en el mortero mezclando bien. Corte las cebollas en rodajas. Ponga el pato troceado y el hígado entero en un recipiente de cristal, sálelo al gusto y agregue la marinada. Cúbralo con las rodajas de cebolla y póngalo tapado en el refrigerador hasta que lo vaya a cocinar al día siguiente.
En una cazuela de hierro grande, caliente el aceite y sofría a fuego vivo los trozos de pato y el hígado hasta que tomen color. Agregue la marinada con la cebolla, el vino y el melado (o azúcar moreno) y baje la candela a fuego lento. Revuelva bien y tape la olla. Cocine a fuego lento hasta que el pato se ablande bien. El pato de granja no es como el de caza que tiene la carne dura, sino que ablanda en 25 ó 30 minutos. Agregue un poco de agua si es necesario para que no se pegue.
Da para seis comensales.

Pavo navideño a la venezolana

En varios países de nuestra área caribeña, principalmente los de habla inglesa, la cena de Navidad o la de Nochebuena se centra en el pavo, esa ave que los europeos encontraron al llegar a nuestro hemisferio y que preside la mesa de distintas celebraciones.

Pero en mis búsquedas y lecturas también he encontrado muchas maneras de preparar el pavo en otros países de la región. Puede ser que la preparación comience, como en varias recetas norteamericanas, por bañar el pavo varias horas en una salmuera aromatizada. O está la receta de mi familia, en la que se inyecta el jugo de la naranja agria en las profundidades de la carne del ave. Todas, de una forma u otra, tratan de agregar misterios a una carne que de por sí no es de sabor pronunciado.

Entre las muchas maneras de preparar el plato esta es una de mis favoritas y proviene de la cocina venezolana. Aunque comer el pavo en estas fiestas no era común en Venezuela, desde hace algún tiempo se ha extendido la costumbre de preparar el pavo relleno para las fiestas de Navidad o de Año Nuevo. Y es en el relleno donde los venezolanos muestran mayor creatividad. He encontrado recetas para el relleno con carne de res o de cerdo, o de ambas conjuntamente con jamón y tocino, con aceitunas, frutas frescas, en conserva o secas... Lo único que hace falta es mucha imaginación, amor y algo de sentido de las combinaciones, ya que hay sabores excelentes que son avasalladores y al unirse se eliminan unos a otros, se vuelven nada o tiranizan a los demás. Ya verán cuando prueben esta receta, en la que se logra un balance ideal.

1 pavo de 4 ó 5 kg (más o menos 10 a 12 lbs.)
Jugo de unos 5 limones
1 taza de vino blanco seco
1 taza de jugo de piña
1 cucharadita de tomillo

1 ramito de romero fresco
Sal y pimienta para frotaciones
1 barrita de mantequilla suavizada

Para el relleno

1 kg (2 lbs.) de carne molida de cerdo
4 cucharadas de aceite neutro
2 huevos
125 g (4 oz.) de almendras tostadas en lascas
2 cebollas blancas grandes
6 dientes de ajo
125 g (4 oz.) de tocineta
1 taza de pasas
1 taza de aceitunas deshuesadas
2 panecillos blancos
¼ taza de vino dulce
Sal y pimienta al gusto
1 taza de leche
1 lata de rodajas de piña en almíbar
1 pomo pequeño de cerezas marrasquino

    La noche anterior limpie bien el pavo y déle frotaciones de sal y pimienta por dentro y por fuera. Mezcle el vino blanco con el jugo de piña y de limón y las especias secas. Marine el pavo con esta mezcla, cúbralo y déjelo hasta el día siguiente en el refrigerador.
    A la mañana prepare el relleno. Corte finamente las cebollas. Machaque el ajo en el mortero con una pizca de sal. Corte la tocineta en tiritas. Remoje las pasas en el vino dulce.
    Ponga el aceite en una sartén grande a fuego vivo. Añada la tocineta y déjela rendir la grasa. Agregue las cebollas, el ajo y la carne de cerdo molida. Reduzca el fuego a moderado y cocine revolviendo con cuchara de madera hasta que la carne esté cocinada. Añada el vino dulce con las pasas y deje reducir hasta que el picadillo esté seco. Retire del fuego y déjelo refrescar.
    Remoje los panes en la leche y sazone con sal y pimienta. Reserve 4 rodajas de piña y corte el resto en cuadritos pequeños. Reserve 4 cerezas y corte el resto a la mitad. Añada la piña, las cerezas, las aceitunas y las almendras al pan remojado y mezcle bien todo con el picadillo.
    Escurra el pavo de la marinada, séquelo con toallas de papel de cocina y rellene el buche y el vientre con el relleno preparado. Cosa bien las aberturas y ponga el pavo en la tartera de hornear. Brochee con la mantequilla y póngalo a horno mediano (350°F ó 200°C). Para el tiempo de horneado, calcule 30 minutos por kg (15 minutos por libra). Mezcle la marinada con el almíbar de las rodajas de piña y bastee frecuentemente el pavo con esa mezcla.
    Para saber si el pavo está, mueva una pata del pavo. Si se mueve fácilmente, ya está listo. Para dorarlo, suba la temperatura a 225°C (450°F) y déjelo 10 minutos más.

Retire el pavo del horno y déjelo reposar 15 minutos. Posteriormente, quite las costuras, póngalo en fuente de servir y adórnelo con las rodajas de piña y las cerezas marrasquino pinchadas con un palillo.

Para preparar la salsa vierta un poco de agua en la tartera y mezcle a fuego vivo con lo que le haya quedado de la marinada. Cuélela en la salsera y sirva aparte.

Da para diez o doce comensales.

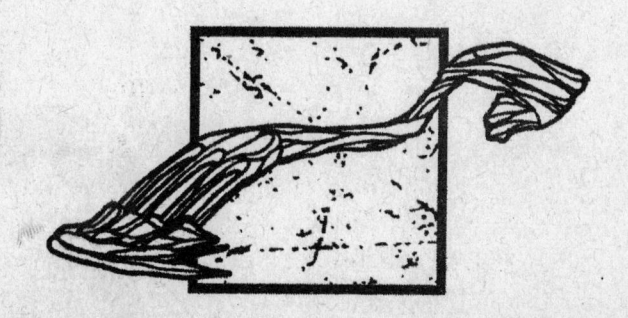

Pescados

Pescado a la Isla

Lo primero que perciben los que llegan al Caribe desde otras tierras es la complicidad de nuestras islas con el mar. Aun en los mayores territorios —como Cuba, República Dominicana, Haití, Puerto Rico y Jamaica—, el mar está siempre presente de alguna manera (en el olor a sal, en la salpicadura del salitre que puede llegar hasta las montañas). Si es en las islas más pequeñas, como las del Caribe oriental, el mar no se pierde de vista.

En ese Caribe cálido, abundante de vida y limpio en su mayor parte debido a las corrientes, nadan los peces más fabulosos del planeta. Una vez fuera del agua, esos pescados de tierna carne blanquísima, con nombres sonoros en cualquiera de nuestros idiomas, se convierten en una promesa de delicias que las diferentes culturas de la región sazonan de mil maneras.

Vaya usted a un mercado callejero y verá decenas de especies distintas, ninguna congelada, capturadas amorosamente una a una mientras usted dormía. O siéntese en esos pequeños restaurantes junto al mar y saboree un pescado fresquísimo como si hubiera saltado ahora mismo de la playa a la cocina.

En cuanto a las recetas, existen miles. Pero hay una distinción importante en la manera de cocinar entre los países caribeños de distintas lenguas. La expresión de la cultura en la mesa y la cocina se evidencia en el toque de especias particulares y en el método de cocción, herencias de Europa, África y Asia. En algunas islas encontraremos ecos de la India; en otras de China; en muchas de la fría y distante Inglaterra, pero transformadas; hay también recuerdos de España con un toque árabe y mucho de África, y en casi todas la mezcla de las anteriores.

Por ejemplo, en los países de habla hispana todo lo que se fríe generalmente se hace con aceite abundante y en profundidad; en cambio, en los de habla inglesa es más frecuente hacerlo con mantequilla o margarina, y de ellas muy poca. Más que freír, se saltea.

De este último estilo es la cocina jamaicana, una encantadora mezcla de tradiciones, muy influidas por las especias del Lejano Oriente, pero transformadas al pasar por nuestra región. Un buen ejemplo es el «chutney» —un aderezo ideal para carnes de todo tipo, pero especialmente para pescados y mariscos—, hecho fundamentalmente a base de mango y especias, que llegó a Jamaica de la India. Pero el chutney jamaicano, aunque recuerda al de allá, es diferente (ver recetas en «Aliños y Salsas»).

En esta oportunidad les propongo un plato al estilo jamaicano, que se presta admirablemente para los pescados de plataforma propios del área caribeña. Aunque nada complicado de hacer, tiene un gusto especial debido al toque de «jerk», una combinación muy especiada y picante típica de Jamaica (ver receta de *jerk* en «Lomo de cerdo asado al *Jerk*»).

1 kg (2 lbs.) de filete de pescado grande de carne blanca (pargo, cherna, mero u otro similar)
2 tazas de tomates de perita picados en trozos
1 taza de pimientos (verdes y rojos) picados en trozos
1 taza de cebolla picada (blanca y morada)
4 cucharadas de mantequilla o margarina
1 cucharadita de *jerk*
1 taza de agua

Sal, pimienta y jugo de lima para marinar el pescado
Sazone los filetes con lima, sal y pimienta y déjelos marinar por lo menos una hora. Ponga en una sartén grande o un wok las dos cucharadas de mantequilla o margarina y saltee los filetes hasta que estén ligeramente dorados.
Acomode todos los filetes en el wok y póngales encima los vegetales picados. Mezcle el *jerk* con la taza de agua y échelo encima del pescado con vegetales.
Tápelo y déjelo cocinar a fuego lento, hasta que los vegetales estén cocinados (unos 10 ó 15 minutos).
Si le gusta el picante y la comida especiada, *«no problem, mon»* —como dicen para casi todo en Jamaica—, puede aumentar el *jerk* a gusto, incluso después de cocinado.
Da para cuatro comensales.

Pescado en salsa verde

Conversando en una ocasión con amigos ingleses que nos visitaban acerca de las costumbres navideñas, mi marido me recordó que no todos la celebran como hacemos la mayoría de los cubanos, asando un buen lechón (o puerquito, o lechal, o chanchito, como dicen en otros lugares, o *macho*, como lo llaman por las provincias orientales cubanas).

En otras partes del Caribe, especialmente en las que fueron colonias inglesas, el pavo o el cordero presiden la mesa de Nochebuena. (Ver receta de «Pavo navideño a la venezolana».)

Pero ¿qué hacen los que por distintas razones no acostumbran comer ninguna de estas carnes?

Mi marido, que siempre tiene una historia a mano lista para la ocasión, cuenta que siendo adolescente un compañero de escuela lo invitó a pasar las fiestas en su casa, en una ciudad costera llamada Santa Cruz del Norte. Éste es un pueblo de pescadores, donde hace muchos años la pobreza no le permitía a la mayoría de los habitantes comer más que lo que pescaba. Pero, afortunadamente, Dios bendijo las aguas de nuestras costas con maravillosas especies, algunas deliciosas y de hermosos nombres intraducibles —como el *aguají* (*Mycteroperca bonaci*, llamado también *bonací*)— que se convirtieron en base de una cocina local extraordinaria y han presidido siempre todo tipo de fiesta.

Algo parecido sucedió en Estados Unidos con el pueblo *cajun*, que al asentarse en los pantanos al sur de Luisiana se vieron obligados a subsistir con lo que pescaban y cazaban. «Comida de gente pobre», pensaban los prejuiciosos, y ya ustedes ven, hoy la cocina *cajun*, que tiene puntos de contacto con la nuestra, ha adquirido fama. (Ver receta de «Pollo en salsa de maní».)

Mi marido no recuerda el nombre del plato que comió aquella Nochebuena, sólo que era glorioso, pero por su descripción de sabores, aromas y presentación me pareció descubrirlo. Busqué entre las recetas que atesoro y encontré una que si no es la misma debe ser muy parecida (en otra receta he escrito que hay platos irrecuperables, porque tienen el ingrediente de la nostalgia).

Ésta que comparto con ustedes se la discuten Santa Cruz del Norte y Cienfuegos, una ciudad costera del sur de Cuba, también famosa por sus pescados y mariscos. Como muchos platos de pescadores es una receta sencilla, de fácil preparación y pocos ingredientes. Algo que podía cocinarse a bordo de las frágiles embarcaciones en que salían a pescar en aquellos tiempos, o rápidamente al regreso de la dura noche de trabajo.

La forma de vida cambió, como cambiaron también los barcos en que pescan actualmente, pero por suerte quedaron las recetas que comenzaron siendo, como también he dicho en otro momento, humildes alimentos que luego pasaron a ser joyas de la alta cocina.

3 libras de filetes de pargo
¾ taza de jugo de lima
½ cucharadita de pimienta blanca molida
Sal al gusto

   Para la salsa

2 cebollas blancas grandes
2 pimientos verdes grandes
6 dientes de ajo
1 manojo de perejil
3 tazas de aceite de oliva
¾ taza de vinagre
1 ½ taza de vino blanco seco

   Marine los filetes de pescado al menos durante dos horas en el jugo de lima, la sal y la pimienta.
   Eche en la batidora todos los ingredientes de la salsa y bata hasta que quede un puré espeso.

Ponga al fuego una sartén grande de borde alto y eche la mitad de la salsa. Añada los filetes de pescado, tape la sartén y cocínelos en la salsa a fuego lento unos 10 ó 15 minutos. Compruebe con un tenedor si están cocinados (el tiempo de cocción varía según el grosor de los filetes).

Cuando el pescado esté listo añada la otra mitad de la salsa, tape de nuevo la sartén y póngala a fuego vivo 2 ó 3 minutos nada más, para que no pierda color.

Da para seis comensales.

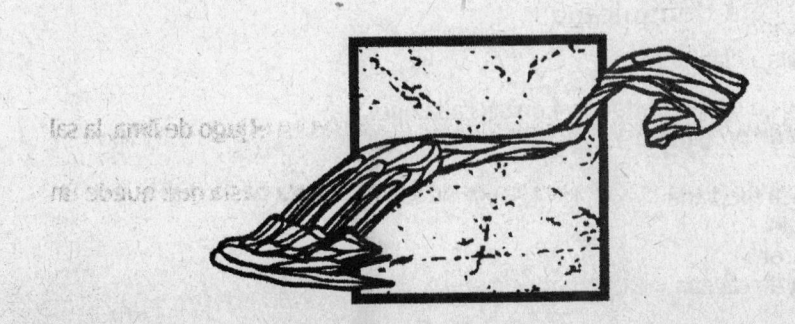

Pargo con salsa de coco

(Adaptado de María Rodríguez de Carías)

En una receta de la cocina de Jamaica (ver «Langosta al curry»), escribí que lo había hecho a instancias de una lectora que me reprochaba amigablemente que no estaba publicando recetas de otras cocinas caribeñas. Pues bien, más tarde fue un lector amigo quien me escribió, motivado por esas palabras y la receta jamaicana, para decirme que tengo olvidados a los que gustan de la cocina dominicana. Por tanto decidí complacerlo adaptando una receta de un libro maravilloso, *La cocina dominicana*, una edición para coleccionistas cuya autora es María Rodríguez de Carías.

La cocina dominicana tiene muchos puntos en común con la de otros países del Caribe que fueron colonizados por España y a donde llegaron grandes contingentes de esclavos africanos. Allí también se fusionaron varias culturas para crear la nacionalidad dominicana, con sus características propias. Y una de las características de la cocina dominicana es el uso de la leche de coco en varios deliciosos platos, principalmente a base de arroz o pescado, así como postres.

El de hoy se lo dedico a nuestra querida María de la Soledad, aunque no lo pueda comer por ahora, pues convalece de una operación de urgencia debido a una apendicitis aguda. Cosas de gente joven. En cuanto se restablezca, la invitaré a probar esta deliciosa receta dominicana.

6 filetes de pargo de alrededor de 4 onzas cada uno.
½ cucharadita de orégano
2 limas
1 cebolla blanca mediana
4 dientes de ajo
2 hojas de laurel
½ cucharadita de cayena

1 tomate grande bien maduro
1 tallo de apio
2 cucharadas de aceite de oliva
2 tazas de leche de coco
1 cucharada de pasta de tomate
½ taza de agua
1 lata pequeña de pimientos morrones
1 taza de aceitunas deshuesadas
Sal al gusto

Adobe el pescado con sal, orégano, el ajo machacado y el jugo de los limas y déjelo marinar en el refrigerador al menos dos horas.

Corte finamente la cebolla, el tomate (quitarle las semillas) y el apio.

Ponga una sartén grande o un wok a fuego mediano. Eche el aceite de oliva y añada cebolla, tomate, cayena y apio. Disuelva la pasta de tomate en el agua y échela en la sartén.

Añada los filetes de pescado, la leche de coco y las hojas de laurel. Tape el wok y cocine a fuego vivo 5 minutos. Baje el fuego y cocine a fuego medio con el wok sin tapa hasta que el pescado esté bien cocinado y la salsa reduzca (unos 10 ó 15 minutos más).

Retire las hojas de laurel y sirva en fuente, adornado con tiras de pimientos y las aceitunas.

Da para seis comensales.

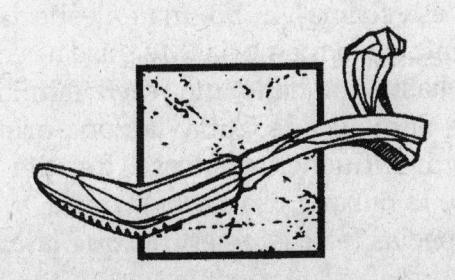

Cargo Caribjun

En la receta de «Pollo en salsa de maní», hablé sobre el origen de la cultura *cajun,* extendida sobre todo en Luisiana, Estados Unidos, así como de la similitud entre su cocina con la caribeña. Muchos son los puntos de contacto entre ambas culturas —su carácter de mezcla, algunos orígenes comunes e interinfluencias. Tanto entre los cajun como entre los caribeños hay muchos rasgos de la cultura francesa y de varias africanas pero, además, la cercanía de Luisiana con el Caribe hizo que el tráfico entre ambas regiones dejara huellas mutuas. Quizás muchos de los lectores no sepan que el Caribe dejó su impronta en el jazz desde sus inicios, ya que músicos cubanos y de otras islas eran visita frecuente en Nueva Orleáns desde el siglo XVIII. Varios se establecieron allí y tocaban en los cafés y prostíbulos donde nació el jazz. Para algunos estudiosos, estos cubanos pueden haber provocado que en el *ragtime* se encuentren elementos del «cinquillo», la célula rítmica básica de la música cubana; y desde Luisiana viajó hacia Cuba a fines del siglo XVIII la contradanza francesa, que tanto influyó en la contradanza y danza cubanas, antecedentes de uno de los más populares géneros musicales cubanos, el danzón.

Éstos son algunos de los vasos comunicantes que nos han unido por debajo y por encima de las aguas, por medio de la música, de las costumbres y de los orígenes comunes. Por eso, cuando navegando por Internet encontré un sitio con recetas cajun y las copié para mi archivo personal (y para complacer a mi marido, que es amante de esa cocina), hubo una en especial que me hizo sonar una campanita en la memoria. Me puse a recordar y a buscar en mi archivo hasta que hallé una receta similar que aprendí con una amiga de Santiago de Cuba, la zona oriental de la isla donde existe mayor influencia francesa. Resulta que eran casi idénticas, sólo que la cubana usa naranja agria, y enteros el ajo, la cebolla y las especias frescas, mientras que la *cajun* utiliza todas las especias secas y molidas (por supuesto, nada de naranja agria). Así que hice una adaptación de ambas, una «fusión», como se dice ahora para hablar de alguna música, como si en el Caribe la fusión no hubiera existido desde que comenzaron a encontrarse pueblos y culturas distintas para crear muchas fusiones en la música, la cocina, infinidad de costumbres y, la mejor y más importante fusión, el *homo caribensis*. Así que esta semana yo también hago mi fusión y comparto con ustedes no un plato caribeño ni *cajun*, sino mi «Pargo Caribjun».

6 filetes de pargo de unas 6 onzas cada uno
1 cucharadita de pimentón dulce
¼ cucharadita de cayena
1 cucharadita de pimienta negra
½ cucharadita de cebolla en polvo
1 cucharadita de tomillo molido
1 cucharadita de albahaca molida
1 cucharadita de ajo en polvo
¼ cucharadita de orégano molido
2 cucharadas de mantequilla
1 cucharada de aceite de oliva
Sal al gusto
1 taza de jugo de naranja agria

Ponga los filetes de pescado a marinar con sal y el jugo de naranja agria de un día para otro.

Mezcle las especias secas en un recipiente para polvorearlas sobre el pescado en el momento de hacerlos. Yo las mezclo en un salero.

Derrita la mantequilla junto con el aceite en un sartén pequeño a fuego mediano y reserve.

Pinte los filetes de pescado con la mezcla de mantequilla y aceite; polvoree por encima las especias secas mezcladas.

En una sartén grande eche la mitad de la mezcla de mantequilla y aceite restante. Ponga la sartén a fuego vivo y acomode los filetes con la parte polvoreada de especias hacia arriba. Cocine sin moverlos hasta que se doren bien por debajo, aproximadamente 5 minutos. Cuando estén dorados vierta encima el resto de la mantequilla con aceite y dé vuelta a los filetes para dorarlos por el otro lado, aproximadamente 5 minutos más.

Sírvalos con unos vegetales al vapor y una ensalada de tomates.

Da para seis comensales.

Filetes de pargo al pimiento

Los mares que rodean la isla de Cuba —o mejor sería decir el archipiélago de Cuba, pues en realidad la nación está formada por tres mil ciento setenta y cinco islas, cayos e isletas, aunque sólo dos están habitadas totalmente y unas pocas más son centros turísticos— son de los más ricos del mundo en materia de peces. Pero aunque hay miles de especies comestibles, la mayoría de ellas deliciosas, cuando un cubano habla de comer pescado está hablando de pargo. Claro, no hay un solo tipo de pargo, y a pesar de que varias de las especies son apreciadas en Cuba, el preferido es el que llamamos pargo criollo (*Lutjanus analis*), de menor talla y peso que el pargo colorado (*Lutjanus campechanus*) o que el pargo del alto (*Lutjanus vivanus*), pero de carne más firme, más delicada y jugosa. Ciertamente todas estas diferencias son bien conocidas por pescadores y profesionales del negocio, pero para muchos cubanos, aunque saben distinguir uno de los otros, cualquiera de los tres les es igual. Después de todo, los tres son pargos.

Claro, si una amplia familia de cubanos o un grupo numeroso de amigos se reúne a comer pargo asado, o quiere hacer la receta que publiqué del pargo relleno con camarones (ver receta de «Sorpresa de pargo»), probablemente se decida no por el pargo criollo, sino por uno de sus primos mayores.

El pargo criollo será el seleccionado para prepararlo en filetes a la plancha, a la parrilla o empanados, en guisos con papas y otros vegetales, para un delicioso ceviche o su equivalente cubano de «crudo». Y si desean comer un sencillo pescado frito entero, los cubanos buscan un ejemplar joven, más pequeño de pargo criollo, al que llaman «parguete», de carne aún más delicada que el ejemplar adulto, tan tierno que se deshace en la boca, y lo sirven con abundante jugo de lima y perejil picado bien fino. (Si no tiene problemas de peso o de colesterol, al servirlo acabado de freír póngale encima un trozo de mantequilla. Ver cómo se derrite e imaginar la mezcla de sabores es parte del placer.)

Para la receta de hoy prefiero el pargo criollo, pero puede hacerlo también con pargo colorado.

1 kg (2 lbs.) de filetes de pargo
2 naranjas agrias
4 dientes de ajo
½ cucharadita de cayena
1 pimiento verde
1 pimiento rojo
½ taza de aceite de oliva extra virgen
2 tazas de harina
2 huevos
Aceite neutro para freír

Corte los filetes de pargo en tiras de aproximadamente 8 cm de largo por poco más de 1 de ancho (3 por ½ pulgadas).
Machaque en el mortero 2 dientes de ajo con un poquito de sal y añada el jugo de las naranjas agrias y cayena.
Sale el pescado a gusto y báñelo con la mezcla de jugo de naranja agria. Déjelo marinar por lo menos dos horas o de un día para otro en el refrigerador.
Cuando vaya a cocinar el pescado, escurra los filetes y reserve la marinada.
Pase los filetes de pescado por la harina y luego por el huevo batido. Fríalos en aceite neutro caliente hasta dorarlos y escúrralos en papel absorbente.
Corte los pimientos en tiras finas, pele los dos dientes de ajo restantes y córtelos en lascas finas.
En una sartén grande o en un wok caliente el aceite de oliva a fuego vivo y sofría el ajo hasta que tome color. Añada los pimientos y sofríalos a fuego vivo, revolviendo constantemente hasta que estén cocinados pero sin que se doren. Eche la marinada en el sartén y deje que reduzca la salsa. Ponga los filetes en una fuente de servir y eche la salsa de pimientos por encima.
Da para cuatro comensales.

Sorpresa de pargo en salsa verde

Pensando acerca de cuáles recetas de pescado incluir en el libro consulté con mi marido y enseguida me sugirió un plato. «¿Por qué no haces la Sorpresa de Pargo de tu mamá?»

Y decidí que sí, que haría la receta que aprendí con mi madre y que tanto impresionó a mi marido. Claro, que esa preferencia tiene su historia.

Fue antes de casarnos. Por esa época en que éramos jóvenes aún no habíamos decidido nada de matrimonio, aunque trabajábamos juntos y teníamos una relación estable. Mis padres no estaban muy conformes, pero aceptaron mi decisión. Un día mamá me llamó y me invitó a que fuera a almorzar el domingo siguiente. «Tráelo, que voy a hacer Sorpresa de Pargo». Era una manera de decirme que ya consideraban a mi marido parte de la familia.

A mi esposo siempre le ha encantado el pescado, pero yo no le expliqué cómo era la receta de mamá. El domingo llegamos los dos, con un buen vino blanco, a comer aquel plato que yo sabía que era de magia.

Pasamos un día maravilloso. Mi padre y mi marido, mientras bebían un trago, conversaron como viejos amigos de temas de interés mutuo. Yo ayudaba a mi madre a terminar el pargo. Una hermosa escena familiar.

Yo le había contado a mi marido acerca de lo buena cocinera que era mi madre y que yo había aprendido junto a ella. Claro, para él la medida de la buena cocina es la de su abuela, de la que otras veces he hablado. No obstante él me había aprobado y estaba dispuesto a aceptar a mi madre como una diosa menor en el Olimpo culinario donde reinaba su abuela de manera suprema. El pobre, realmente no estaba preparado para la «sorpresa».

Cuando probó el primer bocado se quedó muy serio. Lo saboreó lentamente y me miró como reprochándome que no le hubiera advertido lo que iba a experimentar. Luego tomó la copa de vino e hizo un brindis por el mejor pargo de su vida y sí, efectivamente, una gran sorpresa.

Tiempo después, cuando ya estábamos casados, mi marido contó a unos amigos la receta de mi madre y aclaró, en broma, que con ese relleno cualquiera cocina. El sospechaba, además, que aquello había sido una trampa de mis padres para casar a su hija.

Pensándolo bien, a mamá le encanta invitarnos a comer y escuchar los elogios de su yerno, por quien tiene especial debilidad. Pero lo cierto es que nunca más nos ha invitado a la «Sorpresa de pargo». Quizás lo esté reservando para dar la sorpresa al novio de la nieta.

1 pargo grande de 8 a 10 libras, limpio y deshuesado.

Para el relleno

2 libras de camarones medianos
1 cebolla blanca mediana
2 cucharadas de aceite vegetal
2 cucharadas de mantequilla
½ cucharadita de sal
¼ cucharadita de cayena
2 cucharadas de harina
½ taza de leche

Para la salsa

1 cebolla blanca grande
1 pimiento verde grande
6 dientes de ajo
1 ramito de perejil fresco
2 tazas de aceite de oliva
½ taza de vinagre
1 taza de vino blanco seco

Para el asado

2 libras de papas
Aceite para engrasar la tartera
Sal para frotar el pescado

Frote todo el pescado por fuera con sal. Haga incisiones no muy profundas en diagonal para abrir la piel y que penetre la salsa.

Preparación del relleno

Limpie los camarones y adóbelos con sal y pimienta. En una sartén ponga el aceite con la mantequilla a fuego vivo hasta que la mantequilla se coloree. Eche la cebolla picada finamente y los camarones, y saltéelos hasta que estén cocinados y el aceite se vuelva rosado. Polvoree la harina por encima y añada la leche, revolviendo hasta que quede una salsa espesa. Póngalo aparte a refrescar.

Pele las papas y córtelas en rodajas muy finas. Engrase la tartera y cubra el fondo con las rodajas de papas de modo que sirvan de cama para el pescado. (Se puede usar un *spray* de *non-stick coating* en la tartera, pero yo prefiero la manera tradicional de las papas y el aceite. Además, las papas quedan como garnitura.)

Coloque el pargo sobre las papas y póngale el relleno en la cavidad.

En la batidora mezcle todos los ingredientes de la salsa. Vierta esta mezcla por encima del pargo en la tartera, cuidando de que lo cubra completo. Cubra el pargo con papel de aluminio, pero sin apretar.

Ponga la tartera en el horno y hornee a fuego lento por hora y media a dos horas, o hasta que al pinchar con un tenedor la carne se deshaga fácilmente. Retire el papel de aluminio y déjelo a fuego vivo durante 10 minutos, hasta que el pargo se dore un poco.

Si no lo va a servir en la tartera, pase el pescado a una fuente antes de cortarlo y coloque las papas doradas alrededor.

Da para diez comensales.

Peto con Curry y leche de coco

Cuenta mi marido que de niño iba a pasar sus vacaciones de verano al poblado de pescadores de Santa Fe, al oeste de La Habana, cerca del límite con la provincia de Pinar del Río. A pesar de su ubicación en la costa, sólo tenía una pequeña playa artificial en un club privado donde todos los años había que llevar de nuevo la arena que el mar reclamaba. Por supuesto, los hijos de pescadores, con los que mi marido hizo amistad, se bañaban en el arrecife. Era allí donde había más alegría.

Una de las ventajas de vivir en Santa Fe era que siempre había pescado fresco: los que preferían los ignorantes miembros del club privado, a pesar de su más alto precio (o quizás por eso mismo) —como pargo, cherna, bonito, atún, emperador—, y los menos conocidos, igualmente o más sabrosos y predilectos de los propios pescadores —como vieja lora, peje perro, aguají y peto. Temprano en la mañana, poco antes del amanecer, regresaban los pequeños barcos de la dura pesca nocturna y mi marido acompañaba a un tío conocedor al muelle, donde vendían directamente los pescadores la captura de apenas unas horas. Fue así cómo desde niño aprendió a distinguir una especie de otra y a saber por los hombres de mar que un aguají puede comerse sin temor si pesa 7 kg o menos (15 libras), pero que más allá se corre el peligro de que tenga ciguatera, el temible envenenamiento por pescado. Y aprendió también como atravesar un pedazo de madera dura con varios clavos, para hacer un rudimentario pero eficaz instrumento de escamar pescado, mucho mejor que cualquier cuchillo.

De esa época le quedó su predilección por ciertas especies, que me transmitió a mí, a pesar de que son más difíciles de encontrar, como es el peto *(Acanthocybium solandri)*. Esta maravilla de carne blanca es apreciadísima, mucho más porque su captura no puede hacerse de manera industrial ya que, a diferencia de sus parientes los escómbridos, familia a la que pertenecen el peto y la merluza, no anda en cardúmenes. Su pesca, por tanto, es a sedal.

En Estados Unidos, donde es buscado por gourmets y deportistas, el peto es conocido como *wahoo* (se pronuncia «ua-ju»). El nombre en inglés proviene de una confusión. Cuando los conquistadores estadounidenses comenzaron a colonizar Hawai conocieron de un pescado que los habitantes de las islas apreciaban mucho, tanto así que su nombre en el idioma hawaiiano, *ono,* significa «delicioso». Como era más abundante en las aguas cercanas a la isla de Oahu, comenzaron a nombrarlo así y, por corrupción de la palabra, se convirtió en *wahoo*.

El peto se encuentra distribuido en todo el mundo en aguas tropicales y subtropicales. El mayor ejemplar que se ha capturado tuvo un tamaño máximo de 2,5 m (98 pulgs.) con un peso de 83 kg (182 lbs.), aunque generalmente el que se encuentra en el mercado tiene entre 3,5 y 7 kg (8 a 30 lbs.). Aparentemente la latitud parece influir en el tamaño y el peso, los cuales se incrementan con la distancia del ecuador en relación con temperaturas más frías.

En el Caribe se consume tanto por estar presente en nuestras aguas como porque otras culturas han traído a nuestra área su gusto por el peto, así como las recetas. Ésta que comparto esta semana tiene su origen en las Antillas Menores y está influida por la cocina de origen indio.

1 kg (2 lbs.) de filetes de peto

   Para la marinada

2 cucharadas de jugo fresco de lima
2 dientes de ajo
Sal y pimienta negra molida, al gusto

Para la salsa

2 cucharadas de aceite de oliva
1 cebolla blanca grande
3 dientes de ajo
1 manojito de cebollinos
1 pimiento rojo
1 cucharada de curry
2 tomates maduros
1 hoja de laurel
½ taza de cilantro
¾ taza de leche de coco (para obtener la leche de coco fresca, ver receta de «Arroz con coco»).
¾ taza de caldo de pescado
¼ cucharadita cayena
1 ramito de perejil picado

Corte el pescado en tiras finas de aproximadamente 1 cm (½ pulgada) de grueso y colóquelas en un recipiente hondo. En el mortero machaque el ajo con la sal y la pimienta. Añada el jugo de lima y revuelva bien. Vierta la marinada sobre el pescado. Déjelo reposar al menos una hora.
 Caliente el horno a 225°C (400°F).
 Para preparar la salsa corte la cebolla en rodajas. Machaque el ajo y corte finamente el pimiento, cebollino, tomates y cilantro. En una sartén grande, a fuego vivo, caliente el aceite de oliva y sofría el ajo machacado y la cebolla hasta que esté translúcida. Añada la hoja de laurel, el pimiento, cebollino, cilantro y tomates, y cocine unos tres minutos mientras revuelve. Añada el curry, la leche de coco y el caldo. Añada un punto de sal y la cayena. Deje reducir hasta que espese un poco. Retire del fuego y deseche la hoja de laurel.
 En molde de cristal de horno eche la mitad de la salsa. Acomode encima las tiras de pescado adobado y vierta sobre el pescado el resto de la salsa. Hornee a horno fuerte unos 10 minutos, hasta que el pescado esté bien cocinado y un poco dorado por encima.
 Polvoree con el perejil picado y sírvalo.
 Da para cuatro comensales.

Filete de bonito en salsa parmesana

«Hace tiempo que no publicas una receta de pescado», me dijo un día mi marido mientras hojeaba el periódico, y ya sabía yo que lo que quería decir él en realidad es que tenía deseos de comerlo. Como casi siempre el día que termino de escribir la columna hago la receta en casa, ésa es su manera de pedirme un plato. En honor a la verdad, casi nunca me pide algo en especial. Y no es que no le importe, como otros maridos que se atragantan con cualquier cosa siempre y cuando se llenen, sino que él come con gusto lo que le doy, siempre tiene una palabra de elogio y a veces hasta me hace alguna sugerencia cuando le doy a leer la receta. Es mi más grande aficionado, mi mejor propagandista y mi más agudo crítico (en el mejor sentido de la palabra).

Así que me puse a pensar qué pescado hacía para la comida, y al revisar las recetas publicadas vi que nunca había escrito nada con bonito, a pesar de que en mi recetario tengo varios platos con ese encanto de carne rosada y de tantos nombres sonoros (también bonito oceánico, albacora, merma), de tan delicado sabor y tan recomendado como buen ejemplo de nutrición.

Aún cuando los cubanos prefieren por sobre todo los pescados de carne blanca, como pargo, rabirrubia, cherna y cubera, entre los de carne oscura reina el bonito, no sólo por su sabor, sino también porque puede prepararse de muchas más formas.

Esta receta que comparto con ustedes pudiera no parecer de nuestra región por su nombre, pero en realidad sólo tiene de italiana el queso parmesano. Por la forma de prepararse y por el resto de los ingredientes, no puede ser más caribeña.

2 libras de filetes de bonito fresco
2 cebollas blancas medianas
2 dientes de ajo
Jugo de dos limas

Sal al gusto
4 cdas. de aceite neutro
Harina para envolver los filetes de bonito

Para la salsa

½ litro de leche entera
1 taza de queso parmesano rallado
4 cucharadas de harina de trigo
¼ libra de mantequilla
½ cucharadita de cayena
¼ cucharadita de nuez moscada
¼ cucharadita de *allspice* (malagueta o pimienta inglesa)
1 ramito de perejil para adornar

Los filetes de bonito deberán estar cortados finos, pues parte de la cocción se realiza en la marinada. La noche anterior ponga a marinar los filetes de bonito en un recipiente de cristal con la sal, el jugo de lima, la cebolla cortada en rodajas y el ajo machacado. Envuélvalos bien en la marinada y déjelos en el refrigerador hasta el momento de cocinarlos.

Al día siguiente, prepare primero la salsa. En una olla salsera derrita la mantequilla a fuego medio hasta que rompa el hervor y clarifíquela (retire los sólidos y reserve sólo el líquido). Añada la harina y dórela en la mantequilla clarificada. Añada las especias y vaya añadiendo la leche poco a poco mientras revuelve constantemente, hasta obtener una salsa blanca ligera y lisa. Añada el queso rallado, revuelva bien y ponga el cazo a baño de María, a fuego muy lento para que el queso se funda y la salsa se mantenga caliente.

Ponga a calentar el aceite en una sartén plana a fuego mediano. Escurra los filetes de la marinada y envuélvalos en harina. Cocínelos por ambos lados en el aceite ligeramente caliente, sólo hasta que estén opacos. No los cocine demasiado para que queden jugosos. Escúrralos sobre papel absorbente para eliminar el exceso de grasa y acomódelos en una fuente de servir.

Vierta la salsa encima y adórnelos con el perejil picado. Sírvalos de inmediato.
Da para seis comensales.

Bonito para María Elena

He recibido un correo electrónico de una lectora española, María Elena, cuya abuela materna vivió en Cuba muchos años. Ella recuerda que su Nana, como le decía ella cuando era niña, preparaba un plato cuya receta nadie tiene ya en la familia y que cree que era cubana. A María Elena le encantaba «aquella delicia que preparaba mi abuela Hortensia», pero lo único que recuerda es que era una receta de bonito con tomate.

Ahora bien, éste es un nombre bastante genérico. En primer lugar, porque al igual que en la cocina española el tomate es la base de muchas de las principales salsas cubanas. Tanto es así, que la salsa básica que usamos en nuestra cocina la conocemos como «salsa española» y se hace, por supuesto, con mucho tomate. Y en segundo lugar, porque incluso el nombre de bonito se da popularmente en Cuba (y en otros lugares) a varios peces que, aunque pertenecen a la misma familia, no son exactamente iguales. Está por ejemplo, el que se le llama sencillamente «bonito», o *Euthynnus alleteratus,* que se encuentra en ambas partes del océano Atlántico, de unos 50 cm y con un peso de más de 11 kg. También llaman bonito, pero con el apellido «grande», al atún de aleta azul (*Thunnus thynnus*), que aunque es de la misma familia *(Scombridae),* llega a pesar más de 800 kg y mide unos 3 m. Por último está mi preferido, el llamado en propiedad «bonito oceánico» (*Katsuwonus pelamis*), de un peso promedio entre 1,3 y 2,3 kg, y que es conocido también como bonito albacora. En mi opinión es el más sabroso y uno de los pescados más nutritivos, pleno de grasas saludables. Realmente, no sé cómo es que pueden tener los tres el mismo nombre, pero así son los misterios de los pescadores. Ellos son sabios en estas cuestiones y por algo será.

En cuanto a la receta de la abuela de María Elena, como muchos otros tesoros perdidos de la cocina, quizás sea irrecuperable. Yo he tenido la suerte que durante varias generaciones mi familia fue escribiendo y guardando avaramente cuanta receta caía en sus manos. Todos hemos colaborado, abuelos, padres, hijos, hermanos, tíos, primos, y el resultado es de uso familiar y, por supuesto, compartido con amistades.

Así que quiero compartir con mis lectores, y en especial con María Elena, esta receta reconstruida. No será el mismo plato de la abuela, porque como escribí en otra ocasión, mi marido asegura que no se puede recuperar la nostalgia. Pero si este bonito entomatado le hace recordar con amor a su Nana, me sentiré recompensada.

2 libras de filete de bonito fresco
1 cebolla blanca grande
2 dientes de ajo
1 taza de puré de tomate
1 libra de tomates de cocina bien maduros ó 1 lata de tomate triturado (340 g ó 12 oz.)
1 taza de vino blanco seco
1 lima ácida
1 hoja de laurel
1 ramito de albahaca fresca
1 ramito de perejil
4 cucharadas de aceite de oliva
Sal al gusto

    Corte el filete de bonito en trozos transversales de aproximadamente 3 cm (1 pulgada). Deben ser trozos gruesos para que al cocinarlo quede jugoso. Sale el pescado y rocíe el jugo de la lima por encima. Déjelo marinar mientras prepara el resto.
    Corte muy finamente la cebolla, el ajo y la albahaca. Limpie los tomates maduros, retire las semillas y córtelos en 4.
    En cazuela plana de doble fondo, caliente a fuego vivo el aceite de oliva. Añada la cebolla y el ajo y sofría un minuto. Eche el pescado en la cazuela y baje un poco el fuego. De vuelta a los trozos de bonito y cocine hasta que cambien de color.
    Añada los tomates frescos y revuelva con el pescado. Agregue el puré de tomate, el vino, la albahaca y la hoja de laurel. Revuelva bien todo y cocine a fuego mediano destapado, revolviendo de vez en cuando hasta que el tomate rinda el jugo y la salsa se reduzca. Retire la hoja de laurel y sírvalo en fuente llana.
    Adorne con el ramito de perejil.
    Da para cuatro comensales.

Escabeche

Desde que la humanidad tuvo la necesidad de almacenar comida, porque había cazado o cosechado más de la que podía consumir, se vio obligada a inventar métodos de conservación. No había muchos problemas para los pueblos que residían en un clima de invierno perpetuo —simplemente colgar la pieza en la cueva o enterrarla en la nieve cerca del iglú—, aunque sí para aquellos a quienes el calor obligaba a consumir toda la carne o el pescado que tenían y a pasar hambre en otros momentos. Así deben haber surgido los métodos de ahumado, secado y salado, los cuales consisten, en esencia, en eliminar la mayor cantidad posible de agua del alimento y retardar el efecto de las bacterias. Claro, aquellas gentes no sabían el porqué de la conservación, simplemente que funcionaba.

Luego, con el tiempo, el desarrollo y el conocimiento, surgieron otras formas de conservación, como el encurtido, usado principalmente para vegetales, aunque también para algunas carnes.

Existe una forma de encurtido que al parecer pasó a la cocina española proveniente de la cultura árabe, de donde tomó su nombre, *sakbay*, y lo transformó en escabeche. De ahí pasó a nuestras tierras. Extrañamente hubo una múltiple migración —geográfica y lingüística— y el escabeche regresó a Europa por vía de los ingleses, quienes obtuvieron el método y el nombre de los españoles en las Antillas. Recuerden que Jamaica fue primero posesión española y luego británica. En Jamaica la palabra escabeche se trasformó en *escovitch* o *caveached*, que quiere decir encurtido o adobado.

En Cuba y casi todo el Caribe se considera que el pescado ideal para el escabeche es el serrucho (*Scomberomorus maculatus*), de carne firme y sabor exquisito, que soporta bien el proceso.

Hoy en día hay platos casi idénticos al escabeche en muchas cocinas europeas y de América. Casi todos se basan en pescado

—aunque también los hay de aves, especialmente de caza— que primero se fríe y luego se marina en vinagre y aceite, con cualesquier agregado aromático y de sabor que se use en la región. Algunas veces se sirve como entrante y otras, en porciones más abundantes, como plato principal.

Actualmente la refrigeración ha resuelto el problema de conservar los alimentos, pero lo que primero surgió como necesidad nos dio platos exquisitos a los cuales no hay que renunciar, aunque tengamos a mano un Ártico casero para conservar los alimentos.

2 kg (alrededor de 5 libras) de ruedas de pescado, preferiblemente serrucho
1 taza de aceite de oliva
4 tazas de aceite neutro
2 tazas de vinagre
2 tazas de aceitunas
1 taza de harina
2 pimientos verdes grandes
2 cebollas blancas grandes
1 cucharadita de pimienta negra en grano
½ cucharadita de tomillo
½ cucharadita de orégano en flor
1 hoja de laurel
Sal al gusto

Sale las ruedas de serrucho y envuélvalas en harina. En una sartén eche 1 taza de aceite neutro y ponga a fuego mediano. Fría las ruedas de pescado en el aceite hasta dorarlas y vaya colocándolas en un recipiente hondo de cristal o barro que pueda tapar y donde le quepa todo el pescado con el aliño.

Corte las cebollas y los pimientos en rodajas gruesas. Colóquelos encima del pescado. Añada las aceitunas.

Prepare un *bouquet garni* con las especias. Para ello envuelva las especias secas en una gasa anudada. Ponga el vinagre en una cacerola pequeña y eche el *bouquet*. Póngalo a hervir, baje la candela a fuego lento y déjelo unos tres minutos hasta que coja el sabor. Retire el *bouquet* y eche el vinagre por encima del pescado. Añada el resto del aceite de cocina y el aceite de oliva. Acomode el pescado de modo que la marinada cubra bien todo.

Tápelo y déjelo reposar por cuatro o cinco días en un lugar fresco. Después guárdelo en el refrigerador para conservarlo.

Se sirve frío como entrante, como plato principal en una comida de verano o como parte de un buffet. El aliño sobrante es excelente para vegetales cocidos al vapor.

Da para diez o doce comensales.

Bacalao de mi abuela

Cuando en mi casa hacían bacalao, los muchachos de la familia no sólo nos relamíamos en espera de la hora de almuerzo o comida, sino porque sabíamos que con lo que quedara se prepararían las sabrosas frituras de bacalao (ver receta «Fritangas de Fin de Año») o la deliciosa merienda de bacalao con pan, un simple sándwich de dos tapas de pan untadas con la salsa y unas finas masas de bacalao.

Chucho Valdés, el genial pianista cubano de jazz que ha ganado varios premios Grammy y Grammy Latino, escribió hace años una pieza que inmortalizó con su fabuloso grupo Irakere. Su título: «Bacalao con pan». Según Chucho, es un homenaje a su niñez.

¿Y qué hace el bacalao, ese nórdico habitante de frías aguas, en la mesa caribeña? ¿Cómo se convirtió en parte de la cocina del área cuando en nuestras aguas abundan deliciosos peces de carne blanca? Bueno, lo que no se encontrará en nuestras tierras es una sola receta con bacalao fresco, pero platos a partir del bacalao curado hay decenas y decenas.

La razón es simple: seguramente no llegó a nuestros mares nadando, sino en los barcos de los colonizadores, seco y salado, como parte del rancho marinero durante el largo viaje de Europa a nuestras tierras.

O habrá sido porque en nuestras islas los colonizadores acallaron nostalgias de la patria manteniendo en su mesa los platos de su tierra, y el bacalao fue uno de ellos por estar presente en la cocina de varios países europeos que poseyeron tierras en América.

Y también porque junto con el tasajo era parte importante en la alimentación de los esclavos. De esa manera bacalao y tasajo, dos alimentos de origen europeo son, por maravillas de la transculturación, parte de nuestra herencia africana.

No es de extrañar que sea un plato tan universal, ya que no sólo es el pescado perfecto para conservarlo en sal, por su estructura molecular, sino que su exquisita carne blanca es muy dúctil para múltiples recetas.

Recuerdo que ésta la hacía mi abuela, la repitió después mi madre y luego la retomé yo. Aunque básicamente sigue siendo la receta de mi abuela, quien decía que la había aprendido a su vez de la suya que la trajo de España, las sucesivas generaciones le hemos ido adicionando o cambiando algún ingrediente, hasta que ha dejado de ser una receta española para convertirse enteramente en cubana.

Por último, algo que cuenta mi marido. Recuerda él que cuando la Segunda Guerra Mundial, siendo él niño, las amas de casa se preocupaban porque debido a la guerra no iba a poderse importar bacalao de Noruega. Pero, como por arte de magia, siguió apareciendo en el mercado el bacalao noruego y en los comercios se veían aquellas cajas de endeble madera de pino donde venía envasado. Pronto se supo que el delicioso manjar no venía realmente de ese país nórdico, ocupado entonces por las tropas nazis, y que ni siquiera era bacalao. Comerciantes inescrupulosos se habían aprovechado de la credulidad de los consumidores y de la venalidad de los inspectores del Ministerio de Comercio de entonces. Lo que se vendió en falso envase de bacalao de Noruega era tiburón curado —como si fuera el añorado nadador del Mar del Norte—, pero que había sido pescado, secado y salado, como quien dice, en nuestro patio.

Cuando terminada la guerra apareció nuevamente en el mercado el bacalao de Noruega, muchos prejuiciosos no lo volvieron a consumir. Dice mi marido que él sacó de todo esto algún provecho: aprendió que el tiburón se podía comer. Y lo siguió haciendo hasta hoy.

2 libras de bacalao seco y salado
2 libras de papas
8 dientes de ajo
2 cebollas blancas grandes
2 pimientos verdes grandes
1 cucharadita de pimentón dulce
2 tazas de puré de tomate
1 taza de aceite de oliva
½ taza de vinagre de vino
½ taza de vino blanco seco
1 lata de pimientos morrones (una taza)
1 taza de aceitunas deshuesadas

Lave el bacalao en agua fresca para quitar el exceso de sal y póngalo en remojo durante dos horas. Bote el agua, lávelo nuevamente y póngalo en remojo durante la noche.

Cuando lo vaya a cocinar, bote el agua del remojo y póngalo a hervir en agua fresca unos 20 minutos hasta que se ablande. Escúrralo y déjelo refrescar.

Limpie el bacalao quitando toda la piel y las espinas y deshaga las masas en trozos pequeños.

Pele las papas y córtelas en rodajas de 1 cm de grueso aproximadamente.

Limpie la cebolla y los pimientos verdes y córtelos en rodajas finas.

Drene la lata de pimientos morrones y córtelos en tiras finas

Machaque los dientes de ajo en el mortero con el pimentón y mezcle el vinagre y el vino.

En una cazuela gruesa de fondo plano eche la mitad del aceite. Coloque las rodajas de papa hasta cubrir el fondo. Distribuya las masas de bacalao encima de las papas y encima del bacalao las rodajas de cebolla y pimiento verde.

Eche encima la mezcla de ajo y pimentón con vinagre y vino seco. Bañe todo con el puré de tomate y el aceite restante.

Tape la cazuela y póngala a fuego muy lento por 25 ó 30 minutos, hasta que las papas estén bien blandas. Destape y distribuya por encima las aceitunas y los pimientos morrones cortados en tiras finas.

Da para seis raciones abundantes y debe sobrar un poco (para el bacalao con pan y para las frituras).

Mariscos

Enchilado de camarones

Esta receta no la heredé de mi madre ni de otro familiar, sino que es producto de cuando a mi marido le gustaba irse de pesquería algún que otro fin de semana. Es un plato que aprendió con pescadores profesionales, esos hombres que antiguamente salían al mar en pequeños barcos, solos o con otro pescador más pobre que él porque no tenía bote, a realizar diariamente una labor parecida a la agricultura de subsistencia de los países más atrasados.

Eran hombres conocedores de las profundidades, y de sus riquezas y de sus peligros, hombres que soñaban con una gran captura que los sacara de la miseria por un corto tiempo, como el Santiago de *El viejo y el mar,* de Ernest Hemingway. Hombres generosos que compartían lo poco que tenían y que, aunque a los ojos de algunos tontos de ciudad parecieran ignorantes y poco sofisticados, tenían un conocimiento enciclopédico de su mundo, lo que los hacía realmente cultos. Capaces de aprender la belleza del vuelo de una gaviota, o del salto casi interminable de un pez volador, o del rumor invisible del galope de un caballo de coral por el fondo marino, como los personajes de los cuentos de mar de Onelio Jorge Cardoso.

Mi marido, que aunque le gustaba pescar nunca tuvo barco, acostumbraba a ir al pueblo de pescadores de Cojímar, al este de La Habana, el mismo que Hemingway tomó como parte del escenario de su novela. Allí con uno o dos amigos alquilaban el bote de algún pescador, que de esa manera aseguraba un ingreso mayor que si pescara él mismo. Luego, al regreso, los amigos se quedaban con algún pescado para alardear en la casa y le regalaban el resto de la captura al pescador. Así crearon amistades.

Todos aquellos pescadores profesionales sabían cocinar. Algunos lo harían mejor que otros, pero todos sabían hacerlo. Especialmente lo que capturaban. Y pronto mi marido y sus amigos aprendieron que para alquilar un bote había que tener en cuenta las habilidades del patrón en la cocina. Aunque realmente no se podía hablar de «cocina», como un espacio equipado para cocinar. Los botes que alquilaban no eran grandes, apenas cabían ellos dos o tres y el patrón, y la instalación para cocinar era una vieja lata de aceite de cinco galones con un hueco en el costado, donde se colocaba el carbón encendido. Encima se ponía la cazuela para hacer el plato único, casi siempre un guiso. Cualquier tabla servía de apoyo para cortar, machacar, etcétera. Pero el sabor, según mi marido, era divino.

Con los pescadores aprendió él a hacer «crudo», una versión cubana del seviche sudamericano, que no es más que trozos de pescado de carne blanca (como pargo, rabirrubia o cubera), sin espinas ni piel, puestos a marinar de un día para otro en abundante jugo de lima o limón, mucha cebolla blanca y pimiento (rojo y verde) bien picaditos y la salsa picante de su gusto. O un caldero de mariscos, que es un guiso de todo lo que se ha capturado en el día —pescado, pulpo, camarón, langosta, cangrejo—, con aceite, tomate, cebolla, ajo y pimiento, hirviendo todo junto, como la parte final de una sinfonía. Y muchos más que harían este texto interminable.

El plato que comparto aquí con ustedes es uno de esos que mi marido aprendió. Claro, yo he tenido que traducir las recetas a partir de sus recuerdos, que están distorsionados no solo por el tiempo, sino también por su poca habilidad (confiesa) en la cocina, y de paso he hecho alguna adaptación; pero lo básico está ahí. Es, como toda receta de pescador, de una aparente sencillez, algo que se puede ir haciendo mientras se atiende a las cosas importantes, como ganarse la vida pescando.

Algo que quise cambiar y no me salió bien fue el tamaño de los camarones. Mi marido insistía que no debía usar camarones grandes, impresionantes. Los pescadores usan sólo los más pequeños, decía él. Claro, contestaba yo, los grandes los vendían, no podían darse el lujo de comerlos. Ambos teníamos razón, pero mi marido y su amigo pescador-cocinero tenían más. Se usan camarones pequeños porque además son más tiernos, de sabor más delicado. De esta manera el guiso resulta más ligero y se fusionan mejor los sabores. No todo era cuestión de negocio. Así que después de haber hecho la receta con los camarones grandes, como yo quería, y después con los pequeños —como era la costumbre de los pescadores—, decidí seguir la tradición. Disfruten también ustedes este enchilado de camarones.

1 kg (2 lbs.) de camarones pequeños, pelados y limpios
2 cebollas moradas medianas
2 dientes de ajo
1 pimiento verde
1 pimiento rojo
1 chile jalapeño limpio
¼ cdta. de cayena
Un pellizco de hojas de albahaca
Un pellizco de orégano fresco
3 tazas de puré de tomate
1 taza de aceite de oliva
1 cerveza
Sal al gusto

Primero prepare el sofrito. Pique los pimientos, la cebolla y el chile lo más finamente posible (al chile quítele primero las semillas). En el mortero machaque el ajo con la sal y luego añada la albahaca, el orégano y cayena. Machaque todo bien hasta hacer una pasta aromática.

En un wok o sartén hondo grande vierta el aceite y ponga el fuego en nivel mediano. Añada las especias picadas y la pasta aromática. Sofría unos minutos hasta que la cebolla esté translúcida.

Añada los camarones y sofría un minuto revolviendo para que se cubran bien de las especias.

Añada después el puré de tomate y la cerveza. Revuelva bien y baje el fuego a lento.

Tápelo y cocínelo unos cinco minutos para que se unan los sabores y espese la salsa. Destape y termine de reducir la salsa, pero que no se seque.

Sírvalo con arroz blanco, plátanos maduros fritos y ensalada verde. O si anda de pesquería, con un buen trozo de pan. En ambos casos, acompañe el enchilado de camarones con cerveza helada.

Da para cuatro comensales.

Camarones en escabeche

(Receta adaptada de la original de la chef Lily Junco)

El escabeche, una antigua manera de preservar algunas carnes o vegetales por medio del encurtido, lo aprendimos de España, que a su vez lo aprendió de los árabes —tanto así que según el diccionario el nombre proviene de la lengua árabe, *sakbay*, que significa «guiso de carne con vinagre». Al parecer los árabes derivaron el nombre de los persas, quienes lo llamaron *assukkabag o sikbagsekba*.

De todas maneras, el guiso pasó a ser un encurtido y de paso se extendió por el mundo entero, ya sea por influencias de otras culturas o por descubrimiento propio, pues en tiempos en que no había forma de guardar lo que sobraba para los días en que faltara, era normal que la inventiva del hombre ideara maneras de preservar alimentos. De ahí surgieron no sólo los encurtidos, sino las carnes saladas, ahumadas o secas al sol.

Pero como escribí en otra ocasión cuando publiqué la receta básica del escabeche de pescado que se hace en Cuba (ver receta de «Camarones en escabeche»), lo que «surgió como necesidad nos dio platos exquisitos a los cuales no hay que renunciar, aunque tengamos a mano un Ártico casero para conservar los alimentos».

El plato que comparto hoy con ustedes, que algunas veces se sirve como entrante y otras —en porciones más abundantes— como plato principal, no es un escabeche «clásico», ya que a pesar de ser de mar ni siquiera es de pescado y además cambian algunos ingredientes. Pero en eso estriba la creatividad de los grandes cocineros, como la chef Lily Junco, que no sólo inventan platos totalmente nuevos, sino a veces a partir de un principio realizan algunos igualmente novedosos y de maravilla. Algo así como las obras que grandes creadores han realizado a partir de obras de otros.

(Sin pretender establecer comparaciones, piénsese en *Hamlet* o en *Romeo y Julieta* de Shakespeare, cuyos argumentos el autor tomó de otras dos obras de distintos autores, y la genial orquestación que Maurice Ravel hizo de la pieza para piano *Cuadros de una exposición,* del ruso Modest Mussorgsky.)

La receta llegó a mis manos gracias a un matrimonio amigo, diplomáticos cubanos, que me hablaron maravillas de este escabeche producto de la creatividad de la chef Lily Junco, y que ella preparó para una cena en la embajada en la que estaban destacados mis amigos y la chef. La señora Junco, mujer de gran experiencia en su oficio, me permitió gentilmente reproducir la receta para compartirla con ustedes.

1½ kg (3 lbs.) de camarones grandes totalmente limpios (descabezados, sin cáscara y sin puntas de cola)
1 cebolla blanca grande
1 cebolla grande morada
2 pimientos verdes
1 pimiento rojo
2 zanahorias peladas (opcional)
½ taza de aceitunas verdes deshuesadas
½ taza de aceitunas rellenas con pimientos
1 cucharada sal
1 cucharadita pimienta negra molida
1 cucharadita pimentón dulce
1 taza de aceite vegetal neutral (maíz o colza)
Aceite de oliva extra virgen
Vinagre de vino blanco

Corte las zanahorias en ruedas finas.
En un sartén profundo caliente el aceite vegetal a fuego medio y sofría la zanahoria. Corte los ajíes en tiritas, sin que queden partes de las nervaduras interiores blancas, y añádalas al sartén.
Corte dos tercios de cada cebolla en ruedas finas y el resto en cuadritos. Añada primero los cuadritos al sartén y después las ruedas. Revuelva bien y añada los camarones. Sofría todo de cuatro a cinco minutos, revolviendo constantemente.

Vierta el contenido del sartén en una olla de cristal o de barro vidriado con tapa. Añada las aceitunas, la sal, la pimienta y el pimentón. Mezcle lentamente.

Añada aceite de oliva y vinagre a partes iguales hasta cubrirlo todo por completo y tape el recipiente lo más herméticamente posible. Coloque la olla en lugar fresco o refrigeración discreta durante 7 días como mínimo. Importante: No mueva el recipiente en ningún momento mientras se hace el escabeche (7 días).

Da para seis comensales.

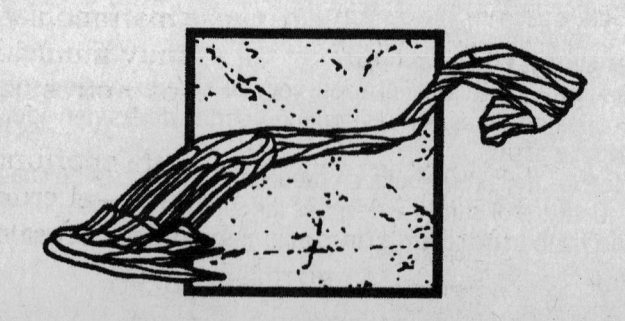

Camarones rebozados con salsa de piña

Confieso que éste es uno de mis mariscos preferidos. Aunque el camarón es de sabor delicado, no se deja avasallar por otros ingredientes, como la langosta, y a no ser que uno abuse, siempre mantiene su personalidad. Por otra parte, combina bien con muchas salsas, desde sólo ketchup o mayonesa, hasta otras mucho más elaboradas. Mi marido, que hace años pescaba muy a menudo (dice que ahora prefiere hacerlo en una pescadería, cuando vamos de compras), aprendió con los viejos pescadores a comerlo sin cocinar, con sólo sal y jugo de lima. Pelaban totalmente los camarones —grandes, jugosos, de los que mi marido llama «de tres mordidas»—, le quitaban la vena central y los sumergían más o menos una hora en abundante jugo de lima con sal. Mientras tanto, pescaban. Los pescadores cubanos llaman a esto «crudo de camarones», aunque se puede hacer también con cualquier pescado de carne blanca. Yo lo he comido, pero dejando los camarones marinar veinticuatro horas y agregando mucha cebolla blanca en rodajas, chile jalapeño bien picado y jugo de lima con sal hasta que lo cubra, lo que llaman «ceviche» o «cebiche» en Sudamérica, con varios países reclamando su invención y con tantas recetas como peces y mariscos hay en el mar.

En cuanto al nombre, según el Diccionario de la Real Academia de la Lengua Española, la institución oficial de la corrección, la palabra es «cebiche», pero dice mi marido que él lo ha visto escrito de las dos maneras en Ecuador, en Perú y en Chile. Con perdón de la Academia, en este punto en particular confío más en mi marido —no sólo en aras de la paz matrimonial, sino además porque en cosas del lenguaje él es muy minucioso— y en los que hacen el ceviche (y cebiche) en esos y otros países.

Pero volviendo a la receta, resulta que en esta oportunidad les he dado dos formas de preparar los camarones —el crudo, el ceviche— y ahora voy a dar la tercera, rebozados con salsa de piña. Prueben las tres y repitan la que más les guste.

1 kg (2 lbs.) de camarones frescos grandes (Jumbo)
½ taza de jugo de lima
Sal al gusto
4 huevos grandes
1 cucharadita de sal
8 cucharadas de harina de trigo
4 cucharadas de maicena
1 cucharadita de cayena
Aceite para freír (neutro, no de oliva)

Para la salsa

4 rodajas de piña madura
1 cucharadita de azúcar prieta
2 cucharadas de vinagre
½ taza de vino blanco seco
½ cucharadita de pimienta blanca molida
1 cebolla blanca mediana
½ cucharadita de sal
½ taza de agua

Lave y pele los camarones. Haga un corte por el lomo del camarón hacia abajo. Con la punta de un cuchillo quíteles la vena negra. Ponga los camarones en un recipiente hondo. Espolvoree con un poco de sal y báñelos con el jugo de lima. Déjelos marinar por una hora.

Bata los huevos con la harina, maicena, sal y cayena para formar una pasta suave.

Saque los camarones del jugo de lima, escúrralos y séquelos en papel absorbente. Añada la marinada de sal y lima a la mezcla de huevos y mezcle bien.

Caliente el aceite en cazuela honda para freír en profundidad. Envuelva los camarones uno a uno en la mezcla de huevos y vaya friéndolos en el aceite caliente sin que se peguen unos a otros. Sáquelos cuando estén bien dorados y escúrralos sobre papel absorbente.

Para preparar la salsa corte la piña y la cebolla finamente. Mezcle el vino con el azúcar, la sal y la pimienta. Añada el vinagre y el agua. Mezcle todo bien y cocine a fuego lento revolviendo constantemente hasta que cambie de color.

Ponga los camarones rebozados en una fuente llana. Vierta la salsa encima y adórnelos con rodajas de piña fresca y de lima. Sírvalos como entrante.

Da para cuatro comensales.

Ensalada de langostinos

(A la memoria de Tío Valentín)

En Cuba llamamos langostino a un crustáceo que se conoce también como camarón de agua dulce. Hay distintas variedades, pero la más conocida en nuestra región es de un tamaño similar al de su homónimo marino y de carne igualmente delicada. También su forma es similar a la del camarón, sólo que el langostino posee dos pequeñas tenazas.

Se me ocurrió compartir esta receta con ustedes porque hace poco, en un día de intensa lluvia tropical, mi marido recordó que precisamente los días lluviosos son propicios para la pesca del langostino. Él recuerda que siendo niño iba con un tío que otros familiares consideraban excéntrico a pescarlos en el río Mayabeque, cerca de Güines, al sur de la Ciudad de La Habana.

Se preparaba la pesquería para una noche después de que hubiera llovido mucho durante el día. A pesar de su pequeño tamaño, el langostino es un depredador de hábitos nocturnos, como otros crustáceos, y la lluvia fuerte que aumenta la corriente del río los arrastra fuera de los remansos cuando salen de caza (¿o debiera decirse «de pesca»?). La noche de la aventura el tío iba a buscar al sobrino a media tarde, se iban los dos para su casa, comían y se acostaban temprano, para acumular fuerzas.

Alrededor de las diez de la noche salían de La Habana hacia Güines y llegaban al río después de medianoche. Una vez allí trataban de ir corriente arriba, para evitar la mucha competencia de otros aficionados como ellos. Luego, a pescar langostinos. La técnica era simple: desde la orilla con una mano se suspende un farol o linterna encima del agua, por donde debe bajar nadando el crustáceo. En la otra mano se tiene un *jamo* —como decimos por acá a la «manga»— que es una red de forma cónica que se mantiene abierta con un aro que le sirve de boca, al extremo de una vara corta. La luz atrae al langostino, no se sabe por qué, y sube a la superficie a investigar, misteriosamente hipnotizado. Esa luz sirve también para descubrirlo y atraparlo con el jamo, pobre Ícaro fluvial.

Dice mi marido que pescaban cuatro o cinco horas que a él se le iban volando, y entre su tío y él llenaban varios sacos de langostinos. Al amanecer iban a la fábrica de hielo del pueblo, compraban mucho hielo picado para mantener los langostinos frescos hasta llegar a la casa y los echaban en una caja. Como iban cargados, regresaban a La Habana en uno de los viejos autos de alquiler del pueblo, un viaje que a mi marido —entonces un niño de diez años— también le parecía aventurero. Al día siguiente en casa de mi marido se daban un banquete con langostinos empanizados, a la plancha, braseados, enchilados, con salsa tártara o rusa, y todavía quedaba para congelar en espera de preparar una paella marinera que la abuela de mi marido haría —arroz dorado, langosta, pargo, almejas, camarón y cangrejo moro.

Es uno de los más preciados recuerdos que mi marido tiene de su tío, un personaje fabuloso que le enseñó a nadar, remar un bote, jugar béisbol, contar historias exageradas, comer sin prejuicios y amar la vida por sobre todas las cosas. Un día, él promete, tendrá que escribir con amoroso agradecimiento las muchas aventuras de su tío —ciertas o no— que mi marido y su familia atesoran.

8 langostinos grandes
4 zanahorias medianas
1 lechuga
1 cebolla blanca grande
1 ramito de perejil
2 tazas de yogur
2 cucharadas de azúcar refino
4 cucharadas de vinagre
½ cucharadita de pimienta blanca molida
Sal al gusto

Los langostinos pueden comprarse hervidos y limpios. Si se compran crudos y enteros —frescos o congelados—, hiérvalos en agua con sal y póngalos aparte a refrescar. Una vez frescos quite la piel dura que los recubre, las patas y la cabeza. Con un cuchillo afilado, haga un corte a lo largo del lomo para quitar la vena negra. Ponga los langostinos a enfriar.

Separe las hojas de lechuga y lávelas bien. Déjelas escurrir.

Limpie y ralle las zanahorias crudas.

Corte finamente la cebolla y el perejil y mézclelos.

Prepare en cada plato una cama de hojas de lechuga. Ponga en el centro la cuarta parte de la zanahoria rallada. Ponga a los lados dos langostinos. Polvoree por encima la mezcla de cebolla y perejil.

En un recipiente de cristal mezcle el yogur con el vinagre, la pimienta, el azúcar y sal al gusto. Revuelva bien, enfríe el aliño y sírvalo aparte en una salsera.

Es fabuloso como almuerzo ligero acompañado de tostadas y frutas frescas.

Da para cuatro comensales.

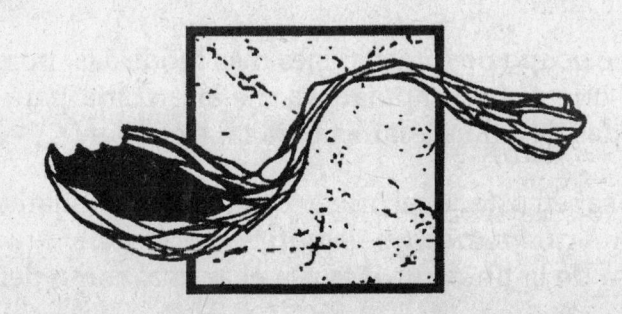

Calamares rellenos

Una amable lectora, Elisa Álvarez, me escribió para decirme que al ver la receta de «Aros de calamar al cartucho» en las «Frituras de Fin de Año», recordó que nunca había podido hacer calamares rellenos y me sugirió publicar la forma de prepararlos. Aquí van entonces para complacer a Elisa y a los que gustan de este exquisito plato —incluyendo a mi marido.

El calamar ha sido plato preferido de muchas cocinas desde la antigüedad. Lo comían los egipcios, lo comieron en la Grecia clásica, en el imperio romano, en el medioevo europeo, en la China de los Ming, en el Japón feudal, y quién sabe cuán atrás habría que ir para saber cuándo se preparó la primera receta.

Este cefalópodo con más de una especie comestible —familia de ese otro manjar que es el pulpo— tiene también su personaje mítico en el calamar gigante, monstruo de las profundidades capaz de atacar el navío del Capitán Nemo en *Veinte mil leguas de viaje submarino,* de Julio Verne, o de provocar tantas historias como las de la serpiente marina de Loch Ness, en Escocia.

No obstante las leyendas, es cierto que existe una especie gigante, bastante mayor que la común, que es la que ha dado pie al asombro y a las exageraciones. El más grande ejemplar que ha sido capturado midió 18 metros y pesó 900 kg, casi una tonelada. Y los científicos del Smithsonian Institute piensan que deben existir ejemplares mayores. Imagínense qué tipo de caldero sería necesario para cocinarlo.

Claro, yo me ocupo de dimensiones más modestas, porque realmente creo que ni la computadora me alcanzaría para calcular las cucharadas de sal necesarias para tal ejemplar.

Por cierto, ¿saben ustedes el origen de la palabra «calamar»? Proviene del latín *calamarius,* que significa «perteneciente a una pluma», a causa de la tinta que expulsa el animal como defensa.

Le dejo a los biólogos marinos la localización del calamar gigante en el Caribe —realmente no sé si nada en nuestras aguas—, para concentrarme en el comestible y sencillo calamar que encontramos en el mercado, y que con mucho gusto dedico a mi lectora y amiga Elisa Álvarez.

8 calamares grandes (grandes para ser comerciales, no gigantes)
½ kg (1 lb.) de jamón magro
1 pimiento verde
1 cebolla grande
6 dientes de ajo
1 cucharadita de sal
½ cucharadita de cayena
1 huevo
1 pimiento rojo
1 taza de puré de tomate
2 cucharadas de vinagre
½ taza de vino blanco seco
4 cucharadas de aceite de oliva
2 tazas de agua

Limpie los calamares virándolos al revés sin romper el cuerpo. Lávelos bien y póngalos a escurrir. Lave los tentáculos (patas) y páselos por la moledora junto con el jamón. Reserve esta mezcla.

En una sartén sofría 2 dientes de ajo machacados con la mitad de la cebolla picada fina, el pimiento rojo picado fino y 2 cucharadas de aceite. Añada a la mezcla, 2 cucharadas del puré de tomate y la cayena. Cocine por 10 minutos a fuego medio hasta formar una pasta seca. Déjelo refrescar.

Cuando la pasta se haya refrescado, añádale el huevo crudo batido y mézclelo bien. Con esta pasta rellene los cuerpos de los calamares sin apretar mucho y ciérrelos con un palillo de dientes (de madera, no plástico).

Corte el resto de la cebolla y el pimiento verde en rodajas. En una cazuela lo suficientemente grande para colocar los calamares sin amontonar, eche 2 cucharadas de aceite, el resto del ajo machacado y sofría los calamares uno a uno hasta que se doren ligeramente. Retira la cazuela del fuego y coloque todos los calamares.

Mezcle aparte el puré de tomate con el vinagre, el vino y la sal. Vierta esta mezcla sobre los calamares y póngale encima las rodajas de ají verde y cebolla. Añada el agua, tape la cazuela y cocine a fuego lento por 20 ó 25 minutos o hasta que están blandos.

Ponga el fuego vivo para que la salsa espese.
Da para ocho comensales.

Medallones de langosta con salsa agridulce de vegetales

Para muchos, la imagen que tienen del Caribe es sólo el resultado de la fusión de los colonizadores blancos (españoles, ingleses, franceses y en menor medida holandeses, en dependencia de la isla) con los descendientes de esclavos africanos. Cuando conocen las distintas nacionalidades que forman la región y profundizan en sus culturas, se sorprenden de la gran mezcla de pueblos, resultado de múltiples migraciones desde otros continentes y dentro de la propia área. Es así cómo la cocina caribeña tiene ecos de la India, China y otros pueblos asiáticos, no como el agregado de un ingrediente exótico, sino como parte integral de la mesa diaria de sus habitantes, aún cuando éstos no los cuenten entre sus ancestros. Es decir, un cubano entre cuyos abuelos y bisabuelos tenga a españoles, africanos, franceses, haitianos y jamaicanos, puede considerar que el Congrí que tanto le gusta (ver receta) es un plato típicamente del país (lo heredamos de Haití), y que lo acompaña con un guiso de pescado o carne, también típicamente cubano, que sin las especias y la salsa originalmente asiáticas le sabría extranjero.

El resultado de estas influencias es un mosaico cultural que cubre toda la región, con características propias en cada lugar, pero con fuertes lazos comunes que unos unen y hermanan.

La receta de esta semana es ejemplo. La aprendí de una amiga de Barbados que conocí en Santiago de Cuba hace unos años, durante el festival caribeño anual que se celebra en esa ciudad. En Santiago, lugar ardiente junto al mar y rodeado de montañas, tierra de música y ron, durante varios días se celebra la «Fiesta del Fuego», cada año dedicada a un país caribeño distinto y a todo el Caribe en su conjunto. En calles, plazas, teatros e instituciones culturales se canta, se baila, se bebe, se come, se habla de literatura, de música, de costumbres, todo bajo el lema «El Caribe que nos une». No hay fiesta más hermosa, porque durante todos esos días no se escucha como queja o reproche ni una sola palabra acerca de las cosas en las que diferimos, sino alabanzas acerca de lo común que hay entre nuestros pueblos. Si acaso se mencionan diferencias es para conocerlas mejor, para asumirlas mejor, para incorporarlas mejor a cada una de nuestras culturas, porque la fusión es una vocación indetenible de los caribeños.

Fue así como asumí esta receta, reconociendo lo que hay de similar a otras nuestras, descubriendo nuevos misterios y agregando, por supuesto, algo del toque cubano, entre otros el hecho de servir el plato acompañado de plátanos verdes fritos (ver receta de «El chatino perfecto»), en busca de una textura crujiente y un contraste del sabor algo salado del chatino con el agridulce de la salsa. ¡Qué maravilla!

4 colas medianas de langosta, aproximadamente 250 g cada una (½ lb.)
3 cucharadas de harina de trigo
3 cucharadas de maicena
3 huevos
Sal al gusto
Aceite para freír

Para la salsa

1 pepino chino mediano
1 zanahoria mediana
1 cebolla blanca grande
1 pimiento verde
1 pimiento rojo
1 mazo de cebollinos
½ taza de brotes de frijol soya
2 tazas de azúcar moreno
2 tazas de vinagre
2 taza de agua
4 cucharadas de salsa shoyu (de soya)
4 cucharadas de maicena
Jengibre rallado al gusto
¼ cucharadita de cayena

Limpie y retire la vena de las colas de langosta. Córtelas en rodajas de aproximadamente 2 cm (menos de 1 pulg.) y polvoree con sal. Bata los huevos y añada harina y maicena hasta que se mezcle bien. Envuelva las rodajas de langosta en la mezcla y fríalas en el aceite caliente hasta dorarlas por ambos lados. Colóquelas sobre papel absorbente y déjelas que escurran.

Pele el pepino, córtelo a lo largo y retire las semillas con una cuchara. Corte cada mitad en rodajas de ½ cm (¼ de pulg.) y póngalo a drenar en un colador con un poco de sal por encima. Pele la cebolla y córtela finamente. Limpie los pimientos y córtelos en cuadritos pequeños. Pele la zanahoria y córtela en cuadritos pequeños. Corte los cebollinos en rodajitas y corte los brotes de frijol en trocitos pequeños.

En una cazuela salsera eche los vegetales cortados (menos los brotes de frijol) con 1½ tazas de agua y ponga a hervir a fuego vivo durante 2 minutos, hasta que el pepino cambie de color y textura. En un tazón deslía el azúcar en el vinagre y añada el jengibre, la cayena y la salsa shoyu. Cuando los vegetales estén listos añada la mezcla del tazón, los brotes de frijol y cocine un minuto más. Deslía la maicena en ½ taza de agua y únala al resto en la cazuela. Baje el fuego a lento y cocine hasta que la salsa se espese y esté translúcida. Esta salsa se conserva bien en el refrigerador, así que guarde el resto para otra ocasión.

En una fuente coloque las rodajas de langosta y vierta parte de la salsa caliente por encima, sólo para pintar las rodajas. Ponga el resto en una salsera en la mesa. Sirva de inmediato.

Da para ocho comensales.

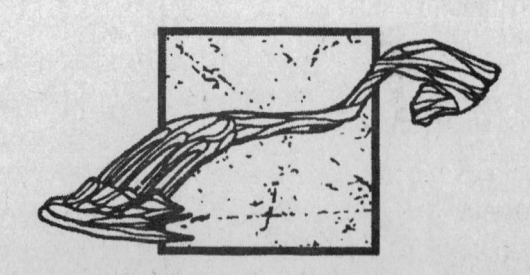

Langosta con vinagreta de mango y menta

El plato de hoy no proviene del recetario de mi madre o de la abuela de mi marido. Tampoco me la descubrió él a partir de alguno de sus recuerdos de aventuras con su tío o de un viaje a tierras exóticas. Ésta la aprendí casi por accidente.

Hace unos pocos años fui a Santiago de Cuba, la más caribeña de nuestras ciudades, a trabajar en la Feria del Caribe contratada por una firma cubana exportadora de mariscos. Esta feria, que atrae principalmente a empresarios caribeños, se ha convertido en una de las mayores y más importantes de nuestra región. Una de las razones es que Santiago de Cuba es posiblemente la ciudad cubana que mayores influencias ha recibido de otras islas del Caribe. En sus calles y costumbres se palpan las huellas dejadas por esclavistas y esclavos provenientes de Haití al triunfo de la revolución haitiana en 1804, así como de inmigrantes y trabajadores temporales de las islas que en otras épocas nos legaron elementos de la cultura francesa e inglesa. Apellidos como D'Estrampes, Wilson, Pierre y Johnson atestiguan esa herencia que por siglos ha enriquecido y contribuido a la formación de la nacionalidad cubana.

Pues bien, estaba yo en mi stand en un momento de calma cuando una simpática mujer como de mi edad se asomó y se me presentó como Marie, mi vecina del stand a mi derecha, de una firma de Martinica competidora de la mía. Al poco rato conversábamos como amigas de toda la vida y fuimos a almorzar juntas. Marie estaba encantada con la ciudad y sus gentes, tan parecidas a las de su isla, decía ella. Y le encantó la comida, diferente, sí, pero con acentos iguales. Resultó que tanto ella como yo estábamos haciendo un trabajo similar en nuestros respectivos stands: preparando platos de marisco para degustaciones en el lugar. Como es lógico, pronto estábamos intercambiando experiencias.

Marie me hablaba de la influencia mayormente francesa en la cocina de Martinica, Guadalupe, y otras islas vecinas colonizadas por Francia, que se mezcló con la herencia africana, arahuaca, y un largo etcétera de culturas de otros países que han traído su mayor o menor impronta al Caribe para dejarnos muchos rasgos comunes y algunas diferencias. Yo le contaba de la base española de nuestra cocina cubana, mezclada con elementos de las varias etnias africanas que llegaron a Cuba y de las posteriores influencias europeas y hasta chinas. Las dos reíamos de la ignorancia de supuestos expertos del Primer Mundo que consideran que somos descendientes de alguna nacionalidad europea y de una africana, sin tener en cuenta los múltiples componentes nacionales que hay en los criollos de nuestras tierras.

Al despedirnos, cuando terminó la feria, nos intercambiamos recetas y direcciones y nos hicimos la promesa de vernos al año siguiente en la próxima Feria del Caribe. Nunca volví a ver a Marie. Unos meses después recibí carta suya en la que decía que se mudaba a París, donde había comprado un pequeño restaurante. Me prometió que algunas de las recetas que yo le había regalado tendrían lugar de honor en el menú como recuerdo de su amiga cubana y de su amistosa Santiago de Cuba. De vez en cundo nos escribimos, una media docena de veces al año, y ahora, que hace poco recibí carta suya, quiero compartir con ustedes mi receta preferida entre las que me dio Marie. En la vinagreta está la herencia de Francia, y en los otros elementos y la conjunción de todos, esa mezcla maravillosa que nos hace caribeños.

4 colas de langosta del Caribe

Para la vinagreta (da una taza)

2 cucharadas de jugo fresco de lima
1 cucharada de vinagre de arroz
Sal y pimienta negra recién molida, al gusto
½ taza de aceite de oliva
½ taza de mango maduro, bien picado, con su jugo
¼ taza de hojas de menta fresca, lavadas y bien picadas
½ cucharadita de azúcar

Lave bien las colas de langosta y póngalas al vapor a fuego lento unos 15 ó 20 minutos (dependiendo del tamaño) hasta que cambien de color. Ábralas por la parte de abajo y retire la masa de una vez para que salga completa. Córtelas longitudinalmente, retire el cristal y deséchelo. Póngalas en una fuente de servir con la parte blanca de las mitades hacia arriba. Déjelas refrescar.

Prepare la vinagreta mezclando en un recipiente el jugo de lima, el vinagre, la sal y la pimienta y revuelva hasta que la sal se disuelva.

Mientras revuelve añada el aceite de oliva, el mango y su jugo, la menta y azúcar.

Distribuya la vinagreta por encima de la langosta y póngala en frío por lo menos una hora antes de servirla.

Da para cuatro comensales.

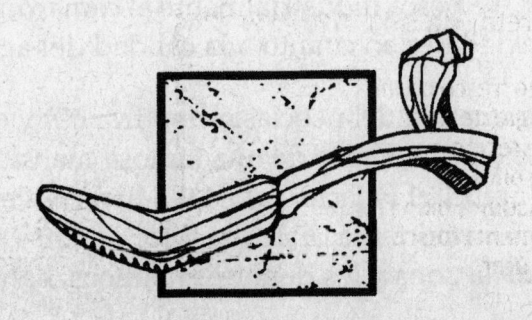

Langosta al coco

Hay áreas en nuestra zona del Caribe que son paraísos culinarios, unas veces por toda su cocina y otras por un único plato, pero capaz de atraer a viajeros desde lugares distantes solo por probarlo. Puede ser que ese lugar se encuentre en un pequeño pueblo, como sucedía por los años veinte del pasado siglo en el poblado de Güines, cerca de La Habana, adonde llegaban como peregrinos cientos de personas —miembros de mi familia incluidos— a probar las butifarras de «El Congo». Tan famosas resultaron —y sabrosas—, que Ignacio Piñeyro, uno de los más grandes compositores de sones y rumbas de Cuba, inmortalizó al creador y paseó su nombre por el mundo al componer *Échale salsita*. Ya aquellas tiernas y jugosas butifarras no existen, perdido su secreto a la muerte de «El Congo», pero el son se sigue cantando como un himno.

Otras veces una receta, como es el caso de la que sigue, es expresión del extenso recetario de una ciudad. Así sucede con este plato singular de la cocina marinera de Cienfuegos, la hermosa ciudad que fundara en 1819 el francés Louis de Clouet junto con cuarenta familias de colonos franceses procedentes de la Luisiana. Conocida en Cuba como «La Perla del Sur», Cienfuegos está situada en el seno de una maravillosa bahía de bolsa de 88 kilómetros cuadrados, a 250 km de La Habana, en el centro sur de la isla. Son tan limpias y abrigadas sus aguas que en la bahía, casi un mar interior, se pesca industrialmente el camarón, uno de los mariscos más exigentes en cuanto a la calidad del agua.

Su arquitectura, mezcla del neoclasicismo francés y el eclecticismo colonial cubano —además de una famosa mansión de extraña inspiración árabe, el Palacio Valle— la han convertido en un destino turístico importante. Este aspecto, además de la tradición pesquera de la zona y los deportes náuticos, han convertido a Cienfuegos en la más marinera de las ciudades cubanas y, junto con Santiago de Cuba, en una de las más caribeñas de la isla.

La receta de «Langosta al coco» que comparto con ustedes es ejemplo de las herencias cruzadas del Caribe. Hay ecos de la influencia francesa en el toque final, pero convertida por el uso del ron y el agua de coco en algo que Brillat-Savarin nunca hubiera pensado. Debido a la maravilla de los vasos comunicantes que unen a nuestras tierras por debajo del mar y por el aire que compartimos es que encontré una receta similar en la Martinica y otra también parecida en República Dominicana. Todas son deliciosas.

4 colas pequeñas de langosta
2 tazas de agua de coco
4 cucharadas de mantequilla
2 tazas de arroz de grano corto
4 dientes de ajo machacados
2 cebollas medianas
1 pimiento verde
1 pimiento rojo
½ cucharadita de pimienta negra molida
4 zanahorias pequeñas
1 ajo porro (puerro)
6 cucharadas de ron cubano 7 años (añejo reserva)
Sal al gusto

Limpie las colas de langosta y córtelas en rodajas por el ancho de las anillas. En una cazuela honda ponga las rodajas de langosta y el agua de coco con un poco de sal. Póngalas al fuego vivo y cuando rompan a hervir cocínelas a fuego lento 8 ó 10 minutos. Escurra y reserve el líquido de la cocción.

Corte finamente 1 cebolla y los ajíes. Corte la zanahoria en lascas delgadas. En una sartén grande o en un wok ponga 2 cucharadas de mantequilla. Añada la langosta, el ajo machacado, la cebolla, ajíes y zanahorias. Añada la pimienta. Ponga la sartén a fuego vivo y saltee la langosta hasta que la zanahoria esté cocinada (depende del grosor de las lascas de zanahoria). Reserve.

Lave el arroz varias veces hasta que suelte todo el almidón. Mida el líquido en que cocinó la langosta y complete con agua hasta llegar a dos tazas y media. Corte finamente la otra cebolla. En una cazuela de fondo plano eche las otras dos cucharadas de mantequilla y póngala al fuego hasta que la mantequilla se derrita. Añada la cebolla picada y el arroz. Sofría unos 3 minutos. Añada las dos tazas y media de líquido y rectifique el punto de sal. Tape la olla y cocine a fuego lento 20 minutos hasta que el arroz se abra bien. Retire del fuego, revuelva con un tenedor y deje reposar 10 minutos.

Vierta el arroz en fuente de servir formando una corona.

Corte finamente el puerro y polvoréelo por encima del arroz.

Añada el ron a la langosta y flamee. Viértala encendida en el centro de la corona de arroz y llévela a la mesa. Puede hacer esta última operación en la mesa para provocar exclamaciones, pero no invite ese día a ningún bombero, o al menos adviértale de antemano.

Da para cuatro comensales.

Langosta al curry

Una lectora que aseguraba leer siempre mi columna me escribió en una oportunidad para decirme que había pasado un tiempo sin publicar otras recetas caribeñas que no fueran de la cocina cubana. Me declaro culpable. En parte porque es la cocina que mejor conozco, pero también porque muchos platos que pueden parecer exclusivos de un país en realidad pertenecen a toda la región. Quizás en otros lugares lo conozcan con otro nombre, y a veces lo hemos aclarado así, y tenga alguna que otra variación, pero el sancocho dominicano y el de Puerto Rico no se diferencian mucho del colombiano, del puchero criollo de Venezuela o del ajiaco de Cuba. Es lo que sucede cuando se tienen raíces comunes y se mantienen lazos comunicantes entre nuestras culturas.

A veces, claro está, una receta puede parecer puramente jamaicana, pero está emparentada con alguna cultura tan lejana como la de la India, presente en muchas otras islas de habla inglesa del Caribe, pero ausente de las de habla española o francesa. Y todo por un solo ingrediente: curry.

La palabra se deriva del término «kari», de la lengua tamil, una salsa o condimento para el arroz. El polvo de curry, como lo conocemos en Occidente, fue desarrollado por los ingleses durante su dominio colonial de la India, como forma de aproximarse a los sabores de la cocina de ese inmenso país. En realidad, aunque existe en la India un arbusto llamado curry cuyas hojas tiernas son utilizadas como condimento, el curry que los ingleses llevaron a Europa y regaron por el mundo es una mezcla de especias de composición muy variada (algunos dicen que puede llegar a tener más de cien ingredientes distintos). No existe un solo tipo de curry, como no existe una sola salsa en Italia para las pastas (ni siquiera una sola receta de salsa boloñesa). Los ingleses introdujeron el curry en sus colonias del Caribe, pero éste fue transformado por la dinámica cultural de la región, que incluye una importante inmigración proveniente de la India. Es así como el curry se reencontró con sus orígenes y se asimiló a la cocina caribeña. La receta de hoy, aunque de Jamaica, la servimos con el típico arroz blanco a la cubana (ver receta), que tan bien le viene.

2 libras de masa de langosta
2 cucharadas de curry
2 cucharadas de mantequilla
1 tomate fresco grande
1 cebolla blanca grande
1 manojo de cebollinos
⅓ taza de agua
1 cucharadita de maicena
Sal y cayena al gusto

Lave la masa de langosta en agua corriente y córtela en lascas finas.
Corte la cebolla y el tomate en cuadritos. Pique finamente los cebollinos.
En una sartén honda derrita la mantequilla a fuego mediano y saltee las masas de langosta hasta que cambien de color.
Añada la cebolla, el tomate picado y el curry, y cocine a fuego lento revolviendo hasta que la langosta se vista en las sazones. Añada sal y pimienta al gusto.
Disuelva la maicena en el agua y vierta la mezcla encima de la langosta. Cocine revolviendo hasta que la salsa espese.
Apague el fuego y polvoree los cebollinos por encima. Tape la sartén y déjela reposar 5 minutos.
Sirva con arroz blanco y ensalada verde.
Da para seis comensales.

Langosta Paraíso

Cuando se habla de langosta muchos inmediatamente piensan en un restaurante junto a una playa del Caribe y a la luz de las estrellas, donde el camarero lo saluda a uno por su nombre al compás de una sensual música del Trópico, mientras un simpático chef prepara el plato con la receta secreta de la casa.

Otros piensan en un lugar que descubrieron casualmente, situado en una carretera alejada que bordea el mar en la costa de Maine, y hasta donde los propios pescadores traen las grandes langostas de muelas.

Claro, la langosta puede hacerse sin ninguna de esas escenografías turísticas. Todo lo que hace falta es buena langosta y una receta apropiada. Pero para los verdaderos adoradores, esos que la consideran la reina del mar, la receta, el tipo de langosta y el lugar tienen la misma importancia. Mi marido, por ejemplo, cuando hace tiempo que no la come, es de los que aseguran que la langosta caribeña, esa de jugosa y tierna cola, fue la verdadera fruta prohibida con que Eva conquistó a Adán. Y sólo pudo surgir en un lugar.

Según la historia que él cuenta, el Paraíso Terrenal no estuvo en el Medio Oriente en algún punto de lo que (¿siglos?, ¿milenios?) después fue el antiguo imperio babilónico, por allá entre el Tigris y el Eufrates, sino en una isla del Caribe (cualquiera) de clima envidiable todo el año, vegetación lujuriante, sin alimañas peligrosas, y con abundancia de frutas tropicales. Adán era medio tonto y no comía nada del mar, lo cual parece que tenía cierto efecto en el cumplimiento de sus deberes conyugales. Así que un atardecer Eva se puso un collar de flores (no tenía nada más que ponerse), preparó unas colas de langosta con especias exóticas, puso a enfriar el vino y espero a que Adán llegara a casa del trabajo. No tengo que contarles el resto.

Después vino lo del castigo, porque en realidad el Dueño del Lugar no quería compartir las langostas, y aunque en realidad no expulsó a nuestros padres del Paraíso (por eso nacimos aquí) les quitó la inmortalidad. Pero dice mi marido que si se tiene suficiente langosta, ¿para qué hace falta ser inmortal?

Pues resulta que algunos milenios más tarde invitamos a unos amigos a comer en casa y decidí preparar langosta. Ese día no hice una receta conocida, como la Langosta Mariposa (ver receta), sino que me propuse preparar algo nuevo. Y pensando en la historia que hace mi marido de Adán y Eva, la Langosta Prohibida y las especias exóticas inventé esta combinación. Fue un éxito total.

Cuando nuestros amigos la probaron pidieron de inmediato la receta y preguntaron cómo se llamaba. Mi marido, que me conoce como nadie, me miró, sonrió de placer y dijo:

«Langosta Paraíso», y me pidió que le sirviera más.

4 colas de langostas medianas
2 cebollas blancas medianas
1 cucharadita de orégano molido
1 cucharadita de laurel molido
1 cucharadita de tomillo molido
1 cucharadita de cayena
1 cucharadita de pimentón dulce
6 dientes de ajo grandes
2 tazas de vino blanco seco
½ libra de mantequilla con sal

Limpie las langostas y corte toda la masa en dados pequeños.
Pele los dientes de ajo y machaque bien en el mortero el ajo con las especias molidas.
En un wok o sartén grande de hierro derrita la mantequilla a fuego mediano. Saltee la cebolla sin dejar que dore y añada las especias machacadas. Sofría unos segundos y añada las masas de langosta.
Sofría hasta que la langosta cambie de color y añada de un golpe el vino blanco.
Deje cocinar unos 5 minutos a fuego vivo hasta que se reduzca la salsa.
Da para seis comensales.

Langosta Mariposa

(Adaptada de la receta original del gran chef Gilberto Smith)

El hombre que ha creado esta receta es, por ascendencia y vocación, un verdadero caribeño. Sus apellidos, Smith y Duquesne, traen los ecos ingleses y franceses de parte del Caribe. Su nombre, Gilberto, lo heredó de los emigrantes españoles que vinieron a Cuba, su lugar de nacimiento y residencia. Los nombres de sus antepasados africanos se perdieron por el camino de la transculturación, pero no así las tradiciones que se manifestaron en su nacionalidad. Y la vocación caribeña, está en su convicción de que hay platos que originalmente vinieron de otras partes, pero que al llegar a nuestras tierras sufrieron transformaciones de sazón, maneras de prepararse y formas de presentarlos que los convirtieron en nuestros, de cada uno de los países del área y de la región entera. El día que llegó a nuestro mar el cocido madrileño, se le suprimieron los garbanzos y la col y se agregaron nuestros tubérculos, nació el ajiaco. El resto quedó igual. Más o menos. (Ver «Ajiaco cubano».)

Smith quizás tenga, además, algún antecesor que vino de Asia. Se le ve en sus ojos algo rasgados. O al menos lo ha heredado culturalmente de nuestra mezcla de razas y tradiciones. Lo demuestra en parte por la forma de nombrar sus platos y las maneras de crearlos, como éste de hoy, con un nombre que tiene evocaciones de la antigua China.

Smith ha alimentado y fascinado a reyes democráticos, peligrosos mafiosos, políticos de uno y otro bando, modistos, aristócratas decadentes, estrellas de cine, escritores afamados, *ballerinas*, y gente común y corriente —estos últimos, dice él, sus preferidos. Algunos de los comensales que han quedado deslumbrados por el chef cubano parecen pertenecer a una guía de *Quién es Quién*: el Rey Juan Carlos de España, Paco Rabanne (que cocinó junto con él en un restaurante de La Habana), el Marqués de Pucci, François Mitterrand, Georges Pompidou, Alain Delon, Meyer Lansky (el «padrino» mafioso que quiso llevárselo a Las Vegas), Jean Paul Belmondo, Edith Piaf, Maurice Chevalier, Joan Manuel Serrat, Pierre Trudeau, Jean Paul Sartre, Gabriel García Márquez, Alejo Carpentier, Alicia Alonso...

Presidente Vitalicio de la Asociación Culinaria de la República de Cuba, Presidente de la Federación Culinaria de América Latina y el Caribe, nuestro chef es además miembro efectivo de la Academia Culinaria Francesa y del Club La Casserole, de París, miembro de honor de la Asociación Culinaria de Suiza y de la de los Gorros Blancos de España.

Ha recibido medalla de asociaciones culinarias de Japón, Canadá, y Alemania, entre otras. Japón también le concedió la Medalla de Oro Especial, y Cuba la Distinción por la Cultura Nacional. El gobierno italiano lo condecoró con la Orden Catalina de Médicis y en el megaevento culinario Perú 2001 se le entregó el título «Chef del Milenio». A pesar de todos los honores y condecoraciones, a sus más de ochenta años de edad, Smith se niega a retirarse y continúa trabajando. Dicen algunos autores que han escrito sobre él que el maestro ha creado más de ciento cincuenta platos, muchos de ellos teniendo como protagonista a la langosta caribeña, esa especie de cola mayor y más tierna que la langosta de muelas. Uno de esos platos es el que presentamos aquí.

La Langosta Mariposa me es cercana por más de una razón. Una de ellas es que hay una anécdota de Smith en la que mi marido y mi cuñado desempeñaron un modesto y agradable papel.

En 1984 vino a Cuba, para participar en el Festival de la Canción de Varadero, el gran compositor francés Michel Legrand. A su paso por La Habana Legrand fue invitado a una cena en una famosa casa de modas. Mi marido y mi cuñado, que eran altos ejecutivos de la compañía, fueron invitados también.

Como sabían de la obsesión de Legrand por la langosta —en realidad la excusa para invitarlo y la razón de la aceptación, a pesar de un programa muy intenso— se contrató a Smith para que preparara la cena. El resultado fue deslumbrante. Smith confeccionó un menú de lujo, una gran combinación de cocina clásica francesa y cocina caribeña.

Primero un entrante de cóctel de camarones —del llamado «camarón rosado» o Jumbo, gigantesco, que abunda en el Caribe o, como dice mi marido, «camarón de tres mordidas». Seguía la Langosta Mariposa, acompañada de un Macon Village blanco del año anterior (que es un buen vino, aunque no extraordinario, pero que casualmente mi marido se enteró que era uno de los preferidos de Legrand, vaya a usted a saber por qué). El plato de carne era «Tournedo de filete Rossini», una especie de homenaje gastronómico-musical, ya que se dice que el famoso compositor italiano, un furibundo *gourmand,* fue el creador de esa receta. Para acompañar la carne, el vino fue Marqués del Riscal 1982, un año considerado «clásico» para el Rioja. De postre, torta de chocolate y mantequilla.

Mientras servían el café y el coñac, la presidenta de la compañía llamó a Smith para presentarlo a Legrand. Cuando el chef llegó, impolutamente vestido de blanco y con su orden *Cordon Bleu de France* al cuello, el músico —sin decir una palabra— se levantó de la mesa, lo abrazó y lo besó en ambas mejillas, al estilo francés. Después lo presentó a su esposa y le dijo que se sentía honrado por haber conocido aquella obra de arte, la Langosta Mariposa. Finalmente, después del café y como homenaje a Smith, Legrand tocó el piano para él. De maestro a maestro. Dice mi marido que para él y su hermano fue una doble suerte: disfrutaron la cocina de Smith y la música de Michel Legrand, todo en el mismo día. Ambos en vivo y en directo, como diría una locutora de TV.

Un día, años después, pude conocer personalmente a Smith, debido a su amistad con mi marido y mi suegro, e incluso paladear la Langosta Mariposa preparada por él. No me atreví a pedirle la receta, pero el arte del Maestro es de sabores tan nítidos, enraizado de tal manera en la tradición de la cocina cubana, que pude descifrar por gustos y aromas una aproximación bastante cercana a los ingredientes. Por eso digo que es una adaptación de la receta de Smith. La he preparado en casa y ha tenido éxito, no sólo con familiares, que pueden ser «fans» incondicionales, sino hasta con escépticos para quien el nombre de Gilberto Smith Duquesne, con razón, es un mito. ¡Cómo será entonces la Langosta Mariposa de Smith, con ese toque mágico de su creador!

4 colas medianas de langosta
1 piña pelada y cortada en rodajas finas
4 dientes de ajo
½ cucharadita de pimienta cayena
1 cucharadita de mezcla de nuez moscada, clavo, laurel y jengibre
¼ cucharadita de orégano molido
4 onzas de mantequilla con sal
1 taza de vino blanco seco
Sal al gusto

Las colas de langosta pueden comprarse congeladas, con o sin carapacho. Sin embargo, es preferible la langosta fresca, ya que la congelada le hace perder algo del sabor. Para preparar las colas, quite a cada una el carapacho haciendo con las tijeras de cocina un corte longitudinal por el medio del lomo y otro por el medio del vientre. Hale el carapacho hacia los lados cuidando de desprender toda la masa que sale casi intacta, con el corte marcado en el lomo.

Corte por el lomo de forma longitudinal hasta la mitad del grueso aproximadamente y quite la vena central. En las langostas hembras se pueden encontrar los huevos o «coral», los cuales se deben quitar también.

Lávela bien y extiéndala sobre la tabla de cortar. Corte longitudinalmente cada cola hasta la mitad y luego hacia los costados, para abrirla aún más, pero sin llegar al otro lado para no desprender los trozos de la parte inferior. De esta forma la cola queda como una mariposa con las alas desplegadas.

Póngalas en una fuente y polvoree sal, que debe ser escasa, pues la mantequilla que usamos es salada.

Machaque bien en el mortero el ajo pelado con la cayena y las demás especias. Debe quedar bien fino. Agregue el vino al mortero y revuelva bien la mezcla.

Ponga las colas en la tartera de hornear sin solaparlas. Con una cuchara rocíelas con la mezcla de vino y especias. Derrita la mantequilla en una sartén y bañe las langostas con ella. Cúbralas con las rodajas de piña y póngala en horno mediano por 25 ó 30 minutos, hasta que la masa esté blanda. Suba la temperatura del horno a fuerte y déjela hasta que las rodajas de piña se doren un poco, o sea, unos 10 minutos más.

Saque las langostas del horno y sírvalas bien calientes.
Da para cuatro comensales.

Michel Legrand, como muchos europeos, puede que insista en un buen vino blanco para la langosta, pero en el Caribe preferimos una cerveza helada.

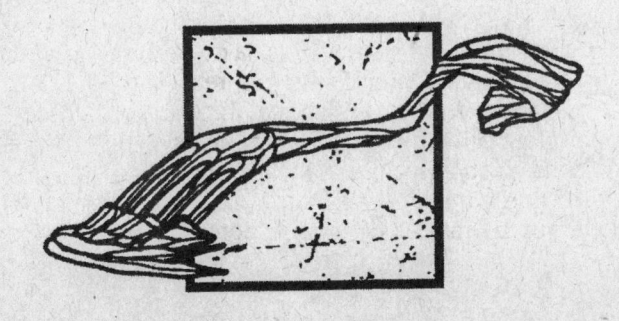

Frituras

El chatino perfecto

La cocina de América, especialmente la del Caribe, es tan mestiza como sus habitantes. Resultado de la mezcla de costumbres e ingredientes de colonizadores, colonizados, inmigrantes y hasta viajeros de paso. Al cabo de siglos de integración surgió una cocina con platos que, a fuerza de repetirse en varios países, con ligeras variantes, desmiente su denominación de origen (cubana, dominicana, colombiana, venezolana, etcétera) para llegar a ser patrimonio «globalizado» de una cultura americana, en su sentido continental.

Uno de los legados de nuestros ancestros africanos es el plátano, con carta de ciudadanía en varios de nuestros países. Alimento de Oshún, la juguetona y sensual deidad yoruba, su voluptuosidad fascinó a los botánicos, quienes en un arranque de poesía lo llamaron *Musa paradisíaca*.

Esa musa me ha inspirado para el plato con que abrimos la sección de frituras: el chatino.

El chatino, tachino, tostón, plátano a puñetazos, patacón o patacón pisao, como se le conoce en los diversos puntos de la geografía caribeña, no es más que un plátano —víctima del «abuso» del cocinero— que acompaña cualquier tipo de comida o se come como «saladito», «botana», aperitivo, acompañante de bebidas espirituosas.

Por su omnipresencia en nuestras mesas, aunque siempre bien recibido, a veces el cocinero sufre la crítica de los comensales, que son de paladar tan diverso como los tantos nombres que recibe el plato.

Mi marido, que, como antes he dicho, siempre recuerda con nostalgia la cocina de su abuela, describe como perfecto aquel que queda suave por dentro, y tostado y crocante por fuera, combinación algo difícil cuando se trata de sólo freír y dar piñazos (decimos en cubano, pero piña o puñetazo en otros lugares). En esencia, esto no debería tener más ciencia.

Pero siempre en el espíritu de complacer a la media naranja y fuerte creyente de que el amor realmente entra por la cocina, le puse un extra a tan rudimentaria técnica y logré el resultado deseado: el chatino perfecto.

El primer paso es escoger bien el plátano, que como buen amante debe ser joven (bien verde aunque hecho), firme y de buen calibre, de la variedad conocida en estos lugares como «plátano macho».

El proceso es bien sencillo:

Se corta el plátano en trozos transversales de 2 ½ cm de ancho (1 pulgada), se pela y pone a freír en aceite frío, sin calentar previamente. Se deja a fuego lento hasta que los trozos cambian de color, subiendo el tono de amarillo, y se ablandan completamente, lo cual se comprueba cuando se atraviesan fácilmente con un tenedor de cocina (bi-pincho, dice mi marido).

En este momento se escurren bien y se procede a caerles a golpes, pero sin ira y con cierto afecto, hasta reducirlo a un espesor de ½ cm (⅛ de pulgada) aproximadamente. En la cocina tradicional esto se hace metiendo el trozo en una bolsa de papel estraza doblada, para que además pierda el exceso de grasa en el proceso.

Una vez aplastados se sumergen en agua salada por unos minutos y entre tanto se calienta bien el aceite de la sartén. Cuando el aceite esté bien caliente, se sacan los chatinos del agua, se secan en papel absorbente y se echan a freír de nuevo, hasta que tengan un color amarillo dorado bien lindo y estén crocantes por fuera. Se sacan a otra bolsa de papel estraza para escurrir el exceso de grasa y se sirven antes de que se enfríen.

Fritangas de Fin de Año

Cuando se acerca la Noche Vieja —como le decía mi abuela a la última noche del año— y como es tradición en muchos de nuestros países se invita a familiares y amigos cercanos a recibir el Año Nuevo, hay quien prepara una cena similar a la de Nochebuena. Pero si los invitados son muchos —como es mi caso por los muchos familiares de mi marido y míos, además de los amigos comunes— preparamos para acompañar las bebidas lo que en el Caribe llamamos *saladitos, botanas, abrebocas, tapas, entrantes* y muchos otros graciosos apelativos para designar lo que otros nombran como *hors d'ouvre, tidbit, antipasto, appetizer, finger food*.

De nuestros antepasados africanos heredamos el gusto por la «fritanga», como se decía antiguamente a los alimentos fritos. Freír en abundante grasa quedó como parte de nuestra cultura en el Caribe, aunque más en las regiones de habla hispana que en las de otros idiomas, lo cual no quiere decir que no se use en las de habla inglesa o francesa. Esta costumbre era tan omnipresente que se cuenta que en La Habana de hace siglos, puerto de encrucijada entre América y Europa, el olor a fritanga dominaba la ciudad.

Llegaban las flotas del continente cargadas de tesoros con destino a España y aquí se reunían para hacer la travesía conjunta y defenderse con la fuerza del número de piratas, corsarios y bucaneros. Alrededor de los muelles se veía a negras esclavas y libertas que freían toda clase de fritangas en sus grandes calderos mientras pregonaban su mercancía. Los marinos y pasajeros —que sabían que en el largo viaje a Europa pronto dejarían de comer alimentos frescos— así como paseantes atraídos por los pregones, se atiborraban de frituras de carne, pescado, mariscos e incluso vegetales.

De aquella tradición he escogido varias recetas que usted puede preparar para su fiesta, ya sea de Fin de Año o para cualquier otra ocasión.

Frituras de malanga, Masitas de puerco, Mariquitas picantes y otras más. Sólo de mencionarlas se me hace la boca agua.

Frituras de malanga

1 kg (2 lbs.) de malanga blanca
4 dientes de ajo
2 huevos
Sal al gusto
Aceite para freír

Se pela, se lava y se ralla la malanga en guayo fino. Se machacan los dientes de ajo y se agregan a la malanga rallada. Se añaden los dos huevos y la sal. Se bate bien la mezcla y se fríe por cucharaditas en aceite caliente, volteándolas varias veces hasta que se doren por ambos lados. Se escurren en papel absorbente y se sirven calientes.

Masitas fritas de cerdo

2 ½ kg (5 lbs.) de carne de cerdo (pierna o lomo)
4 naranjas agrias
10 dientes de ajo pelados y machacados
1 cucharada de orégano en flor
1 cucharada de sal

Corte la carne en dados de 3 cm de lado sin quitar la grasa. Prepare un mojo criollo con el jugo de las naranjas, el ajo y el orégano (ver receta de «Pierna de cerdo asada»). Ponga la carne a marinar en el mojo desde el día antes. En la mañana ponga la carne en una cazuela de hierro junto con la marinada y agua hasta cubrirla. Tape la cazuela y cueza la carne a fuego lento hasta que se ablande. Esto puede demorar una o dos horas, en dependencia de la carne y puede ser necesario agregar agua en el proceso. Cuando la carne este blanda destape la cazuela y póngala a fuego vivo hasta que el agua se evapore. No se preocupe si se reduce. La carne habrá soltado su grasa en la cazuela y esta misma grasa sirve para que se dore al final. Fría la carne en esta grasa hasta que esté bien dorada por todos lados. Escúrrala sobre papel absorbente y póngala en una fuente a refrescar. Se sirve a temperatura ambiente.

Mariquitas picantes

2 plátanos machos bien verdes
1 cucharadita de sal
1 cucharadita de cayena o chile jalapeño seco y molido
Aceite para freír

Se quitan las cáscaras al plátano entero, sin cortarlo, y luego se pica en lasquitas muy finas con la mandolina.
Se mezcla la sal con la cayena (o el jalapeño) y se ponen en un salero.
Se fríen las mariquitas en aceite caliente hasta que estén crocantes. Se escurren en papel absorbente y se echan en una fuente. Se polvorean con la mezcla de sal y cayena y se sirven.

Frituras de bacalao

½ kg (1 lb.) de bacalao
4 huevos
6 cucharadas de harina de trigo
1 cucharada de polvo de hornear
3 cucharadas de cebolla rallada
3 cucharadas de perejil picado bien fino
1 cucharada de pasta de tomate

Se desala el bacalao en agua fresca y se hierve. Se bota el agua y se vuelve a hervir en agua fresca. Se desmenuza bien, quitando todas las espinas y la piel. (Si le quedó suficiente de un plato de bacalao preparado anteriormente —ver «Bacalao de mi abuela»—, puede usarlo para las frituras.)
Se mezcla el bacalao con los huevos batidos, el tomate, la cebolla, el perejil y se rectifica el punto de sal. Añada la harina y el polvo de hornear. Se fríen en aceite caliente por cucharadas, teniendo cuidado de no echar muchas a la vez ya que crecen al freírlas. Se voltean con el tenedor de freír para dorarlas por ambos lados. Se escurren en papel absorbente y se sirven.

Aros de calamar al cartucho

1 kg (2 lbs.) de calamares
2 tazas de harina
1 cucharadita de sal
1 cucharadita de pimienta cayena o jalapeño seco molido
Aceite para freír

Se limpian los calamares quitando la cabeza, tripas, tentáculos, bolsas de tinta y piel. Se cortan en aros de 1 cm. de ancho y se lavan en abundante agua corriente.
Se echa la harina con la sal y la pimienta en una bolsa de papel (cartucho). Se van echando los aros de calamar en el cartucho, dos o tres de una vez, y se bate el cartucho cerrado para envolverlos en la mezcla. Sacúdalos uno a uno para quitar el exceso de la mezcla. Se echan directamente en aceite caliente para freírlos por dos o tres minutos hasta que se doren. Se escurren en papel absorbente y se sirven.

Empanaditas venezolanas

Para la masa

3 tazas de harina de trigo
1 cucharadita de sal
1 cucharada de azúcar
¾ taza de manteca pastelera
1 yema de huevo
5 cucharadas de vino blanco seco

Para el relleno

250 g (1 lb.) de carne magra molida de cerdo
2 cucharadas de aceite
1 cebolla mediana
1 pimiento verde
2 dientes de ajo grandes
2 tomates medianos
12 aceitunas rellenas con pimiento
1 cucharada de alcaparras

1 cucharada de pasas
½ cucharadita de orégano molido
Sal y pimienta al gusto
½ taza de vino blanco seco
1 huevo duro
Aceite para freír

Prepare primero el relleno.
Machaque el ajo en el mortero con una pizca de sal. Limpie y corte finamente la cebolla y el pimiento verde. Pele el tomate y quite las semillas. Corte las aceitunas en rodajitas y maje el huevo duro con un tenedor.
En cazuela doble de fondo plano o sartén hondo eche el aceite y ponga a fuego mediano. Eche el ajo machacado con orégano y pimienta y sofría hasta que empiece a dorar. Añada la cebolla y el ají y sofría un minuto más. Añada la carne de cerdo y revuelva bien. Sofría hasta que la carne cambie de color. Añada el vino, las aceitunas, las pasas, las alcaparras y la sal. Revuelva todo bien y tape la olla. Deje cocinar a fuego lento por cinco minutos aproximadamente, hasta que esté bien cocinado. Destape la olla y déjelo a fuego mediano para secar bien el picadillo. Baje del fuego y mezcle el huevo duro picadito. Deje refrescar.
Prepare la masa como si fuera a hacer un pastel. Ponga en un recipiente hondo 2 ¼ tazas de harina con la sal y el azúcar. Eche la manteca pastelera y corte con el estribo o con dos cuchillos hasta obtener boronilla fina. Bata la yema del huevo con el vino y échelo sobre la masa. Amase hasta obtener una masa suave pero manejable. No amase demasiado porque se puede endurecer. Guárdela en el refrigerador 30 minutos.
Polvoree la superficie de trabajo con el resto de la harina y enharine el rodillo. Extienda la masa en capa fina y corte en cuadrados de 5 cm (2 ½ pulgadas). Ponga un cucharadita de relleno en el centro de cada cuadrado y ciérrelo en triángulo. Selle los bordes humedeciendo con una gota de agua y colóquelas sobre la superficie enharinada. Repita hasta formar todas las empanadas. Fríalas en aceite caliente hasta que estén doradas y escurra en papel absorbente. Salen alrededor de 20.

Bolitas de queso

6 claras de huevo
4 tazas de queso amarillo tipo Gouda
1 taza de harina (aproximadamente)
Aceite para freír

Ralle el queso en guayo grueso. Bata las claras a punto de merengue. Mezcle el queso con las claras batidas hasta formar una masa consistente y homogénea.

Ponga en un plato la harina y polvoree sus manos. Con una cuchara tome cucharadas de masa y déles forma de bola de alrededor de 1 cm (½ pulg.) de diámetro. Asegúrese de que queden bien cubiertas de harina.

Fría las bolas en aceite caliente hasta que estén doradas por todos lados. Escurra en papel absorbente y sirva caliente.

Buñuelos de queso

½ kg (1 lb.) de queso blanco fresco
1 ½ taza de maicena
2 huevos batidos
2 cucharadas de azúcar moreno
½ cucharadita de sal
Aceite vegetal para freír

Asegúrese de tener el queso adecuado, ya que un queso que funda muy rápido al calor desbarata los buñuelos. El queso adecuado es el blanco fresco, bien escurrido del suero y madurado al menos por tres días.

Muela el queso por cuchilla gruesa. Mezcle los huevos batidos con la maicena hasta formar una pasta suave. Añada el queso molido, el azúcar y la sal. Mezcle bien y fría por cucharadas en aceite caliente hasta que se doren. Escurra en papel absorbente y sírvalos calientes.

Frituritas de boniato

1 ½ taza de puré de boniato
¾ taza de harina de trigo
1 cucharadita de jengibre en polvo
¼ taza de azúcar
1 cucharadita de polvo de hornear
2 cucharadas de mantequilla derretida
2 huevos
¼ taza de leche
Una pizca de sal
Aceite para freír

En la mezcladora ponga el puré de boniato con la harina, el jengibre, el azúcar, la mantequilla derretida y las yemas de huevo. Añada el polvo de hornear y la sal y siga batiendo mientras echa leche suficiente hasta que quede como una crema espesa y sin grumos.

Aparte bata las claras de huevo a punto de merengue. Mezcle las claras batidas a la crema con una cuchara de madera y con movimientos envolventes como si fuera a hacer una panetela.

Ponga el aceite a calentar y cuando empiece a moverse vaya echando la masa por cucharaditas. Fría 3 ó 4 de una vez, pero no eche muchas para que no se peguen unas con otras. Voltéelas con la espumadera y dórelas por el otro lado.

Escurra las frituras en papel absorbente.

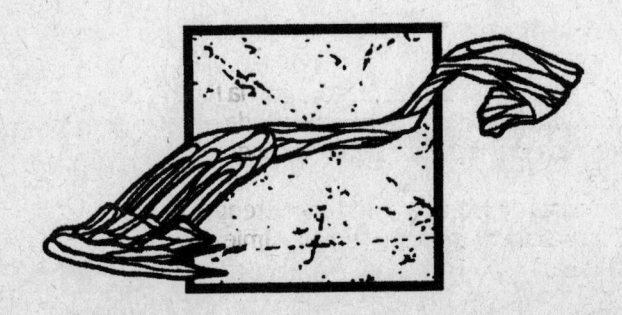

Postres

Boniatillo

Mi marido odia el boniato. No se trata simplemente del desamor por algún plato, que todos tenemos, sino de una guerra privada suya con el maravilloso tubérculo, una cruzada irracional, casi religiosa que bien se parece a la de algunos fanáticos fundamentalistas contra el pensamiento ajeno. Él acepta que exagera, que se pasa de la medida, reconoce que el boniato es uno de los grandes regalos del Nuevo Mundo a la humanidad, que sus características nutritivas son una bendición a la alimentación humana...; pero si se lo menciono como posible componente de una comida, si le insinúo siquiera la posibilidad remota de ponerlo en la mesa, palidece, rompe a sudar y es capaz de caer en la depresión.

Y a mí me encanta. La dulce masa del boniato se presta para muchas recetas —como una que hace poco aprendí, de la cocina criolla de Nueva Orleáns, para acompañar un lomo de cerdo *tutti frutti* (relleno de frutos secos). O una manera típica de hacerlo en Cuba: simplemente hervirlo y luego, a la hora de servir, machacar ajo, unirlo a naranja agria en el mortero y verter encima de los boniatos. Aparte, sofreír en una sartén cebolla con unos chicharrones de cerdo y bañar también los trozos de boniato con ese mojo mágico. Y la más simple de todas, pelar y cortar en rebanadas finas el boniato y freír en abundante grasa bien caliente. Delicioso en cualquier forma.

Y qué le vamos a hacer, si él no lo soporta, lo aborrece, lo considera indigno del ser humano, que solamente es aceptable como alimentación de cerdos y perros. En eso último tiene razón. A ambos animales les encanta y los veterinarios lo recomiendan, cosa que, según mi marido, le da la razón a él para su fobia.

«Si los veterinarios lo recomiendan para cerdos y perros», me dice él, «¿cómo va a ser apto para el consumo humano? ¿Alguna vez se te ocurriría comer heno, alfalfa o pienso?»

Pero cuando le dije que esta semana iba a publicar la receta de boniatillo no obtuve la reacción acostumbrada. Y tuve una idea y le dije: «Seguro que tu abuela lo hacía», a lo que respondió con un casi inaudible: «Sí».

«¿Lo vas a probar?», le pregunté. Murmuró algo no muy claro que no entendí bien, pero no insistí.

Cuando yo estaba en la cocina preparando la receta, como casi siempre hago con lo que publico, se asomó y me dijo: «El boniatillo no es verdadero boniato».

Después lo probó como postre en el almuerzo. Se quedó muy serio, luego sonrió tímidamente y me dijo: «Se parece al de mi abuela». Y borrando la sonrisa agregó: «Pero el boniatillo no es verdadero boniato».

1 kg (2 lbs.) de boniato
4 tazas de azúcar moreno
2 tazas de agua
1 ramita de canela
Cáscara de una lima
30 ml (1 onza) de vino dulce (Madeira, Jerez dulce, Moscato)
1 cucharadita de canela molida

En agua abundante, con un poquito de sal, hierva los boniatos sin pelar, lavados y cortados, hasta que ablanden. Déjelos refrescar.
Quite la cáscara y májelos bien (debe rendir aproximadamente 4 tazas).
Aparte se prepara un almíbar con el azúcar, el agua, la canela en rama y la cáscara de lima. Hierva sólo hasta que tenga punto suave (de 3 a 5 minutos). Se deja refrescar.
En un cazo grande mezcle el puré de boniato con el almíbar. Luego retire la cáscara de lima, la ramita de canela y pase toda la mezcla por el chino. Deseche la fibra que pueda quedar en el chino.
Ponga la mezcla a fuego mediano en una cazuela de doble fondo y cocine revolviendo constantemente, hasta que se ponga translúcido y espese. Retire del fuego, añada el vino dulce y revuelva bien.
Viértalo en una dulcera y polvoree con canela molida. Se sirve a temperatura ambiente.
Da para ocho o diez comensales.

Boniatillo de mi abuela

El boniato, batata o patata dulce *(Ipomoea batatas)* es un tubérculo nativo del continente americano que, al igual que la papa, conquistó al mundo. Menos exigente en su cultivo que su casi homónimo, es parte importante de la dieta de muchos países y, aunque en Europa aún no es muy conocido, es la tercera planta alimenticia en importancia de Japón. La facilidad con que crece en regiones tropicales y subtropicales, así como su corto ciclo de cultivo (unos 4 meses), lo convierten en un alimento favorito, particularmente en el Caribe.

A pesar de que el boniato es cultivado en Estados Unidos desde mediados del siglo XVII y que en el Sur del país se le prefiere generalmente a la papa, los no conocedores a menudo lo confunden con el ñame (*yam* en inglés), un tubérculo venido de África y que pertenece al género *Dioscorea,* de sabor y textura bien distinto a la batata aunque de aspecto parecido, pero no tan versátil como éste.

He encontrado muchas deliciosas recetas de boniato en la cocina norteamericana, especialmente la del Sur de Estados Unidos, tanto como plato acompañante, como en sopas y postres, pero ninguno que se asemeje al boniatillo. Tampoco lo he encontrado en otros países americanos en los cuales el boniato es parte importante de la dieta. Vaya usted a saber, siendo tan sabroso y fácil de hacer.

Si para los que no lo conocen yo tuviera que comparar al boniatillo con otro postre conocido podría decir que es parecido a una natilla, pero no lleva leche ni maicena. No es una mermelada, pues resulta más espeso, aunque no tanto como una jalea. Definitivamente no es un pudín (al menos como lo conocemos en nuestra cultura, no importa que en Inglaterra se le llame pudín lo mismo a un postre que a una morcilla). Por lo tanto, renuncio a nombrarlo de una manera que recuerde a algo conocido, que a veces puede resultar engañoso, y lo presento por su verdadero nombre, que después de todo es sonoro y agradable: boniatillo.

En Cuba hay decenas de maneras de hacerlo (con queso, con coco, con miel…) y casi todas parten de una receta básica. La que comparto hoy con ustedes se diferencia por dos ingredientes que no son una simple adición, sino que cambian por completo la textura y el sabor de este postre, sin que deje de ser boniatillo. La aprendí de mi abuela (por eso el nombre, para diferenciarlo del tradicional), y no creo que otro lo supere.

1 kg (2 lbs.) de boniato
1 kg (2 lbs.) de azúcar
1 litro de agua
1 ramita de canela
4 yemas
60 ml (2 onzas) de vino moscatel (u otro vino dulce similar)
Canela en polvo

Lave bien los boniatos y córtelos en trozos grandes. Póngalos a hervir con su cáscara hasta que ablanden bien. Escúrralos, pélelos y redúzcalos a puré. Reserve.
Mientras hierven los boniatos ponga a hacer un almíbar con el agua, el azúcar y la ramita de canela. Déjela hervir 5 minutos hasta punto de hilo fino. Retire la ramita de canela.
Añada el almíbar aún caliente al puré de boniatos y páselo por la batidora para lograr una mezcla homogénea y bien fina. Pase la mezcla por un colador para eliminar cualquier fibra que le pueda quedar.
En una cazuela plana de doble fondo eche la mezcla de boniato y almíbar y ponga a fuego mediano. Cocine revolviendo de vez en cuando hasta que el dulce se espese.
Mientras se cocina el boniato con el almíbar, bata las yemas de huevo con el jerez. Añada a las yemas un poco del dulce que se está cocinando y revuelva bien. Eche la mezcla en el dulce y cocine revolviendo unos minutos más hasta que tenga color uniforme.
Retire el dulce del fuego y déjelo refrescar en la misma cazuela. Cuando esté a temperatura ambiente sírvalo en una dulcera y polvoree con canela molida.
Da para ocho o diez comensales.

Buñuelos de yuca

Una tarde que repasaba las recetas publicadas hasta aquel momento en mi columna, me di cuenta que no había compartido con mis lectores ninguna receta de postre. ¡Y miren que hay postres en nuestras cocinas regionales! Claro, con toda esa azúcar.

Ésta es una verdadera muestra de lo que digo a cada rato acerca de la mezcla de culturas en el Caribe. Sí, porque los buñuelos los heredamos de Europa, pero por allá el ingrediente básico siempre ha sido la harina de trigo, mientras que por acá los hacemos de yuca, ese tubérculo maravilloso que cultivaban nuestros aborígenes y del cual hacían su pan.

Por supuesto, con la yuca no sólo se hace pan y buñuelos, sino varios platos acompañantes, pasteles y empanadas. De estas últimas, rellenas de carne, las hacen deliciosas en República Dominicana. E incluso en un lugar tan lejos del Caribe como la ciudad ecuatoriana de Guayaquil, hacen un delicioso pan de yuca en el que se mezcla queso en la harina antes de hornearlo.

Pero no sigamos por ahí, porque empezamos a hablar del mojo para la yuca y nos desviamos de la receta. Ahora toca postre. Buñuelos de yuca.

1 kg (2 lbs.) de yuca
1 cucharada de sal
1 huevo
1 ½ taza de harina de trigo
1 estrella de anís ó 1 cucharadita de anís en polvo (opcional)
Jugo de media lima
1 ramita de canela
3 tazas de azúcar refino
1 ½ taza de agua
Aceite para freír

Pele la yuca y córtela en trozos de 5 ó 7 cm (2 ó 3 pulgadas). Póngalos a hervir en agua que los cubra y agregue la sal.

Cuando la yuca esté blanda retire los tallos centrales y pásela por la moledora con el anís, si lo usa.

Ponga la yuca molida en un recipiente grande y déjela refrescar.

Mientras la yuca se refresca, prepare un almíbar con el azúcar, el agua, el jugo de lima, un pedazo de cáscara de lima y la ramita de canela. Déjela hervir 5 minutos.

Cuando la yuca esté fresca añada el huevo y mézclela bien con una cuchara. Vaya agregando poco a poco la harina de trigo hasta que forme una masa que se pueda trabajar. Mientras menos harina le agregue, más suaves y sabrosos quedan los buñuelos, así que use sólo la imprescindible para manejar la masa.

Ponga la masa sobre una tabla enharinada y forme bolitas de unos 3 cm de diámetro (1 pulgada). Amase cada bola hasta formar un cilindro y con cada uno forme un número 8. Póngalos sobre una fuente enharinada para que se acaben de secar al aire y se endurezcan ligeramente en la superficie.

Cuando termine de conformar toda la masa, empiece por freír en aceite caliente los primeros que formó. Dórelos por ambos lados sin pincharlos. Escurra el exceso de grasa en papel absorbente.

Póngalos en una fuente honda y vierta el almíbar por encima.

Plátanos caribeños

Una de mis frutas preferidas es el plátano, como decimos en mi país a la banana. A las otras variedades que comemos cocinadas las diferenciamos agregándoles un calificativo (plátano macho, burro o el genérico que los incluye a todos: plátano vianda), y así no nos equivocamos cuando hablamos de comer plátano frito y sabemos qué plátano escoger para hacer tostones, chatinos o patacón. Si es para comer crudo, le llamamos plátano fruta, o por el nombre de la variedad (Johnson, manzano, seda, ciento en boca, vietnamita, etcétera).

Este postre se prepara en el Caribe de diferentes maneras, y aunque son muy parecidas entre sí cada receta tiene su particularidad. La que hacemos en Cuba la llamamos «Plátano tentación» y es muy similar a otras. Ésta de hoy me parece especialmente sabrosa. La conocí como de la cocina jamaicana, pero la he encontrado después en otras islas caribeñas casi exactamente igual, por lo que prefiero considerarla ciudadana de toda la región.

Aunque puede hacerse con cualquiera de las variedades que se comen como fruta, yo prefiero el plátano que llamamos «Jonson», alargado (unos 18 cm), de carne muy dulce, y que es el más comercializado. No obstante, cualquier banana bien madura sirve.

6 bananas maduras
1/3 taza de azúcar morena
1/2 taza de jugo de naranja
1/2 cucharadita de canela molida
4 cucharadas de licor de Curaçao
6 cucharadas de ron oscuro
4 cucharadas de mantequilla

Escoja para este postre bananas bien maduras, a punto de pasarse.
Pele las bananas y córtelas a lo largo, a la mitad. Engrase con dos cucharadas de mantequilla una tartera de horno donde quepan todas las mitades de plátano sin solaparse. Coloque las mitades en la tartera con la parte del corte hacia arriba.

Aparte, mezcle el jugo de naranja con azúcar, canela, licor y ron. Vierta la mezcla por encima de las bananas.

Suavice un poco el resto de la mantequilla aplastando con una cuchara y distribuya por encima de las bananas.

Ponga la tartera a horno fuerte y cocine hasta que estén bien doradas (aproximadamente 15 minutos).

Cuando se doren colóquelas en fuente de servir y vierta por encima el líquido que quede en la tartera.

Sírvalas como postre, lo mismo caliente que a temperatura ambiente, o a la manera del Sur de Estados Unidos, con jamón asado, hamburguesa o pollo.

Da para seis comensales.

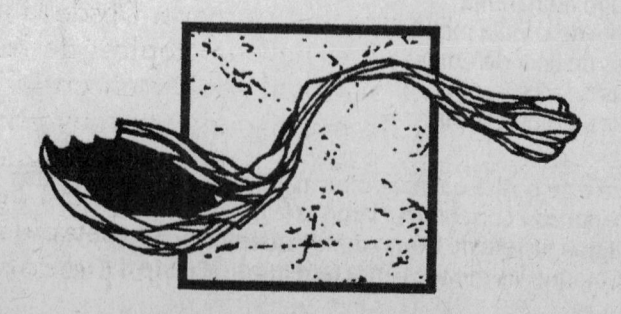

Pudín de mango

Los lectores y las lectoras habrán leído mis comentarios de los frutales de mi patio. Entre ellos el preferido, no solo mío y de mi marido, sino también de amigos y familiares, es el gran mango que cubre con su enorme sombra gran parte del terreno. Tiene ya casi cincuenta años y fue sembrado por mi suegro cuando construyó la casa, allá por 1956. Por supuesto, a pesar de las podas de rejuvenecimiento, el abono y otros cuidados, ya no está tan vigoroso y en previsión del día que desaparezca, ya hemos sembrado a un descendiente suyo para continuar la tradición. Pero aún da mangos deliciosos y seguimos reuniéndonos bajo sus ramas como siempre ha sido la costumbre cada vez que hay en casa alguna celebración familiar. Cerca del mango hemos asado los sabrosos lechones al carbón en ocasiones de bodas, cumpleaños, Día de los Padres o de las Madres. Y aquí también en las tardes de calor (casi siempre) nos sentamos mi marido y yo, solos o acompañados de alguna visita inesperada o avisada que tanto disfrutamos.

Ahora no es tiempo de mangos, porque habrá que esperar a que llegue la temporada de lluvias y el agua abundante vaya engordando los frutos hasta que revienten de dulzor. Pero es febrero y el árbol está florecido. Cientos o quizás miles de pequeños tallos repletos de flores diminutas han vestido mi mango, y siguen brotando más, y más, y más. Parece una promesa de cosecha interminable, pero lamentablemente no será así. Por allá por abril, cuando llegue el viento del sur, lo que por acá llamamos «vientos de Cuaresma», comenzará a soplar un aire cálido y violento, presagio de las lluvias que llegarán en mayo. Desde la terraza veré como el viento provoca una nevada tropical de las flores del mango. Y cada mañana saldré al patio y encontraré el césped alfombrado de miles de flores que pudieron convertirse en fruta. Es un paisaje desolador. Pero no debe durar la tristeza, porque es la forma en que mi mango tiene de deshacerse del exceso de flores. Las que quedan, las más fuertes, se metamorfosearán en maravillas, como mariposas frutales, con una piel de color dorado que es una joya antigua. Luego, cuando ya están en sazón, vienen nietos y sobrinos a cumplir el ritual de comer los primeros mangos de la temporada.

Ahora son sólo las flores, pero de mirarlas pienso en su suave pulpa olorosa, la más sensual de las frutas tropicales, según mi marido, y en el disfrute del comienzo del verano.

Por eso, aún cuando todavía no es tiempo de mangos, se me ocurrió compartir esta receta. Pueden hacerla ya, con los mangos que se encuentran en los mercados, o esperar a que llegue la temporada y hacerla con el fruto fresco. De todas maneras, dice mi marido, sigue siendo la reina de las frutas, y a su lado las demás quedan verdes de envidia.

2 mangos grandes maduros
4 huevos
2 tazas de azúcar blanco
1 libra de pan viejo
½ litro de leche entera
2 tazas de agua
4 cucharadas de mantequilla
½ cucharadita de sal
1 cucharadita de vainilla

Lave y pele los mangos. Corte los dos costados grandes y divídalos transversalmente en lascas finas. Separe el resto de la pulpa de la semilla y córtela en trocitos pequeños. Reserve.
Prepare un molde de pudín de 2 litros cubriendo bien con la mantequilla. Coloque las lascas finas en redondo a cubrir el fondo del molde.
En una cazuela pequeña mezcle el azúcar con el agua y los trocitos de mango. Póngala al fuego vivo y cuando rompa el hervor baje a fuego lento y cocine revolviendo por cinco minutos.
Quite la corteza al pan y córtelo en dados de aproximadamente 2 cm (½ pulgada) de lado. Póngalo en un recipiente hondo grande. Viértale encima el almíbar caliente y desbarate las migas con una cuchara de madera. Déjelo refrescar.
Bata los huevos con la sal y añada la leche revolviendo bien. Añada la vainilla y eche esta mezcla encima de las migas. Una muy bien todo.
Vierta la mezcla en el molde preparado y póngalo aproximadamente por una hora al baño de María en horno medio, hasta que al introducirle un palillo salga casi seco. Apague el horno y, sin abrir, deje refrescar el pudín.
Saque el molde del horno y voltéelo en una fuente redonda, cuidando de acomodar las lascas de mango por encima.
Sírvalo bien frío.

Pudín de pan con coco y maní

Algunas recetas evidencian su carácter caribeño de sólo leer el título —como por ejemplo, el Pollo con Salsa de Maní, los Camarones en Salsa de Piña o el Lomo de Cerdo Asado al Jerk. Otras pueden parecer extrañas a nuestra región al escuchar su nombre —como el Filete de Bonito con Salsa Parmesana o el Pollo a la Manzana—, pero que al ver sus otros ingredientes y la manera de hacerlas de inmediato sale a flote el estilo del Caribe.

Quizás sea en los postres donde lo caribeño se hace más evidente, en parte por la amplia gama de frutas tropicales con que nos bendijo la naturaleza, y que nuestras abuelas y bisabuelas se encargaron de inventar y preservar en los tiempos en que no existía refrigeración, creando mermeladas, compotas, jaleas, cascos, pudines y flanes de mango, guayaba, coco, papaya, naranja, piña, toronja y tantas otras frutas a veces de difícil nombre pero celestial sabor, poco conocidas fuera de nuestra región —como el hicaco o la guanábana.

Claro, que no todo provenía del Caribe, aunque el resultado fuera caribeño, y así tenemos que el postre de hoy es una muestra más de orígenes distintos que confluyeron en nuestra región para convertirse en algo nuestro.

El pudín, en sus muchas variantes que existen en el mundo, nos llegó de Europa, por vía de España a algunos países, y por medio de Inglaterra y Francia a otros. (Quizás en el caso de Cuba, por haber estado ocupada La Habana por los ingleses a fines del siglo XVIII, hayan quedado algunos ecos de los pudines de la antigua Albión. ¡Cómo habrá apreciado España a nuestra ciudad que para rescatarla entregó a Inglaterra toda la Florida!) Los otros componentes principales de nuestra receta de hoy, el coco (originario de las Islas Seychelles) y el maní (de América del Sur), llegaron al área y se convirtieron en parte importante de nuestra cocina, lo mismo en platos dulces que salados, como se pueden ver varios en este libro en los que el maní y el coco figuran como protagonistas (arroces, pescados y mariscos).

Este postre que publicamos es la primera de mis recetas en que ambos aparecen juntos.

4 tazas de pan viejo cortado en dados
1 lata de leche condensada
2 tazas de leche fresca
2 tazas de agua
5 huevos
½ cucharadita de sal
1 cucharadita de vainilla
1 taza de maní tostado y pelado (sin sal)
1 taza de coco rallado (sin azúcar)
1 taza de azúcar

Primero acaramele un molde de anillo de 2 litros de capacidad.
Separe las yemas de las claras y mezcle las yemas con la leche condensada, la leche fresca y el agua.
En un recipiente de cristal eche los dados de pan y la mezcla de leche, yemas y agua, y aplaste el pan con una cuchara de madera hasta que todo este desbaratado.
Eche el maní en el mortero y machaque un poco hasta que quede boronilla gruesa y algunos trozos más grandes.
Bata las claras a punto de nieve y añada el coco rallado. Revuelva hasta lograr una mezcla uniforme.
Mezcle las claras batidas con la mezcla de pan y leche.
Vierta la mitad del maní dentro de la mezcla y revuelva.
Vierta la mezcla en el molde y polvoree por encima el resto del maní.
Ponga el molde sobre una tartera con borde alto y eche en la tartera 3 ó 4 tazas de agua.
Caliente bien el horno. Coloque la tartera con el molde en el horno y baje la temperatura a 200°C (350°F).
Cocine alrededor de 1 hora, hasta que al introducir en el pudín un palillo éste salga casi seco. Si se evapora el agua de la tartera, eche más agua para que no se seque el pudín.
Espere que se refresque bien para desmoldarlo.
Sirva el pudín en fuente, adornado con lascas de frutas tropicales (banana, mango, piña o papaya).

Torticas de Morón (o Polvorones)

Cuando yo era niña aún existían los vendedores ambulantes que para dar a conocer su mercancía cantaban su listado de productos. Aquellas canciones eran las antecesoras del *jingle* publicitario, pero en mi opinión más originales. Los había que vendían frutas, otros vegetales o tamales o dulces, de todo, y durante muchos años formaron parte del paisaje urbano de Cuba, hasta que el desarrollo del comercio los condenó a la desaparición. Tan populares llegaron a ser que en la música cubana se creó el género del pregón y muchos compositores escribieron maravillas. Seguramente los lectores conocen el que posiblemente sea el pregón más famoso de todos, *El manisero*.

Contaba mi suegro que cuando él era niño y vivía por la calle Obispo, en La Habana Vieja, se asomaba al balcón por las mañanas para oír a los dulceros pregonar su mercancía. Las melodías eran sencillas, las letras más aún, pero todas eran muy recordables. No puedo transcribir la melodía, pero recuerdo a mi suegro sentado al piano cantando:

> *Que la llevo yo,*
> *Que la llevo yo,*
> *La panetela borracha,*
> *Que la llevo yo.*

O aquella otra de más vuelo poético, con la que el pregonero se despedía de su casa, además de dar a conocer su producto:

> *Llevo coquitos blancos y prietos,*
> *El dulce 'e leche y el masarreal,*
> *y aunque no compres yo te deseo*
> *una gran dicha matrimonial.*

(Y remataba con el adiós amoroso a la esposa mientras se alejaba).

*Adiós, Migdalia querida,
Se va tu Pancho Marrero.*

A mí de niña se me quedó grabada la imagen de un vendedor muy atildado, de traje y sombrero de pajilla, que pasaba diariamente frente a mi casa pregonando dos palabras con voz grave que luego ascendía en la última letra de cada una:

*Torticaaaa... Calienticaaaa....
Torticaaaa... Calienticaaaa....*

Vendía torticas de Morón, o polvorones, una deliciosa sencillez de mi preferencia. Yo tenía cinco años y lo esperaba cuando pasaba todos los días como a las diez de la mañana para que mi madre me comprara mis torticas de la merienda, lo llamaba con un «Pssst, dulcero», y el sonreía amable, venía hasta la puerta de casa y le entregaba la compra a Mamá sin dejar de repetir su pregón:

*Torticaaaa... Calienticaaaa....
Torticaaaa... Calienticaaaa....*

Luego, cuando me sentaba a merendar bajo la severa vigilancia de mi madre para que no dejara de tomar la leche, yo mordía con cuidado la tortica, firme y dura en apariencia, pero que se convertía en suspiro de ángeles en la boca. De ahí su nombre de «polvorón» con que se le conoce en España. Ésta es la receta clásica que llegó a Cuba y como aún se conoce hoy en día.

250 g (½ lb.) de azúcar
500g (1 lb.) de harina de trigo
250 g (½ lb.) de manteca vegetal
1 huevo
¼ cucharadita de canela en polvo
½ cucharadita de sal

Cierna la harina con la sal y la canela en un tazón. Añada la manteca en trozos y corte con dos cuchillos o con el estribo de repostería hasta que todo quede como miga gruesa. Añada el azúcar y mezcle bien hasta formar una masa grumosa. Añada el huevo batido y una todo hasta que tenga consistencia para amasar.

Con la masa forme pequeñas bolas de alrededor de 2 pulgadas de diámetro. Aplástelas entre las manos ligeramente y póngalas en una tartera, donde las aplastará un poco más hasta que quede como una galletica gruesa. Ponga la tartera en horno frío y encienda el horno a 220°C (400°F). Retírelas del horno cuando empiecen a dorar (aproximadamente 10-15 minutos). Déjelas refrescar y sáquelas de la tartera con una espátula.

Sírvalas como merienda o como acompañante de helados, natillas o un simple vaso de leche.

Salen alrededor de quince.

Natilla planchada

Cada vez que hablo de postres y de incluir uno en la columna, allá va mi marido a hablar de los postres de su abuela. En realidad no me molesta, porque sé que lo hace con cariño y nostalgia de su niñez, y no por poner a su adorada abuela como un modelo inalcanzable; pero después de todo, yo también tuve abuela, también la quise mucho y también hacía postres maravillosos.

Así una semana no le dije nada a mi marido y decidí compartir con mis lectores esta receta tan sencilla y deliciosa que heredamos de España, pero que los cubanos consideramos un postre típico, no sé si será por el toque del caramelo al final. Con el flan y el pudín de pan sucede algo parecido, pero más justificado. Resulta que estos dos últimos adquirieron carta de ciudadanía cubana, independientemente de su origen, el día que a alguien se le ocurrió coronar al flan con coco rallado o al pudín con cascos o mermelada de guayaba. A partir de ahí ya es definitivamente un postre cubano y discutir sobre su verdadero origen un tema de debate académico.

Lo inolvidable de la natilla de mi abuela es que los niños de la casa participábamos de una manera singular. Quizás por eso a ella le gustaba preparar ese postre cuando mi hermana y yo la visitábamos con mis padres.

Desde la gran cocina de casa de mi abuela, con grandes puertas-ventanas que daban al amplio patio, salían a pasear los aromas del almuerzo: los espesos frijoles negros olorosos a orégano; la carne asada en cazuela, que prometía abundante salsa; y hasta el arroz blanco acompañante, al que abuela le agregaba un misterioso (para mí) diente de ajo (años después comprendí el por qué de esa sabiduría). Mi hermana y yo corríamos sin descanso por el patio, cachorros liberados por una mañana de las estrecheces de un apartamento urbano, hasta que a eso de las diez y media de la mañana, cuando el postre ya estaba listo para poner a refrescar hasta la hora de almuerzo, abuela se asomaba al patio y nos llamaba.

Corríamos a la cocina, porque ya sabíamos de qué se trataba. Allí nos esperaba abuela y a cada una nos daba una cucharita, y se ponía a reír mientras nos veía comer golosamente lo que quedaba de natilla en la cazuela. Poco faltaba para que la agujereáramos.

Después volvíamos al patio a esperar el almuerzo y su glorioso colofón de la natilla planchada.

1 litro de leche fresca entera
3 yemas de huevo
3 huevos enteros
4 cucharadas de maicena
1 ½ tazas de azúcar refino
1 taza de azúcar moreno
1 ramita de canela
1 cucharadita de vainilla
1 pizca de sal

En una cazuela plana de doble fondo sobre fuego vivo, ponga a hervir ¾ de litro de leche con la ramita de canela y la pizca de sal.
Bata las yemas con los huevos enteros en un recipiente hondo de cristal. Añada la leche restante (¼ de litro) y mezcle bien. Deslía la maicena en esta mezcla.
Cuando la leche hierva, retire la cazuela del fuego y deseche la ramita de canela. Cuele encima de la leche hervida la mezcla de huevos, leche y maicena. Ponga la cazuela a fuego lento y revuelva constantemente con una cuchara de madera hasta que espese.
Retire la cazuela del fuego, agregue la vainilla y revuelva bien.
Vierta la natilla en una dulcera y déjela refrescar un poco.
Polvoree por encima el azúcar moreno y quémela en la salamandra (o según el método tradicional, con plancha de hierro caliente) hasta que se haga un caramelo tostado.
Deje refrescar a temperatura ambiente y sírvala con bizcochos.
Da para seis comensales.

Flan de calabaza y maíz

Dice mi marido que si en nuestra zona caribeña existiera la tradición norteamericana del Día de Acción de Gracias, el menú de la cena de ese día sería diferente, aunque con similitudes. Seguiría siendo, como en Estados Unidos, con productos encontrados por los europeos en estas tierras, pero con cambios sustanciales.

En primer lugar, casi seguro habría un asado, pero no de pavo, porque esa ave del continente americano no existía en nuestras islas. Probablemente el asado hubiera sido de jutía, un roedor de tamaño y sabor parecido al conejo y que los aborígenes caribeños comían con placer (aunque actualmente ha desaparecido de nuestras mesas por ser especie protegida), o quizás de pescado, siempre abundantes en nuestras aguas y que nuestros nativos también apreciaban. Es posible que el boniato (batata, patata dulce) hubiera sustituido a la papa, porque esta última vino a las islas desde el continente, al igual que el pavo, después de la llegada de los colonizadores. En cuanto al postre, al igual que allá estaría presente la calabaza, pero cómo habría que incluir también al maíz, casi seguro que ambos se integrarían en un solo plato, como es este postre de la tradición campesina cubana.

En nuestra cocina abundan los flanes, desde el tradicional de huevo y leche que los caribeños hispano-parlantes heredamos de España y los descendientes de ingleses o franceses de sus respectivos colonizadores, hasta aquellos cuyo ingrediente principal son frutas tropicales —guanábana, anón, mango, coco, etcétera. Existe también un delicioso flan de calabaza y varios postres a partir del maíz.

La receta de este flan de calabaza y maíz no proviene de mi colección familiar, aunque sí es tradicional en mi país. Llegó a mis manos por medio de un pequeño libro editado hace unos cuantos años por un programa radial dirigido a los agricultores. En el programa había una sección titulada «Cocina criolla» que se componía de recetas familiares enviadas por las oyentes, algunas de ellas de platos locales no conocidos en el resto del país. Es una joya este libro ya agotado, y en él se pueden ver las huellas de todas las culturas que han influido en nuestra zona. Este flan de maíz y calabaza es de la región montañosa del oriente de Cuba.

1 ½ taza de maíz tierno molido
1 lb. de calabaza hervida y majada
2 tazas de azúcar
2 cucharadas de maicena disueltas en 2 tazas de agua
2 tazas de leche entera
1 ramita de canela
½ cucharadita de vainilla
1 pizca de sal

Haga un caramelo con una taza de azúcar adicional y bañe un molde de dos litros de capacidad.
Ponga a hervir la leche con la ramita de canela y la pizca de sal. Déjela refrescar a temperatura ambiente.
En una cazuela honda mezcle el maíz molido con la maicena disuelta y el puré de calabaza. Páselo todo por un colador comprimiendo con el cucharón para sacar bien la harina y dejar las cáscaras y las fibras que se desechan.
En una cazuela de doble fondo ponga la mezcla de maíz y calabaza y añada la leche. Añada el azúcar y póngalo a fuego mediano. Revuelva constantemente hasta que espese. Añada la vainilla y mezcle bien. Retírelo del fuego y viértalo en el molde acaramelado. Déjelo refrescar.
Póngalo en el refrigerador por lo menos dos horas antes de servirlo para que cuaje bien y pueda desmoldarlo.
Da para diez comensales.

Yemas dobles

Los caribeños sentimos veneración por los dulces. Por una parte Dios bendijo estas tierras con un clima maravilloso para el cultivo de la caña de azúcar. Pero con el azúcar se incrementó la esclavitud, la economía de un solo cultivo y el subdesarrollo con el que todavía batallamos. Nuestra azúcar en muchas ocasiones fue amarga. Sin embargo, también nos dejó la multietnicidad de la que nos enorgullecemos.

Por otra parte, los países de habla española de esta región también heredamos el gusto por el dulce de la cultura popular de España, que a su vez aprendió de los árabes la predilección por los postres endulzados con miel, cuando aún en Europa no se conocía el azúcar de caña.

Los árabes, que dominaron España por más de cuatrocientos años e hicieron de la sureña ciudad de Córdoba la capital de un fabuloso reinado, dejaron una profunda y rica huella cultural que pasó a nuestras tierras a través del lenguaje y las costumbres.

En los postres también ha quedado la influencia árabe en nombres como alfajor (una especie de rosquilla), alajú (pasta de almendras, nueces, piñones, pan tostado y rallado, especias y miel), alfeñique (de *al-fánid* = azúcar, y *al-finiq* = manjar delicado), almíbar, jarabe (almíbar con zumos de frutas, de *sarab* = bebida), además de muchos que no se reconocen como de origen árabe por el nombre y cuya lista sería interminable.

La tradición española, al mezclarse con los cultivos de las tierras americanas y el azúcar, produjo un extenso surtido de postres a base de maíz, papa, boniato o con los innumerables frutos, nativos e importados —piña, papaya, mango, banana, cítricos, aguacate—, así como las variantes de las recetas originales traducidas a nuestras tierras.

Este amor por los dulces que heredamos se expresa en el extenso recetario que existe en todas las regiones españolas, gran parte del cual pasó a América. En mi colección de libros de cocina tengo uno que aprecio mucho y que he mencionado en otro lugar. Está editado en 1908 en La Coruña, España y su título es *La cocina práctica*. El autor, Manuel M. Puga, agregó el sobrenombre de «Picadillo» al firmar las recetas que escribía diariamente para el periódico, *El Noroeste*, de esa ciudad y que más tarde reunió en el libro. Es una obra imaginativa, de un humor culto y popular, que se lee con placer aparte de las valiosas recetas, y en la que se trasluce un intenso amor a la tierra gallega del autor, pero con platos de todas las regiones de España. Y para demostrar la importancia que los españoles dan a los postres, hay más de trescientos en el libro.

La receta de «Yemas dobles» la aprendí con mi abuela. Es una variante de lo que en el libro de Manuel Puga aparece como «Huevos dobles» y la diferencia estriba en que en la receta de «Picadillo» se utiliza solamente la yema de huevo y en la de mi abuela se usan los huevos enteros. (Hay una evidente contradicción aquí, pues los títulos debían ser inversos. Bueno, esos son los misterios de la tradición.)

La receta vino de España sólo con yemas, tal como aparece en el libro *La cocina práctica,* pero aparentemente por necesidades del presupuesto familiar se le agregaron las claras y el nombre se le cambió entonces al de «Postre de muchos», en una evidente alusión al ahorro. Ésta es la explicación que yo le encuentro, pero vaya usted a saber si en realidad fue otra. De todas maneras, de esta forma o de aquella, cualquiera de las dos es exquisita.

3 huevos grandes
3 cucharaditas de maicena
½ cucharadita de polvo de hornear
3 tazas de azúcar
1 ½ taza de agua
1 pedazo de cáscara de lima
1 copa (50 ml ó 2 onzas fluidas) de jerez dulce o Marsala
Una pizca de sal
½ cucharadita de canela molida

En cazuela plana de borde alto, a fuego vivo, ponga a hacer un almíbar con el azúcar, el agua y la cáscara de limón.

Mientras hierve el almíbar separe las yemas y bata las claras con la pizca de sal a punto de nieve. Agregue las yemas batidas, la maicena, polvo de hornear y mezcle bien.

Cuando el almíbar esté casi lista (hirviendo y bien disuelta el azúcar) retire la cáscara de limón, baje a fuego lento y vierta la mezcla de huevos sobre el almíbar sin revolver.

Rocíe el vino dulce encima de la mezcla de huevo haciendo vetas y polvoree con la canela. Siga cocinando a fuego lento durante un minuto y corte después la mezcla de huevo con una espumadera y vire los pedazos para cocinarla en el almíbar por el otro lado.

Cuando esté toda como una espuma cocinada en el almíbar bájela del fuego y déjela refrescar en la cazuela por 30 minutos.

Vierta las porciones en copas anchas o pozuelos de cristal translúcido para que se vea el veteado de color. Refrigere por una hora antes de servirlo.

Da para seis comensales.

Islas flotantes

Este año al llegar el Día de Reyes, que en Hispanoamérica antiguamente se celebraba con más entusiasmo que la llegada de Santa Claus, hemos decidido revivir en casa una costumbre de la familia de mi marido. Él me había contado varias veces la alegría con que se reunía la innumerable parentela para abrir los regalos, cada año en casa de un tío o tía diferente.

La abuela de mi marido tuvo doce hijos y el 6 de enero todos, con sus respectivos cónyuges, hijos e hijas, acordaban verse bien temprano en casa de la Tía Paula, o del Tío Ramiro, o de la Tía María Carla o, en fin, de cualquier otro tío o tía. Y allá iba la familia completa, cargada de cajas para poner al pie del arbolito navideño adornado de nieve artificial de algodón, una nieve que ningún miembro de la familia había visto salvo en películas, mientras el invierno cubano posiblemente marchitara flores en el jardín, a una temperatura de 32 grados.

Personaje principal de esta celebración era la abuela de mi marido. Desde el día antes ella se iba a casa del hijo o hija de turno y comenzaba la preparación del momento que ella presidiría con orgullo y sin el cual la fiesta no tendría el mismo significado: la merienda del Día de Reyes. Cuando a la mañana siguiente todos estaban reunidos y comenzaba la apertura de regalos y los muchachos gritaban entusiasmados al ver que su carta a los Reyes había sido satisfecha, aparecían la abuela y las tías con bandejas llenas. Traían altas copas de cristal que rebosaban de las dulces Islas Flotantes, la maravilla que la abuela hacía sólo una vez al año, el 6 de enero, para la apertura de los regalos. Y en ese instante las hermosas muñecas, la nueva bicicleta o el flamante trompo musical eran olvidados momentáneamente por el regalo inolvidable de la abuela, hecho con todo amor para su tribu.

Un día comenzó la separación de la familia. Los hermanos se despidieron, los primos se dijeron adiós, y los tíos se llevaron a la abuela. Algunos miembros de la familia ya se habían distanciado desde antes y la partida sólo fue una reafirmación de la ruptura anterior. Fue una ruptura para todos, pero estoy segura, por lo que cuenta mi marido, que quien más sufrió fue la abuela. Mi cuñada, que era una niña cuando se marchó, le escribió a mi marido que la abuela nunca más quiso hacer la merienda del Día de Reyes, porque le faltaban los que habían quedado en Cuba. Allá siguieron reuniéndose para abrir regalos al pie del arbolito decorado con nieve artificial, menos evocadora de la verdadera nieve cercana que de la de algodón que habían dejado en Cuba y de las flores marchitas en el jardín.

Este año mi esposo y yo decidimos regalar a hijos, nietos y sobrinos el intento por revivir la tradición. Yo no traté de sustituir a la abuela, sino de rendirle homenaje, y como en el recuerdo de mi familia también existe la receta, preparé la merienda del Día de Reyes. Traten de imaginar la escena. Nuestra familia reunida al pie del arbolito navideño adornado de nieve artificial de algodón, afuera las flores marchitándose al calor, los niños y adultos entusiasmados con los regalos, abriendo cajas, exclamando alegrías, y entonces entramos mis tres hijas y yo con bandejas llenas. Traemos altas copas de cristal que rebosan de las dulces Islas Flotantes, la maravilla que la abuela hizo tantos 6 de enero, y que de ahora en adelante, en su recuerdo, haremos todos los años.

1/3 taza de jugo de lima
2 tazas de azúcar blanco
1 ½ taza de agua
4 cucharadas de maicena
3 huevos grandes
1 pizca de sal
Ralladura de cáscara de lima verde

Bata las claras de los huevos con la pizca de sal hasta punto de merengue. Reserve las yemas.
En una cazuela plana de doble fondo disuelva el azúcar en el agua y póngala a fuego vivo hasta que empiece a hervir. Baje el fuego y mantenga el almíbar a punto de hervir. Eche el merengue por cucharaditas en el almíbar y déle vueltas para cocinarlo por ambos lados en el almíbar. Retire las «islas» con una espumadera y vaya colocándolas en una fuente plana hasta que cocine todo el merengue.

Disuelva la maicena en el jugo de lima y añada las yemas batidas. Eche esta mezcla en el almíbar a través de un colador y revuelva con cuchara de madera, cocinándola hasta que tenga consistencia de crema.

Retire la cazuela del fuego y déjela refrescar.

En copas altas vaya echando una cucharada de crema de lima, una isla de merengue, otra cucharada de crema, otra isla de merengue, y así sucesivamente, en dependencia del alto y ancho de las copas.

Termine con una isla de merengue. Adorne con la ralladura de lima verde y ponga a enfriar, preferiblemente de un día para otro.

Da para seis u ocho copas, en dependencia del tamaño de las copas.

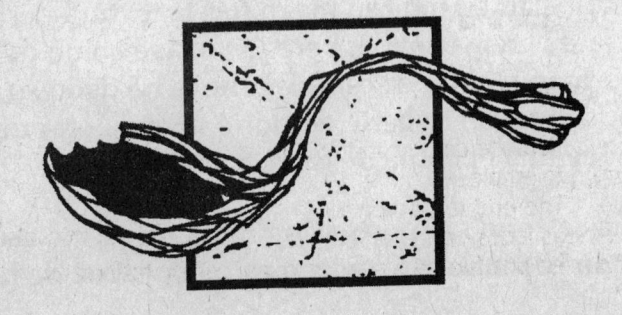

Tocino del cielo de Tío Roberto

Cuando yo era niña el domingo era de fiesta por muchas razones, pero principalmente porque venía a almorzar a casa Tío Roberto, el único hermano de mi madre. Era un hombre alto, fornido, que desde mi poco tamaño a mí me parecía enorme, con una mata de pelo muy negro peinado hacia atrás que con los años fue encaneciendo hasta llegar a ser tan blanco como su bigote. Pero a pesar de su aspecto impresionante mi tío tenía una voz de niño bueno, una voz pausada y tan dulce como su carácter, tan dulce como el tocino del cielo que traía todos los domingos para el postre.

Tío Roberto tenía muchas habilidades: lo mismo reparaba un reloj que un juguete roto, o abría una cerradura trabada, o pintaba una habitación como un artista, o daba una idea para hacer más sencillo un trabajo, siempre con una sonrisa como pidiendo perdón por lo fácil que todo parecía en sus manos. Pero para mí su mayor habilidad, lo que me parecía más misterioso de todos sus conocimientos, era el tocino (o tocinillo) del cielo que todas las semanas hacía para traer a casa el domingo.

No recuerdo qué edad tenía yo cuando lo probé por primera vez. Debo haber sido muy pequeña, porque el sabor del tocino del cielo de Tío Roberto era una presencia de siempre. La memoria que sí tengo nítida e inolvidable fue cuando adquirí plena conciencia de aquella maravilla. Un día, de pronto, tuve edad suficiente para apreciar en toda su magnitud la textura del tocinillo, su apariencia de crema sólida, pero tan suave como de seda, su color de oro puro y el sabor celestial que le ha dado su nombre. De ahí en adelante Tío Roberto adquirió ante mí otra dimensión y su postre fue una epifanía de cada domingo.

Siempre que se servía el postre dominguero yo me asombraba que aquel hombre inmenso a mis ojos fuera capaz de hacer con sus manazas algo de tal delicadeza que yo, además, imaginaba que era invento suyo. Y cuando todos elogiábamos aquella maravilla Tío Roberto sonreía mansamente, casi se ruborizaba y decía: «Pero si no es nada, sólo huevos y almíbar», como si de una escultura se dijera que es sólo un trozo de piedra.

Había otro ingrediente fundamental y nada secreto: una paciencia infinita y una suavidad de movimientos para unir huevos y almíbar, un envolver constante sin apresuramiento hasta alcanzar aquella textura uniformemente lisa, sin una sola burbuja de aire, lo que hacía parecer que el tocinillo estaba hecho de oro líquido.

Un día perdimos a Tío Roberto. Lo lloramos con lágrimas tan dulces como su tocinillo y su sonrisa, y cada domingo extrañábamos su visita. Mi madre sentenció: «En esta casa no se come más tocino del cielo».

Y pasó el tiempo y una tarde, buscando entre papeles viejos, encontré la receta del tocinillo del Tío Roberto. Yo ya había olvidado que un día, de visita en su casa, presencié su magia y le insistí para que me la diera. Estaba escrita a lápiz en una hoja de libreta escolar, con su letra grande y redonda de niño aplicado. Inmediatamente fui a la cocina y seguí sus instrucciones sin cambiar nada, a pesar de esa tendencia que tenemos los que gustamos de la cocina de hacer cambios a las recetas. Por supuesto, no sabía igual, aunque sí fascinó a mi marido y a los amigos que estaban invitados esa noche a casa. Para mí, que probé aquel de Tío Roberto, le faltaba su sonrisa, esa misma con la que ahora debe estar reparando allá arriba alguna nube desgarrada por un angelito juguetón, mientras otros esperan a que él les afine el arpa, les componga un ala y finalmente les dé a probar el tocinillo que tiene en el horno. Después de todo, ¿no se llama tocino del cielo?

1 ½ taza de azúcar refino
½ taza de azúcar moreno
¾ taza de agua
4 ó 5 gotas de jugo de lima

1 ramita de canela
1 cucharadita de vainilla
½ taza de huevos enteros
½ taza de yemas
Una pizca de sal

En una cazuela pequeña, pero alta, mezcle el azúcar refino, el agua, el jugo de lima y la canela. Ponga todo a fuego vivo y cuando empiece a hervir reduzca el fuego a muy lento y deje reducir hasta que quede una taza de almíbar (aproximadamente 7 minutos). Retire la ramita de canela y ponga el almíbar aparte a refrescar.

En una sartén mediana eche el azúcar moreno. Póngala a fuego mediano y revuelva constantemente con una cuchara de madera hasta que el azúcar se funda y se convierta en un caramelo de color dorado claro.

Bañe un molde de flan de ½ litro de capacidad con el caramelo. Reserve.

En recipiente hondo, mezcle suavemente los huevos y las yemas con una pizca de sal hasta ligarlos bien, pero sin que cojan aire. Para que quede cremoso este proceso debe hacerse lentamente con una cuchara de madera.

Cuando el almíbar esté fresco se va uniendo a la mezcla de huevos poco a poco revolviendo con la cuchara de madera y con cuidado de que quede todo ligado. Sea tan paciente como Tío Roberto. Añada la vainilla y mezcle bien. Debe quedar con la textura de crema doble y sin burbujas de aire.

Viértalo bien despacio en el molde acaramelado y cocínelo a baño de María en horno a temperatura media, aproximadamente una hora, hasta que al introducir un palillo en el flan, salga casi seco.

Déjelo refrescar en el mismo molde por lo menos dos horas, luego lo enfría en el refrigerador. Para servirlo se desmolda bien frío en una fuente con borde para recoger el caramelo.

Adorne con bizcochos o galletas de María.

Da para seis comensales.

Índice

Introducción 7

Sopas y potajes

Sopa nicaragüense de cangrejo y camarón	13
Ajiaco cubano	15
Hervido de gallina	17
Guiso de maíz	19
Quimbombó con bolas de plátano	21
Frijoles negros al Aljibe	23

Arroces

Arroz blanco	29
Moros y Cristianos	31
Congrí de fiesta	34
Arroz con coco	36
Arroz achispado	38
Timbal de arroz con pollo	41
Arroz especial	44
Arroz con pollo a la chorrera	46
Asopao de pollo	48
Paella marinera	50
Arroz del primo	54

Vegetales

Menestra de verduras	61
Acelga rellena	64
Papas rellenas con huevo y acelga	67
Plátano relleno con tasajo	70
Yuca rellena	73
Yuca con mojo	76
Tamal en cazuela	79
Tamalitos de fiesta	82

Salsas y aliños

Salsas del Caribe	87
Chimichurri	87
Salsa fresca para *cocktail*	88
Mayonesa de ajo y albahaca	89
Salsa picante de mango verde	89
Salsa picante de fruta bomba	90
Salsa de piña	90
Salsa de tamarindo	91
Chutney de tres pimientos	91
Chutney de mango	92

Carnes

Pierna de cerdo asada	95
Lomo de cerdo asado al *Jerk*	97
Lomo de cerdo asado con hierbabuena	100
Cerdo enrollado	103
Chuletas de cerdo Curazao	106
Cerdo con molondrones	109
Fricasé de cerdo	111

Masas de cerdo ahumadas	114
Lomo al carbón con salsa de vino tinto	116
Filete de res asado a la parrilla	118
Variante caribeña con salsa picante y especiada	119
Churrasco (variante nicaragüense)	120
Brochetas de filete en salsa oscura	122
Boliche mechado	124
Picadillo a la habanera	127
Pulpeta a la criolla	130
Albóndigas especiales	133
Albóndigas del recuerdo	136
Chilindrón de carnero	139
Pierna de carnero asada a la albahaca	141
Empanada criolla	143

Aves

Pechugas de pollo en salsa de frutas	149
Pechugas de pollo a la Madeleine	151
Pollo beliceño	153
Pollo a la manzana	155
Pollo asado en cazuela	157
Pollo estofado	160
Pollo en salsa de maní	162
Pollo de miel	165
Croquetas de pollo a la campesina	167
Guinea en salsa negra	170
Pato a la criolla	173
Pavo navideño a la venezolana	175

Pescados

Pescado a la Isla	181
Pescado en salsa verde	183
Pargo con salsa de coco	186
Pargo Caribjun	188
Filetes de pargo al pimiento	190
Sorpresa de pargo en salsa verde	192
Peto con Curry y leche de coco	195
Filete de bonito en salsa parmesana	198
Bonito para María Elena	200
Escabeche	202
Bacalao de mi abuela	204

Mariscos

Enchilado de camarones	209
Camarones en escabeche	212
Camarones rebozados con salsa de piña	215
Ensalada de langostinos	217
Calamares rellenos	220
Medallones de langosta con salsa agridulce de vegetales	222
Langosta con vinagreta de mango y menta	225
Langosta al coco	228
Langosta al curry	231
Langosta Paraíso	233
Langosta Mariposa	235

Frituras

El chatino perfecto	243
Fritangas de Fin de Año	245
Frituras de malanga	246

Masitas fritas de cerdo   246
Mariquitas picantes   247
Frituras de bacalao   247
Aros de calamar al cartucho   248
Empanaditas venezolanas   248
Bolitas de queso   249
Buñuelos de queso   250
Frituritas de boniato   250

Postres

Boniatillo   255
Boniatillo de mi abuela   257
Buñuelos de yuca   259
Plátanos caribeños   261
Pudín de mango   263
Pudín de pan con coco y maní   265
Torticas de Morón (o Polvorones)   267
Natilla planchada   270
Flan de calabaza y maíz   272
Yemas dobles   274
Islas flotantes   277
Tocino del cielo de Tío Roberto   280

IMPRENTA
ALEJO CARPENTIER